Tarot
das Praxisbuch

Marcia Masino

Tarot
das Praxisbuch

Aus dem Amerikanischen von
Ingrid Proß-Gill

LUDWIG

Inhalt

Danksagung 6
Vorwort 7

Einführung 8

1 Beschreibung des Tarotdecks 12

Lektion 1: Einführung in die Kleinen Arkana 12
Übungen zur Einführung in die Kleinen Arkana 16

Lektion 2: Einführung in die Großen Arkana 18
Übungen zur Einführung in die Großen Arkana 21

2 So lesen Sie die Karten 22

Lektion 3: So fangen Sie an 22
Der erste Schritt: Festlegung der Frage 22
Der zweite Schritt: Wahl der Signifikatorkarte (Indikator) 22
Der dritte Schritt: Formulierung der Frage 23
Der vierte Schritt: Das Mischen der Karten 23
Der fünfte Schritt: Deutung des Mischvorgangs 24
Der sechste Schritt: Der Abhebevorgang 25
Der siebte Schritt: Interpretation des Abhebevorgangs 25
Der achte Schritt: Deutung der Signifikatorkarte 28
Der neunte Schritt: Bedeutung der verschiedenen Kartenpositionen 29
Der zehnte Schritt: Allgemeine Beobachtungen 33
Übungen zum Keltischen Kreuz 37
Der elfte Schritt: Das Tagebuch 39

3 Die Bedeutung der Karten 42

Lektion 4: Die Asse, Zweien und Dreien 42
Die Asse 42
Die Zweien 44
Die Dreien 47
Übungen zu den Assen, Zweien und Dreien 49
Aufgabe zu den Assen, Zweien und Dreien 54

Lektion 5: Die Vieren, Fünfen und Sechsen 56
Die Vieren 56
Die Fünfen 59
Die Sechsen 61
Übungen zu den Vieren, Fünfen und Sechsen 64
Aufgabe zu den Vieren, Fünfen und Sechsen 68

Lektion 6: Die Siebenen und Achten 70
Die Siebenen 70
Die Achten 74
Übungen zu den Siebenen und Achten 77

Lektion 7: Die Neunen und Zehnen 80
Die Neunen 80
Die Zehnen 83
Übungen zu den Neunen und Zehnen 85

Lektion 8: Aufgabe zu den Siebenen, Achten, Neunen und Zehnen 91

Lektion 9: Regeln für die Deutung der Hofkarten	94
Die Deutung bei Beteiligung anderer	94
Die Deutung, wenn es nur um den Ratsuchenden selbst geht	95
Weitere Regeln für die Deutung der Hofkarten	96
Lektion 10: Die Hofkarten Buben und Ritter	98
Die Buben	98
Die Ritter	102
Beispiel für eine Deutung	106
Übungen zu Buben und Rittern	107
Lektion 11: Die Hofkarten Königinnen und Könige	118
Die Königinnen	118
Die Könige	123
Übungen zu Königinnen und Königen	128
Lektion 12: Aufgabe zu Buben, Rittern, Königinnen und Königen	133
Lektion 13: Die Großen Arkana 0–VII	138
DER NARR	139
DER MAGIER	141
DIE HOHEPRIESTERIN	144
DIE HERRSCHERIN	146
DER HERRSCHER	148
DER HIEROPHANT	150
DIE LIEBENDEN	152
DER WAGEN	154
Übungen zu den Großen Arkana 0–VII	156
Aufgabe zu den Großen Arkana 0–VII	160
Lektion 14: Die Großen Arkana VIII–XIV	164
KRAFT	164
DER EREMIT	165
RAD DES SCHICKSALS	167
GERECHTIGKEIT	168
DER GEHÄNGTE	170
TOD	172
MÄSSIGKEIT	174
Übungen zu den Großen Arkana VIII–XIV	176
Aufgabe zu den Großen Arkana VIII–XIV	179
Lektion 15: Die Großen Arkana XV–XXI	182
DER TEUFEL	182
DER TURM	184
DER STERN	185
DER MOND	187
DIE SONNE	189
DAS GERICHT	190
DIE WELT	192
Übungen zu den Großen Arkana XV–XXI	194
Aufgabe zu den Großen Arkana XV–XXI	196
Lektion 16: Die Tarot-Praxis	200
Das Album	200
Tarot im Alltag	200
Aufgabe	201
Analyse	203

Anhang 204

Die Zahlenkarten der Kleinen Arkana in Stichworten	204
Die Hofkarten der Kleinen Arkana in Stichworten	211
Die Großen Arkana in Stichworten	215
Register	219
Impressum	224

Danksagung

Mein besonderer Dank gilt Anne S. Toth, die an mich geglaubt, mich geliebt und respektiert hat. Ihr Mut, ihre Intelligenz und ihre spirituelle Begabung werden immer eine der Quellen sein, aus denen ich Kraft schöpfen kann.

Barbara Michael hat mein fast unlesbares handgeschriebenes Gekritzel geduldig und uneigennützig in ein makellos getipptes Manuskript verwandelt. Dafür schulde ich ihr ebenfalls Dank.

Schließlich möchte ich auch meinen Eltern, Freundinnen und Freunden, meiner Familie, meinen Schülerinnen und Schülern danken, die mich unermüdlich unterstützt haben, mir immer wieder versicherten, dass das Buch angenommen werden würde, und die mindestens ebenso aufgeregt waren wie ich selbst, als ich dann tatsächlich die Zusage des Verlages erhielt.

Vorwort

Die Tarotkarten traten in mein Leben, als ich ein Teenager war. Dass man mit ihrer Hilfe in die Zukunft sehen kann, faszinierte mich. Nachdem eine Kartenlegerin zweimal zutreffend die Karten für mich gedeutet hatte, beschloss ich, mich mit meinem eigenen Tarotdeck (so nennt man den Kartensatz) in der Kunst der Divination zu versuchen.
Ich studierte einige Bücher, lernte das Tarotlesen aber vor allem durch meine praktischen Erfahrungen mit Ratsuchenden. Diesen Erfahrungen habe ich mehr zu verdanken als jedem Buch. Im gleichen Jahr fing ich an, für eine große Firma zu arbeiten und mein Arbeitgeber verlangte gute Arbeit von mir. Das war eine Herausforderung, denn ich begann gleichzeitig, öffentlich Karten zu deuten. Wegen des Andrangs konnte ich jedem Ratsuchenden nur zehn Minuten widmen. Ich machte mich dann sehr schnell mit meiner Partnerin Anne Toth selbstständig. In dieser Zeit begann sich mir das Geheimnis des Tarots zu erschließen. Ich deutete die Botschaft der Karten, gab Unterricht und führte meine Studien fort.
Tarot – das Praxisbuch beruht auf meiner jahrelangen Erfahrung als Tarotlehrerin. Es ist ein grundlegender Einführungstext. Viele, die versucht haben, sich das Tarotlesen selbst beizubringen, fanden es sehr frustrierend. Ernsthaft Interessierte stellen bald fest, dass sie bei den Details und praktischen Fragen immer wieder Hilfe brauchen. Deshalb sind die Lektionen in diesem Buch so aufgebaut, dass die Leser ihre Fortschritte selbst überprüfen können. Ich habe versucht, häufig gestellte Fragen aufzugreifen und zu beantworten. Ob Sie nun allein arbeiten oder in einer Gruppe – Interessierte werden rasch praktisch umsetzbare Ergebnisse erzielen.
Sprache ist Macht. Untersuchungen haben ergeben, dass Menschen, die die maskuline Form eines Substantivs lesen, sich dabei gewöhnlich einen Mann vorstellen, nicht beide Geschlechter. Um beide Geschlechter einzuschließen, wird dieses Buch zwischen männlichen und weiblichen Fürwörtern wechseln. So werden in einigen Abschnitten »er«, »sein« und »er selbst« benutzt, während in anderen Abschnitten »sie«, »ihr«, »ihre«, »sie selbst« verwendet wird. Beide Arten von Fürwörtern sollen sich aber grundsätzlich auf Männer *und* Frauen beziehen.
Die Karten zu befragen, kann sehr aufschlussreich sein. Das Studium ihres tiefen Gehalts ist eine Quelle der Inspiration. Diese Energien zu leben und mit ihnen eins zu werden, bedeutet unmittelbare Erleuchtung.

Marcia Masino

Einführung

Die Herkunft des Tarots liegt fast ebenso im Verborgenen wie die symbolische Bedeutung auf den Karten.
Stuart R. Kaplan schreibt in seiner *Encyclopedia of Tarot* (New York: U.S. Games Systems, Inc., 1978), dass die Tarotkarten »das unergründliche Wissen der Vorzeit enthalten«. Es sei nicht bekannt, »ob die Großen und Kleinen Arkana zusammen oder jeweils aus einem anderen Geist entstanden sind«. Was man in der Symbolik des Tarots sieht, entspringt aber vor allem der eigenen Intuition – hier wird also Wissen zum Zweck der Selbsterkenntnis mitgeteilt. Dieses Buch jedoch ist als Arbeitsbuch zum Erlernen des Tarots gedacht – deshalb auch der Titel *Tarot – das Praxisbuch*. Es wird darüber hinaus immer ein nützliches Nachschlagewerk sein, selbst nachdem Sie gelernt haben, wie eine Tarotlesung gestaltet wird.
Wenn Sie sich ernsthaft auf die Bilder der Tarotkarten einlassen, können Sie schnell erstaunliche Deutungserfolge erzielen. Für dieses Buch wurde das Rider-Waite-Tarotdeck gewählt. Dieses Deck ist leicht erhältlich, und seine vollkommene Symbolik ist hervorragend. Deshalb möchte ich vorschlagen, dass Sie Ihre Entdeckungsreise mit dem Rider-Waite-Deck beginnen, um sich später auch mit anderen Tarotdecks zu beschäftigen.
Breiten Sie die 78 Karten auf einem großen Tisch vor sich aus. Alle Karten sollten in der gleichen Richtung, also aufrecht, vor Ihnen liegen.
Nun sehen Sie sie sich lange und genau an. Welche der Karten ziehen Ihre Aufmerksamkeit besonders auf sich, so dass Ihr Blick immer wieder zu ihnen zurückkehrt? (Diese Übung sollte fünf bis zehn Minuten dauern.)
Die Übung zeigt, dass Ihre Wahl nur auf der emotionalen Wirkung beruht, die diese Karten auf Sie ausüben. Vielleicht werden Sie von den Bildern, den Symbolen, den Farben oder der Gestaltung der Karten angezogen. Suchen Sie sich später, wenn Sie einige Übung haben, nicht die Karten aus, die Sie »immer nehmen«, es sei denn, sie sprechen Sie auch dieses Mal besonders an.

Karten beschreiben Lebensumstände

Die Karten der **Kleinen Arkana** erkennen Sie am Satz – Stäbe, Kelche, Schwerter oder Münzen – und der zugehörigen römischen Ziffer. Das Symbol für diesen Satz erkennen Sie auf dem Bild, die römische Ziffer steht gewöhnlich oben.
Auf den jeweiligen **Hofkarten** wird ein Mitglied des Hofes als König, Königin, Ritter oder Bube abgebildet.
Bei den Karten der **Großen Arkana** steht der Name unten – zum Beispiel »DER STERN«, »DER EREMIT« usw. –, die römische Ziffer oben.
Schreiben Sie sich die zwei, drei oder vier Karten auf, die Sie besonders anziehen oder die Ihre Aufmerksamkeit erregen. Es ist wichtig, dass Sie sich das ganze Deck gründlich angesehen haben! Lassen Sie sich bei Ihrer Wahl Zeit, meditieren Sie ein wenig über den Karten, und lassen Sie sich ruhig von spontanen Emotionen leiten.

Karten, die mich ansprechen

1. Karte ....
2. Karte ....
3. Karte ....
4. Karte ....

Bedeutung der 1. Karte ....
Bedeutung der 2. Karte ....
Bedeutung der 3. Karte ....
Bedeutung der 4. Karte ....

Datum ....

Die Bedeutung der einzelnen Karten können Sie in Teil 3 nachschlagen (Bedeutung der Karten).
Sie werden feststellen, dass die von Ihnen gewählten Karten Ihnen etwas über Ihre gegenwärtige Situation mitteilen. Sie beschreiben Ihre augenblicklichen Lebensumstände im physischen, geistigen, emotionalen und spirituellen Bereich. Sie können also ganz konkret für Aktivitäten, Ziele oder Aspekte stehen, die Sie zur Zeit besonders beschäftigen und an denen Sie arbeiten.
Wenn Sie eine Hofkarte gewählt haben, kann diese eine Person in Ihrem Leben repräsentieren; oder die zugeordneten Persönlichkeitszüge können Eigenschaften sein, die Sie bereits besitzen oder gern entwickeln möchten.
Schreiben Sie sich nun zwei oder drei Karten auf, die Ihnen nicht gefallen oder die Sie abstoßend finden.

Einführung

> **Karten, die mir nicht gefallen**
>
> 1. Karte ....
> 2. Karte ....
> 3. Karte ....
> 4. Karte ....
>
> Bedeutung der 1. Karte ....
> Bedeutung der 2. Karte ....
> Bedeutung der 3. Karte ....
> Bedeutung der 4. Karte ....
>
> Datum ....

Schlagen Sie wieder das Interpretationskapitel (Teil 3) auf, und tragen Sie die Bedeutung der Karten ein.

Die Karten, die Sie nicht mögen, enthüllen Teile Ihres Lebens, über die Sie unglücklich sind oder die Ihnen Kummer bereiten. Oft weisen sie auf Bereiche hin, mit denen Sie sich nicht gern beschäftigen oder die Sie ganz vermeiden möchten.

Warum zieht uns eine Karte an und nicht eine andere; und warum ergibt diese Karte einen Sinn, wenn man sie deutet? Wie können wir Karten wählen, die für unser Leben wichtig sind, ohne ihre Bedeutung zu kennen?

Die Antwort müssen wir in unserem Unterbewußtsein suchen: Obwohl uns die Bedeutung der Karten nicht bewusst ist, erkennen wir unbewusst ihre Symbole und sogar deren Bedeutung. Eingebettet im unbewussten Verstand befindet sich eine ganze Symbolwelt, die ihre eigene Sprache hat. Manche von uns komponieren, schreiben und malen in dieser Symbolsprache. Sie ist auch die Sprache, in der wir träumen. Durch sie teilen uns unsere Träume etwas über unsere Vergangenheit, Gegenwart und manchmal sogar über unsere Zukunft mit. Oft erinnern wir uns an einen Traum, weil unser Unterbewusstsein versucht, zu uns durchzudringen. Es will uns dabei zu helfen, mit einer Situation fertig zu werden, indem es unsere Aufmerksamkeit weckt und uns Einsichten und Gedanken vermittelt. Solche Träume erscheinen meist so lange bedeutungslos, bis man sie interpretiert. Der Tarot versucht nun auf andere Weise, die Bilder zu beschwören, die in unserem Unbewusstsein ruhen. Im Unterschied zur Traumdeutung interpretieren wir die Symbole der Karten als Repräsentation unserer Vergangenheit, Gegenwart und Zukunft.

Jeder kennt Leid und Schmerz, niemand führt ein rundum glückliches Leben. Je besser wir aber verstehen, wie und warum etwas geschieht, desto wahrscheinlicher ist es, dass unser Schmerz nachlässt und unser Glück größer wird. Genau aus diesem Grund wurden die Erkenntnisse des Tarots in diesem Buch niedergeschrieben.

Die Deutungen der Karten sollten Sie **keinesfalls** als letzte Wahrheit betrachten. Die Zukunft ist in einem ständigen Fluss begriffen. Oft wissen wir erst, in welche Richtung unser Weg geht, wenn wir uns bereits aufgemacht haben. Und erst dann verstehen wir womöglich die konkrete Bedeutung der Karten.

Ich hoffe, dass die in diesem Buch beschrieben Systematik die Leser dazu anregen wird, Alternativen zu finden, nach Möglichkeiten zu suchen, einen Weg, der in die Sackgasse führt, zu verlassen und den Schwierigkeiten im Leben die Stirn zu bieten.

Wenn die Karten also vor gesundheitlichen Problemen, finanziellen Zwängen oder anderen unerwünschten, unerfreulichen Dingen warnen, hoffen wir, dass die Leser diese Informationen als Anstoß zu Veränderungen (in ihrer Einstellung und ihren Handlungen) begreifen, um so das bestmögliche Ergebnis für sich zu erzielen. Wir glauben, dass wir alle die Macht in uns haben, unser Leben zum Besseren zu wenden.

Wenn wir uns klarmachen, dass unser Unterbewusstsein sich an unsere Vergangenheit erinnert, unsere Gegenwart widerspiegelt und unsere Zukunft erschließt und prophezeit, können wir viel eher verstehen, was bei einer Tarotlesung vor sich geht. Der Rest beruht auf dem Geheimnis und der Magie dieser geheimnisvollen Symbole – und damit schließt sich der Kreis.

1 Beschreibung des Tarotdecks

Lektion 1: Einführung in die Kleinen Arkana

Zum Tarotdeck gehört eine Gruppe von Karten, die in vier Sätze unterteilt ist: Stäbe, Schwerter, Kelche und Münzen (Pentakel).Unsere heutigen Spielkarten sind aus diesen vier Sätzen entstanden: Aus den Stäben wurde Kreuz, aus den Schwertern Pik, die Kelche verwandelten sich in Herz und die Münzen in Karo. Jeder der vier Sätze ist von As (= eins) bis Zehn nummeriert, zusätzlich gibt es die Hofkarten: König, Königin, Ritter und Bube. Das ergibt insgesamt vier Sätze (jeweils As – Zehn) = 40 Karten, zuzüglich 16 Hofkarten (vier pro Satz, mal vier Sätze), also insgesamt 56 Karten in dieser Gruppe. Diese 56 Karten nennt man die Kleinen Arkana. Das lateinische Wort Arkanum (Plural Arkana) bedeutet verborgenes oder geheimes Wissen, Aufschluss über die spirituellen, unterbewussten Welten.

- Auf den Karten der Kleinen Arkana sind Situationen des Alltagslebens abgebildet. Dieser Teil des Tarots spiegelt also unsere persönliche Welt und die Erfahrungen mit ihr wider.
- Die Hofkarten repräsentieren Menschen in unserem Leben, und sie machen Aussagen darüber, wie wir ihr Leben und sie das unsere beeinflussen. Sie stehen für die Menschen, die an unseren materiellen und/oder spirituellen Lebensbereichen teilhaben.

Breiten Sie die Karten der Kleinen Arkana auf einem Tisch aus. Denken Sie daran: Sie sollten 56 Karten vor sich haben – Asse bis Zehnen und die 16 Hofkarten. Auf den nummerierten Karten (As bis Zehn) sind Ereignisse abgebildet: Die Sechs der Kelche z. B. zeigt Kinder und ihr Zuhause, die Vier der Münzen einen Mann und sein Geld usw. Jede nummerierte Karte steht für bestimmte Aspekte in unserem Leben, jede Hofkarte repräsentiert die Persönlichkeit der verschiedenen Menschen in unserem Leben.

Hofkarten stellen Menschen dar

Stäbe Breiten Sie jetzt nur den Satz der Stäbe vor sich aus, und sehen Sie sich an, welche Art von Ereignissen dargestellt wird. Hier machen Menschen Fortschritte, sie verteidigen sich, kämpfen und sind miteinander im Wettstreit. Die Stäbe-Karten stehen für die Bereitschaft zum Wettbewerb, für Ehrgeiz, Kreativität, Unternehmungsgeist, Entschlossenheit und die tatkräftigen und aktiven Aspekte in unserem Leben. Die Personen in diesem Satz – inklusive der Hofkarten – sind mit den Zielen, Unternehmungen, dem Wachstum und den Absichten ihres Lebens beschäftigt sowie mit ihrem Erfolg. Weitere Eigenschaften der Stäbe sind Dynamik, Mut, Initiative, Begeisterungsfähigkeit und Abenteuerlust.

> **Versuchen Sie, Stäbe-Karten zu finden, die folgende Aspekte repräsentieren:**
> 1. Man hat gesiegt, ein gestecktes Ziel erreicht ....
> 2. Man ist überarbeitet, leidet an übertriebenem Ehrgeiz ....
> 3. Man kämpft...
> 4. Man verteidigt sich ....
> 5. Man freut sich auf neue Unternehmungen (und ihre Ergebnisse) ....

Die auf den Hofkarten dieses Satzes dargestellten Menschen haben Eigenschaften, die wir auch dem Rest des Satzes zuschreiben: Sie sind ehrgeizig, dynamisch, kreativ, mutig und voller Unternehmungsgeist. Astrologisch sind die Stäbe dem Element Feuer und den Feuerzeichen Widder, Schütze und Löwe zugeordnet. Vielleicht kennen Sie unter diesen Tierkreiszeichen geborene Menschen, die Sie an die Hofkarten der Stäbe erinnern. Menschen, die mit einer großen Anzahl von Planeten in den Feuerzeichen geboren sind, können auch diese feurigen Tendenzen aufweisen.

Kelche Wenden wir uns nun den Kelchen zu. Breiten Sie die Karten dieses Satzes vor sich aus, und entdecken Sie, welche Gefühle diese Bilder vermitteln. Es wird Ihnen auffallen, dass Sie nun ganz anders empfinden als beim Satz der Stäbe. Bei den Kelchen geht es um den emotionalen Bereich unseres Lebens. Sie zeigen Ereignisse, die uns nahestehende Menschen betreffen, und sie reflektieren das Geben und Empfangen von Liebe. Wir sehen Familie, Verliebtheit, Partnerschaften, die Höhen und Tiefen unseres Gefühlslebens.

> **Welche Kelche-Karten stehen für die folgenden Aspekte?**
> 1. Familie ....
> 2. Rückzug ....
> 3. Feier ....
> 4. Verliebtsein ....
> 5. Liebesverlust ....

Beschreibung des Tarotdecks

Der Satz der Kelche verkörpert Gefühle und Liebe, Träume und Fantasie, kreative und künstlerische Begabungen sowie die Freude an der Familie und der geselligen Seite des Lebens. Ihm sind die Wasserzeichen Fisch, Krebs und Skorpion zugeordnet. Suchen Sie nach Wasser, das als Symbol in diesem Satz auftaucht; und richten Sie Ihr Augenmerk auf Fische und Meereslebewesen, die zu dieser Symbolik gehören.

Schwerter Der Satz der Schwerter stellt eine ganz andere Art von Lebenserfahrung dar. Hier herrschen unangenehme Situationen und Lebensumstände vor, Szenen von Verlust, Leid und Niederlage.

> **Versuchen Sie, einige positive Schwerter-Karten zu finden:**
> Dabei handelt es sich um Karten, die das Überwinden von Hindernissen oder das Nachlassen von Schwierigkeiten anzeigen.
> 1. Sieg oder Triumph über Hindernisse ....
> 2. Aufbruch zu neuen Ufern ....
> 3. Rückzug, um inneren Frieden zu finden ....
> 4. Aufschieben einer Entscheidung ....

Im Satz der Schwerter stehen Probleme und Schwierigkeiten im Vordergrund. Nicht selten erleben wir hier Grausamkeit, Rachsucht, Ungerechtigkeit und Böswilligkeit. Es gibt Szenen von Vergeltung, Trennung, Verlust und Knechtschaft, die sich daraus ergeben. Könnte es sein, dass Sie der Meinung sind, diese Probleme existierten nur in unseren Köpfen und lösten damit Leiden und Ängste aus? Das stimmt manchmal, aber so oder so ist das Ergebnis die innere Qual eines Menschen. Die Schwerter-Karten können auf seelische Grausamkeit, Verwirrung und das Schmieden rachsüchtiger Pläne hindeuten. Dies ist der Satz des Bewusstseins und des Verstandes. Das Schwert symbolisiert den Intellekt, denn es ist zweischneidig. Es deutet damit an, dass unsere Gedanken ebenfalls zweischneidig sind, da sie uns einerseits durch unsere Ansichten gefangen halten, andererseits aber durch richtiges Denken und eine positive Grundeinstellung befreien können. Im Satz der Schwerter werden sowohl richtige wie falsche Handlungen und Einstellungen und ihre positiven oder negativen Folgen ausgedrückt. Astrologisch sind ihm die Luftzeichen Zwillinge, Waage und Wassermann zugeordnet. Suchen Sie nach Luft und Wind, die stark als Symbolik vertreten sind, sowie nach fliegenden Lebewesen.

Münzen Der Satz der Münzen repräsentiert die praktische, realistische, materielle Seite des Lebens. Er steht für unser Einkommen, dafür, wie wir unser Geld verdienen, damit umgehen und es investieren, für Eigentum von Immobilien und unseren Besitz. Außerdem werden Geschäft, Weiterbildung, Ausbildung und berufliche Anerkennung gezeigt. Das alles sind praktische, greifbare Aspekte unseres Alltagslebens. Die Münzen oder Pentakel sind als solide »Wertgegenstände« Symbole für diesen Satz. Münzen stellen die Energie dar, die wir in unsere Arbeit, unseren Lebenswert und unsere materielle Position stecken.

> **Welche Münze-Karten stehen für die folgenden Aspekte?**
> 1. Teilen des Wohlstands ....
> 2. Knauserigkeit, Geiz ....
> 3. Geschickter Umgang mit Geld ....
> 4. Finanzieller Verlust ....
> 5. Reichtum ....

Dem Satz der Münzen werden die Erdzeichen Stier, Jungfrau und Steinbock zugeordnet. Suchen Sie nach Steinbock- und Stiersymbolen auf den Hofkarten!
Jetzt wollen wir uns die Hofkarten allein ansehen. Wie bereits erwähnt, erscheinen auf den Stäbe-Hofkarten ehrgeizige, enthusiastische und abenteuerlustige Menschen. Die Menschen auf den Kelch-Hofkarten hingegen denken an die ihnen Nahestehenden und sind einfühlsam, emotional, empfindsam und mitfühlend. Es sind Menschen voller Fantasie, Romantiker. Die Schwert-Menschen haben oft Schicksalsprüfungen und Leiden hinter sich, die sie entweder ungeheuer stark gemacht haben, so dass sie voller Kraft und Entschlossenheit sind, oder aber sie sind bitter und verärgert und leben nur in der Vergangenheit. Der Verstand ist ihr Segen und ihr Fluch, ihre Einstellung kann sie voranbringen, sie können aber auch an ihr zerbrechen. Entschiedenheit, Intelligenz, geistige Herausforderung, ein ausgeprägter Sinn für Gerechtigkeit, Menschlichkeit, Rechte und Kommunikation, das sind ihre hervorstechenden Eigenschaften. Münzen-Menschen hingegen messen das Leben an greifbaren Dingen wie ihrem Einkommen und ihrem Eigentum. Gut bezahlte Arbeit und Besitz sind für sie wichtig. Sie sind die Arbeiter der Hofkarten, bereit, geduldig auf ihre Ziele hinzuarbeiten, beharrlich und entschlossen.
Alle Tarotkarten haben eine andere Bedeutung, wenn sie umgekehrt (auf dem Kopf stehend) liegen. Die Hofkarten repräsentieren dann negative Charaktereigenschaften.
So können Stäbe-Menschen eigensinnig, egoistisch, eifersüchtig, aggressiv, arrogant und streitsüchtig sein und manchmal sogar gewalttätig werden.
Die Kelche-Hofkarten stehen für sehr viel Fantasie, mit denen die Betreffenden romantische Träume und künstlerische Projekte erschaffen. Wenn die Karten umgekehrt liegen, kann die Fantasie mit diesen Menschen durchgehen. Sie bilden sich dann alle möglichen Verletzungen und Kränkungen ein, können überempfindlich werden oder einer krankhaften Vorstellungskraft freien Lauf lassen, so dass sie schließlich von Unsicherheit, Zweifel und Argwohn beherrscht werden. Das kann sogar zu einem selbstzerstörerischen Verhalten führen. Außerdem fällt es den Kelche-Menschen oft schwer, die Vergangenheit zu vergessen. Sie nehmen Situationen wie durch einen Gefühlsschleier hindurch wahr.
Schwert-Menschen hingegen leiden, aber sie überleben – wobei sie nicht selten eine enorme Willenskraft und Entschlossenheit entwickeln, dass sie selbst von ihren geistigen Kräften überrascht sind. Für sie bedeutet Kummer oft eine kritische Grenzsituation des Lebens, in der

sie dann auf ihre eigenen Kräfte zurückgreifen, um Negatives zum Positiven zu wenden. Ihr Verhängnis kann die Unfähigkeit sein, Verlust zu überwinden. Sie werden dann verbittert und ziehen sich in sich selbst zurück. Nach dem eigenem Leid beginnen sie oft, anderen ihr Glück mies zu machen, weil sie immer mit dem Schlimmsten rechnen und den Betreffenden Argwohn und Misstrauen einreden. Wenn Schwert-Hofkarten umgekehrt liegen, muss man sich vor Verbitterung und der Neigung, Freude in Verwirrung zu verwandeln, hüten. Diese Menschen lassen sich leicht von Vorurteilen leiten; sie quälen ihre Umwelt mit unbegründeten Schuldzuweisungen und stoßen auf der Grundlage dieser Vorurteile Drohungen aus. Sie neigen zu Sarkasmus, Zynismus, Kritik, großer Strenge und überharten Urteilen (auch gegenüber sich selbst).

Münze-Menschen können zu besitzergreifend werden und diejenigen, die ihnen nahe stehen, als Objekte statt als Individuen betrachten. Mögliche Charaktereigenschaften sind Gier, illegale Geldgeschäfte, Leichtsinn in finanziellen Angelegenheiten, übermäßige Abhängigkeit von anderen, ein übertriebenes Streben nach Status, Kleinlichkeit und egoistische Manipulationen in Geldangelegenheiten.

Übungen zur Einführung in die Kleinen Arkana

Ordnen Sie die Begriffe der beiden nachfolgenden Listen einander zu.
- ☐ 1. Stäbe
- ☐ 2. Kelche
- ☐ 3. Schwerter
- ☐ 4. Münzen

a) Gefühle, Liebe, Fantasie
b) Geld, Arbeit, Realität
c) Ideen, Ehrgeiz, Wettbewerb
d) Verstand, Schwierigkeiten, Reaktionen auf Probleme

Richtig oder falsch (r/f)?
- ☐ 1. Das Tarotdeck besteht aus insgesamt 56 Karten.
- ☐ 2. Das Kartenspiel, das wir heute benutzen, ist aus dem Tarot hervorgegangen.
- ☐ 3. Die Kleinen Arkana bestehen aus Hofkarten und Sätzen (As bis Zehn).
- ☐ 4. Es gibt vier Sätze mit jeweils vier Hofkarten.
- ☐ 5. Auf den Hofkarten sind Ereignisse aus unserem täglichen Leben abgebildet.

Fragen zu den Kleinen Arkana

☐ 6. Die Kleinen Arkana – As bis Zehn jedes Satzes – stellen die Menschen dar, die diese Ereignisse erleben.
☐ 7. Stäbe: Die Stäbe-Menschen sind voller Unternehmungsgeist, sie sind extrovertiert und tatkräftig.
☐ 8. Bei Kelche-Menschen stehen Familie, Geben und Empfangen von Liebe im Vordergrund.
☐ 9. Schwerter-Menschen sehen ihren Schwerpunkt in Geld, Besitz und Arbeit.
☐ 10. Münzen stellen die praktische, materielle Seite unseres Lebens dar.
☐ 11. Münzen-Hofkarten stehen für künstlerisch begabte, gefühlsbetonte Träumer.
☐ 12. Schwerter-Hofkarten stehen für Menschen, die ihren Verstand als Waffe benutzen.
☐ 13. Stäbe-Hofkarten sind arbeitsame Menschen, oft Angestellte, sie sind besitzergreifend.
☐ 14. Kelche-Hofkarten stehen für Menschen, die entschlussfreudig sind, geistige Herausforderungen lieben und für Gerechtigkeit eintreten.
☐ 15. Die Stäbe-Hofkarten stehen für Menschen, die sich von ihren Gefühlen leiten lassen und vor allem um das Wohl derjenigen, die ihnen nahe stehen, besorgt sind.
☐ 16. Münzen = Denken
☐ 17. Stäbe = kreative Energie
☐ 18. Kelche = Gefühle
☐ 19. Schwerter = Realität, greifbare Dinge

Lösungen

Zuordnung
1. c   2. a   3. d   4. b

Richtig oder falsch?

1. f	2. r	3. r	4. r
5. f	6. f	7. r	8. r
9. f	10. r	11. f	12. r
13. f	14. f	15. f	16. f
17. r	18. r	19. f	

Lektion 2: **Einführung in die Großen Arkana**

Im Rückblick auf Lektion 1 sehen wir, dass das Alltagsleben durch die Kleinen Arkana repräsentiert wird. Wir finden Abbildungen der verschiedenen Aspekte des Lebens und der Charakterzüge der Menschen (Hofkarten), die mit uns leben. Der Satz der Stäbe repräsentiert Ruhm, Wettbewerb und Unternehmungen, der der Kelche Gefühle, Freunde und Familie. Im Satz der Schwerter kommen Kummer, Entscheidungen, Schwierigkeiten und Einstellungen zum Tragen, und der Satz der Münzen zeigt Finanzen, die Realität, Arbeit und Besitz.

Ist Ihnen aufgefallen, dass etwas fehlt? Wenn Sie sich die vier Sätze und ihre Bedeutung ansehen – haben Sie bemerkt, dass einige Aspekte des Lebens nicht erwähnt wurden?

Der psychische, philosophische und spirituelle Teil des Lebens fehlt. Die Großen Arkana des Tarots repräsentieren diese Aspekte. Diese 22 Karten bildeten den ursprünglichen Tarot. Sie waren weiter verbreitet als die Kleinen Arkana oder die Hofkarten. Sie sind die Trümpfe des Decks, der spirituelle Tarot. Breiten Sie nun die 22 Karten mit den römischen Ziffern 0 und I – XXI vor sich aus: DER NARR, DER MAGIER, DIE HOHEPRIESTERIN, DIE HERRSCHERIN, DER HERRSCHER, DER HIEROPHANT, DIE LIEBENDEN, DER WAGEN, KRAFT, DER EREMIT, RAD DES SCHICKSALS, GERECHTIGKEIT, DER GEHÄNGTE, TOD, MÄSSIGKEIT, DER TEUFEL, DER TURM, DER STERN, DER MOND, DIE SONNE, DAS GERICHT und DIE WELT.

Diese Karten zeigen die spirituelle Bedeutung der Lektionen unseres Lebens. Außerdem sind sie – wiederum symbolisch – Bilder der verschiedenen Teile unserer Psyche oder spirituellen Natur. So steht DER MAGIER für unseren bewussten Verstand und unser Ich. DIE HOHEPRIESTERIN enthält Symbole des Unterbewusstseins. DER HIEROPHANT repräsentiert unsere intuitiven Kräfte, DER EREMIT das Prinzip der Weisheit. Dies alles sind angeborene Teile unserer Persönlichkeit, die darauf warten, geweckt, auf ein Ziel gerichtet und genutzt zu werden.

Wenn bei einer Deutung Karten der Großen Arkana erscheinen, so unterliegt die Angelegenheit, um die es bei der Frage geht, starken psychischen und spirituellen Einflüssen. Oft weisen diese Karten darauf hin, dass machtvolle Energien in der Frage zum Tragen kommen, die ein Mensch nicht unbedingt unter Kontrolle hat. Die Großen Arkana sind selten das, was sie zu sein scheinen – ihre Konzepte und spirituellen Prinzipien bleiben oft verborgen, bis man sie erforscht. TOD und DER TEUFEL, diese berühmten und berüchtigten Tarottrümpfe, sind gute Beispiele dafür.

Ziffer XIII, der TOD, bereitet den Tarotlesern schon seit vielen Jahren Schwierigkeiten. Die meisten erschrecken angesichts ihres furchteinflößenden Bildes zutiefst, obwohl diese Karte in Wirklichkeit Befreiung und positive Veränderungen in sich birgt! Von all den Großen Arkana-Trumpfkarten wurde sie von den schlecht informierten Medien am häufigsten missbraucht. Im Fernsehen und im Kino erleben wir ein armes, unglückliches Opfer einer Kartenlegerin, dem das Sterben eines geliebten Menschen beim Aufdecken der gefürchteten Todeskarte vorausgesagt wird. Für die Kenner des Tarots sind solche Fehlinformationen,

Tod und Der Teufel – der Missbrauch

die hier aufgrund der schlechten Recherche des Drehbuchautors verbreitet werden, ein großes Ärgernis. Die Karte TOD steht nicht für ein körperliches Dahinscheiden, sondern für eine Transformation im Leben, die dem oder der Betreffenden die Chance bietet, neu anzufangen und neue Umstände zu erschaffen – ähnlich wie eine Wiedergeburt, für die das Alte und Erschöpfte beendet werden muss. DIE SONNE auf dieser Karte bedeutet Sonnenaufgang, nicht -untergang!

Vor einiger Zeit habe ich einen Film gesehen, in dem ein Seemann sich in einer Hafenstadt von einer hageren alten Frau die Zukunft vorhersagen ließ. (Warum werden Tarotdeuterinnen eigentlich immer als hexenähnliche Frauen mit Warzen dargestellt?) Der Seemann hatte nun das Pech, dass in die Position für das Ergebnis ausgerechnet die Karte DER GEHÄNGTE fiel. (In der älteren Tarotversion, die in jenem Film verwendet wurde, hieß sie allerdings DER ERTRUNKENE.) Sie können sich schon denken, wie der Film weiterging: Der Seemann kehrte auf sein Schiff zurück, fiel über Bord und ertrank. Wieder ein Beispiel für die falsche Deutung des Tarots ...

Da das Tarotdeck auch die Karte DER TEUFEL enthält, glauben viele, Tarot sei das Werk des Teufels, und diejenigen, die sich mit dieser Form der Divination beschäftigen, seien mit dem leibhaftigen Satan im Bunde. Wenn wir uns diese Karte jedoch genauer ansehen, wird diese Illusion widerlegt. Doch vorher möchte ich noch kurz auf einen anderen Punkt eingehen. Der Tarot stand in der Vergangenheit nicht zuletzt deshalb in einem schlechten Ruf, weil er von Schwarzmagiern, Satanisten und Hexen zur Divination verwendet wurde. Bitte denken Sie daran: Der Tarot ist oft missbraucht worden und wird vermutlich auch weiter missbraucht werden. Das bedeutet aber nicht, dass alle Tarotleser Schwarzmagier, Satanisten oder Hexen sind. Ich kann diesen Punkt gar nicht oft genug betonen. Tarotleser und ihre Schüler sind im allgemeinen vernünftige, intelligente Menschen, die einfach spüren, dass es im Universum mehr gibt, als ihr Bewusstsein und ihre fünf Sinne ihnen verraten. Sie wollen daher das Potenzial ihres Ichs entdecken, und zwar mit Hilfe der Symbolik, die der Tarot bereit stellt.

Auch in dem James-Bond-Film »Leben und sterben lassen« kommt eine – allerdings witzige – unzutreffende Deutung der Tarotkarten vor: Sie werden dort von einer schönen Priesterin benutzt. Der Zuschauer sieht, wie Mr. Bond ein Deck mischt, das nur eine Karte, DIE LIEBENDEN, enthält und sich damit seine zukünftigen Liebesabenteuer sichert.

Wählen Sie jetzt aus den Großen Arkana zwei Karten aus, eine die Ihnen besonders gut gefällt, und eine, die Sie nicht mögen. Vergleichen Sie diese mit Ihrer ersten Wahl in der Einführung. Stammen diese Karten womöglich auch aus den Großen Arkana? Wenn Sie Trümpfe gewählt haben, schlagen Sie deren Bedeutung nach. Denken Sie dabei daran, dass die Bedeutungen sich auf Ihre innersten Gedanken oder Ihr äußerliches Leben zu dem Zeitpunkt beziehen, als Sie die Karten ausgesucht haben. Je nachdem, wie Sie sich weiterentwickeln, wird Ihre Wahl anders ausfallen. Das ist ein faszinierender Prozess, vor allem für Jemanden, der nicht mit den Karten vertraut ist und seine Wahl nur auf deren visuelle Anziehungskraft stützt. andere Zeiten = andere Karten = andere (passende) Gedanken und Bedürfnisse.

Beschreibung des Tarotdecks

Den Karten der Großen Arkana wird jeweils ein Planet oder ein Tierkreiszeichen zugeordnet. Wenn Sie sich die zu Ihrem eigenen Sternzeichen gehörende Tarotkarte ansehen, können Sie neue Erkenntnisse über Ihre Familie, sich selbst, Ihre Begabungen und Ihr Potenzial gewinnen:

Widder	Der Herrscher	**Waage**	Gerechtigkeit
Stier	Der Hierophant	**Skorpion**	Tod
Zwillinge	Die Liebenden	**Schütze**	Mäßigkeit
Krebs	Der Wagen	**Steinbock**	Der Teufel
Löwe	Kraft	**Wassermann**	Der Stern
Jungfrau	Der Eremit	**Fische**	Der Mond

Die anderen Trümpfe werden von den Planeten regiert. Durch die Karte, die Ihrem Sternzeichen zugeordnet wird, können Sie noch mehr über Ihren Charakter erfahren.

Planet	Regiert das Sternzeichen	Große Arkana
Mars	Widder	Der Turm
Pluto	zusammen mit Mars den Skorpion	Das Gericht
Venus	Stier und Waage	Die Herrscherin
Merkur	Zwillinge und Jungfrau	Der Magier
Mond	Krebs	Die Hohepriesterin
Sonne	Löwe	Die Sonne
Jupiter	Schütze	Rad des Schicksals
Saturn	Steinbock	Die Welt
Uranus	Wassermann	Der Narr
Neptun	Fische	Der Gehängte

Das Studium der Großen Arkana ist eine lebenslange Beschäftigung. Das Konzept, das sie verkörpern, ist so umfassend, dass wir die Karten unter dem Gesichtspunkt der Kunst, Astrologie, Geschichte und Mythologie, der modernen Psychologie, der Bibel und östlicher wie westlicher Religionen sehen können.

Die Großen Arkana bieten eine einzigartige, außerordentlich starke Verbindung zur Meditation. Die Auseinandersetzung mit ihnen und die Aufnahme ihrer Aussagen auf einer intuitiven, spirituellen Ebene ist für Eingeweihte eine echte Transformationsübung.

In diesem Einführungsbuch wird der Tarot auf einer grundlegenden divinatorischen Basis behandelt. Durch die sorgfältige Betrachtung der einzelnen Trümpfe und eine intuitive Anwendung ihrer Beschreibungen werden Sie etwas über die außerordentlich wichtigen Inhalte erfahren, die wirklich in ihnen stecken. Wir werden später noch viel ausführlicher auf diese besonders faszinierenden Tarotkarten eingehen.

Übung zur Einführung in die Großen Arkana

Richtig oder falsch (r/f)?
- ❏ 1. Die Großen Arkana bestehen aus 21 Karten.
- ❏ 2. Die Großen Arkana sind die ursprünglichen Tarotkarten, die Kleinen Arkana wurden erst später hinzugefügt.
- ❏ 3. Die Großen Arkana-Karten werden auch als Trümpfe bezeichnet.
- ❏ 4. Die Großen Arkana stehen für das Alltagsleben und die mit ihm verbundenen Ereignisse.
- ❏ 5. Die spirituellen, psychischen Aspekte des Lebens werden im Tarot nicht repräsentiert.
- ❏ 6. Die Karte DER TEUFEL beweist, dass der Tarot von Satan beherrscht wird.
- ❏ 7. Wenn die Karte TOD bei einer Lesung auftaucht, so bedeutet das, dass der Ratsuchende oder Jemand aus seinem engen Freundeskreis oder der nahen Verwandtschaft bald sterben wird.
- ❏ 8. Wenn die Karten der Großen Arkana bei einer Auslegung besonders zahlreich vertreten sind, hat der Ratsuchende die Situation völlig unter Kontrolle.
- ❏ 9. Jeder Karte der Großen Arkana wird ein Planet oder ein Tierkreiszeichen zugeordnet.
- ❏ 10. Die Beschäftigung mit den Großen Arkana kann eine Hilfe bei Meditation und dem spirituellen Wachstum sein.
- ❏ 11. Der Tarots verwendet eine unbewusste Symbolsprache, mit der wir die Zukunft deuten und uns die Vergangenheit ins Gedächtnis zurückrufen können.
- ❏ 12. Wir können Tarotkarten auswählen, ohne vorher ihre Bedeutung zu kennen, und sie in einen sinnvollen Zusammenhang mit unserem Leben bringen, da unser Unterbewusstsein diese Symbole erkennt und auf sie anspricht.

Lösungen

Richtig oder falsch?

1. f	4. f	7. f	10. r
2. r	5. f	8. f	11 r
3. r	6. f	9. r	12 r

2 So lesen Sie die Karten

Lektion 3: So fangen Sie an

Im folgenden Kapitel werde ich Ihnen elf Schritte erläutern, die Sie durch den ganzen Prozess der Kartenauslegung führen. Außerdem stelle ich einige Methoden vor, durch die Sie Ihre Tarotkenntnisse vertiefen können.

Der erste Schritt: Festlegung der Frage

Die Person, die um die Lesung bittet, überlegt sich eine Frage, die sie den Karten stellen möchte.

Der zweite Schritt: Wahl der Signifikatorkarte (Indikator)

Die Signifikatorkarte wird aus den Hofkarten und den Großen Arkana gewählt. Solange Sie die Großen Arkana in Teil 3 noch nicht studiert haben, beschränken Sie Ihre Wahl auf die Hofkarten. Die Signifikatorkarte steht für die Person, die den Karten die Frage stellt. Diese Person nennt man die/den Ratsuchende/n oder Fragende/n; die Person, die die Karten deutet, Kartenleser oder -leserin.

Wenn die Fragestellerin eine Frau über 18 ist, soll sie eine Karte aus den vier Königinnen auswählen.

Ein Fragesteller dagegen wählt eine Signifikatorkarte aus den Rittern und Königen: Ein Fragesteller zwischen 18 und 35 Jahren wird normalerweise von einem Ritter repräsentiert. Ein Mann über 35 von einem König. Im Folgenden werden wir sehen, dass es zu dem bereits Vorgestellten Ausnahmen gibt:

Junge Männer, die reif, gesetzt und verantwortungsbewusst sind, können sich einen König auswählen.

Ältere Männer, die jugendlich, dynamisch und noch voller Ziele in ihrem Leben sind, wählen eher einen Ritter; dies trifft vor allem dann zu, wenn es bei ihrer Frage an die Karten um eines dieser Ziele geht.

Wenn der oder die Ratsuchende noch sehr jung ist (bis zu 18) sollte er/sie unter den Buben auswählen. Die Buben repräsentieren junge Menschen beider Geschlechter. Bei außergewöhnlich reifen 16-, 17- oder 18jährigen kann die Königin, wenn weiblich, oder der Ritter, wenn männlich, besser passen. In diesen Fällen benutzen Sie also die »älteren« Hofkarten.

Legen Sie die entsprechenden Hofkarten vor dem Ratsuchenden aus. Bitten Sie ihn, eine Karte auszuwählen, zu der er sich hingezogen fühlt. Während dessen sollte er sich auf seine Frage konzentrieren.

Hat der Ratsuchende nun die Signifikatorkarte von dem Ratsuchenden ausgewählt wurde, legen Sie die anderen Hofkarten in den Stapel zurück und die Signifikatorkarte zur Seite.

Der dritte Schritt: Formulierung der Frage

Die Formulierung der Frage ist äußerst wichtig für den Erfolg oder Misserfolg einer Lesung und muss sorgfältig überdacht werden. Sie sollte ein einziges Thema betreffen – zum Beispiel Gesundheit, eine Beziehung, Umziehen etc. – und etwa folgendermaßen formuliert werden: »Wie werden sich meine ....in den nächsten .... Monaten entwickeln?« Wenn es dem Ratsuchenden um seine Berufsaussichten in den nächsten drei Monaten geht, sollte die Frage beispielsweise lauten: »Wie werden sich meine Berufsaussichten in den nächsten drei Monaten entwickeln?«

Eine andere Möglichkeit, die Frage zu stellen, wäre: »Zeige mir meine Zukunft im Zusammenhang mit meinen Berufsaussichten für die nächsten 3 Monate.« Beide Wege sind akzeptabel, solange die Frage klar, präzise und genau formuliert ist. Wenn sie vage ist, ohne Zeitrahmen oder genauere Angaben, kann die Antwort der Karten verwirrend ausfallen.

Der vierte Schritt: Das Mischen der Karten

Der Ratsuchende mischt die Karten, mit Ausnahme der Signifikatorkarte, wie es ihm gefällt. Dabei muss er sich auf die Frage konzentrieren, behält sie aber für sich. Wenn der Ratsuchende meint, er habe genug gemischt, hört er damit auf.

Der Ratsuchende behält die Frage so lange für sich, bis die Tarotleserin während der Lesung dem Ratsuchenden über den allgemeinen Bereich der Frage Auskunft gegeben hat. Dafür gibt es zwei Gründe: Es verlangt größeres Wissen und Konzentration von Ihnen, dem Leser, und Sie müssen besser vorbereitet in die Lesung gehen. Zum anderen wird der Ratsuchende mehr Achtung vor Ihnen haben, wenn Sie ihm sagen können, worum es bei seiner Frage geht. Wenn ich selbst eine Tarotdeuterin aufsuche und gefragt werde: »Worüber möchten Sie etwas wissen?«, bin ich immer enttäuscht, weil ich finde, dass die Deuterin zumindest in groben Zügen wissen sollte, warum ich gekommen bin, ohne dass ich ihr das vorher sagen musste. Vor einer Kartenleserin, die sich auf mich einstellen und mir sagen kann, worüber ich etwas wissen möchte, habe ich viel mehr Respekt. Der Ratsuchende geht dann offener und mit größerem Vertrauen in die Lesung. Da Sie lernen möchten, wie man Tarotkarten deutet, sollten Sie gleich die beste Methode lernen!

Der fünfte Schritt: Deutung des Mischvorgangs

Aus der Art, wie der Ratsuchende die Karten mischt, können Sie wichtige Schlüsse ziehen. Achten Sie dabei im Stillen auf folgende Punkte:

Nachlässiges Mischen zeigt gewöhnlich, dass der Ratsuchende sich nicht gut genug auf seine Frage konzentriert, und führt daher zu verwirrenden Deutungen. Erinnern Sie ihn dann daran, dass er nur an seine Frage denken soll. Wahrscheinlich hat er seine Gedanken abschweifen lassen oder mit Ihnen gesprochen, statt sich still zu konzentrieren.

Wenn der Ratsuchende die Karten so mischt, dass sie von Ihnen wegzeigen – ich gehe davon aus, dass Sie ihm gegenübersitzen – und damit auf ihn selbst zeigen, lesen Sie für eine zurückhaltende oder verschlossene Person. Dasselbe gilt, wenn er die Karten eng an den Körper und vom Tisch weg hält.

Wer so mischt, ist skeptisch, zweifelt an der Lesung und dürfte Ihnen überhaupt wenig Informationen geben. Achten Sie auch sonst auf Körpersprache: Verschränkte Arme, übereinandergeschlagene Beine, ein zurückgeschobener Stuhl bedeuten meist, dass der Fragende unempfänglich ist. Er signalisiert Ihnen, diskret zu sein und nicht zu tief zu bohren. Er könnte sich durch Sie oder durch die Frage, die er gestellt hat, bedroht fühlen. Sagen Sie nichts zu dieser Körpersprache sondern respektieren Sie die Privatsphäre des Ratsuchenden. Er wird Ihnen Bescheid geben, wenn er genug gehört hat.

Ein offener Mensch hingegen wird die Karten so mischen, dass sie auf Sie gerichtet sind, und Sie dadurch wissen lassen, dass er alles erfahren möchte, was Sie sehen. Der Ratsuchende könnte auch über den Tisch greifen, die Karten so nahe wie möglich vor Sie hinlegen und sich dann erwartungsvoll vorbeugen. Dann ist er begierig darauf, »alles« zu erfahren. Die Lesung könnte so eher zu einer Unterhaltung mit Ihnen werden. Er wird förmlich an Ihren Lippen hängen – und könnte das, was Sie sagen, allzu wörtlich nehmen!

Offene wie verschlossene Menschen können mit unrealistischen Erwartungen in eine Lesung gehen. Der enthusiastische Ratsuchende könnte dann enttäuscht sein, wenn Sie ihm nicht jede Einzelheit in der Zukunft – einschließlich aller Namen, Daten und Orte! – vorhersagen können. Der Verschlossene hingegen kann so skeptisch sein oder sich so sehr vor dem, was er erfahren könnte, fürchten, dass er die Lesung blockiert. Dann denkt man als Deuterin oft, bei dieser Lesung nicht viel zustande gebracht zu haben – und ein Jahr später erzählt einem der damalige Fragesteller dann voller Begeisterung jede Einzelheit der Lesung und wie sie sich erfüllt hat! Eine Lesung kann »ins Schwarze« treffen, muss es aber nicht. Urteilen Sie deshalb nicht vorschnell über sich!

Für den ausgeglichenen Ratsuchenden, der weiß, was er will, und der bei der Lesung ein offenes Ohr für Ihre Worte hat, lassen sich die Karten am besten legen. Diese Person mischt gewöhnlich über der Tischmitte und richtet die Karten dabei eher auf sich selbst. Sie wird von der Mitte aus nach rechts abheben, dann nach links oder umgekehrt.

Beim Mischen können natürlich auch Karten aus dem Stapel fallen oder sich zufällig drehen. Dies ist dann kein Zufall: Die Bedeutung dieser Karten kann im allgemeinen die gesamte Lesung zusammenfassen! Merken Sie sich, welche Karten sich beim Mischen umdrehen oder herausfallen. Merken Sie sich auch, ob sie richtig oder umgekehrt fallen, vom Ratsuchenden aus gesehen. Es sollte Sie nicht überraschen, wenn die gleichen Karten dann auch in der Lesung auftauchen oder sogar beim Mischen erneut herausfallen. Das ist von großer Bedeutung, denn es gibt Ihnen bereits wichtige Aufschlüsse für die Lesung. Nachdem Sie sich die herausgefallenen Karten gemerkt haben, stecken Sie sie in den Stapel zurück und lassen Sie den Fragesteller weiter mischen.

Der sechste Schritt: Der Abhebevorgang

Wenn der Ratsuchende das Gefühl hat, genug gemischt zu haben, hört er auf. Bitten Sie ihn dann, die Karten so abzuheben, dass drei Stapel entstehen, und zwar mit dem Bild nach unten. Zum Abheben wird traditionell die linke Hand benutzt. Das ist die Hand des unbewussten Verstandes, und sie enthüllt deshalb, was das Unterbewusstsein über die gestellte Frage weiß. Wenn der Ratsuchende von links nach rechts abhebt, will er etwas über seine Zukunft wissen. Hebt er dagegen von rechts nach links ab, sprechen die Karten über die Vergangenheit.

Wenn Sie diesen Abhebevorgang deuten, ist der erste Stapel, also derjenige, der auf dem Tisch liegen geblieben ist, die Vergangenheit. Der zweite hingelegte Stapel wird für die Gegenwart gelesen und der dritte für die Zukunft. Diese Stapel werden immer so gelesen, ganz egal, wo der Fragesteller sie hinlegt.

Der siebte Schritt: Interpretation des Abhebevorgangs

Wenn von der Mitte aus abgehoben wird, d.h. der zweite Stapel auf die eine Seite des mittleren Stapels gelegt wird und der dritte auf die andere Seite, so ist das Abheben ausgewogen. Dieses waagerechte Abheben bedeutet Offenheit mit guter persönlicher Urteilskraft.

Waagerechtes Abheben von links nach rechts zeigt an, dass bei der Deutung verborgene, unerwartete oder unbewusste Dinge ans Licht kommen könnten. Manchmal geht es bei dieser Information um die Zukunft des Ratsuchenden.

Wenn dagegen von rechts und nach links abgehoben wird, sucht oder fragt der Ratsuchende das Unterbewusstsein um Rat und Information zu seiner Frage. Der Ratsuchende, der so abhebt, könnte z. B. fragen, warum eine Situation entstanden ist und was sie ausgelöst hat.

Falls der Ratsuchende Linkshänder ist, gilt diese Theorie umgekehrt.

Drehen Sie die drei Stapel vollständig (nicht nur die obere Karte) um, und zwar wie die Seite in einem Buch und nicht von unten nach oben. Wenn Sie die Karten nämlich von rechts nach

So lesen Sie die Karten

links umdrehen, liegen sie so vor dem Ratsuchenden, nicht vor dem Leser. Voraussetzung ist natürlich, dass er Ihnen am Tisch gegenübersitzt. Die psychischen Energien fließen bei dieser Sitzordnung besser.

Ich möchte das anhand eines Beispiels verdeutlichen:

Der Ratsuchende hat aufgehört zu mischen und die Karten abgehoben. Beginnend mit dem mittleren Stapel, legt er einen Stapel auf eine Seite des mittleren Stapels und den anderen auf die andere Seite. Stapel 1 steht für die Vergangenheit, weil er auf dem Tisch liegen geblieben ist oder als erster Stapel hingelegt wurde, wenn der Ratsuchende beim Abheben das ganze Deck in der Hand behalten hat. Wir wollen davon ausgehen, dass die Kartenleserin und der Ratsuchende sich gegenübersitzen. In der Richtung des Ratsuchenden wird beim Umdrehen des ersten Stapels die Drei der Stäbe umgekehrt aufgedeckt. Dies wird als Vergangenheit gelesen, mit der entsprechenden Deutung für die umgekehrte Karte.

Der zweite Stapel, der auf den Tisch gelegt wurde, zeigt in Richtung des Ratsuchenden die Königin der Kelche. Sie repräsentiert also seine Gegenwart. Die Königin der Kelche wird richtig herum gelesen.

Der dritte Stapel ist immer der letzte auf dem Tisch, ganz egal, wohin der Ratsuchende ihn gelegt hat. Es liegt die Karte MÄSSIGKEIT auf, sie liegt richtig herum (zum Ratsuchenden) und repräsentiert somit die Zukunft.

Abb. 1

HIER SITZT DIE KARTENLESERIN

Stapel 2
Königin der Kelche
GEGENWART
Sie sind zur Zeit im Hinblick auf Ihre Frage empfindlich und emotional. Versuchen Sie, Vernunft und gesunden Menschenverstand einzusetzen, und lassen Sie Ihre Einbildungskraft nicht überhand nehmen.

Stapel 1
Drei der Stäbe
umgekehrt
VERGANGENHEIT
In Ihrer Vergangenheit haben Sie im Zusammenhang mit dem Thema Ihrer Frage wenig Kooperation erlebt und wurden von Anderen enttäuscht. Ihre Energien wurden vergeudet und waren unorganisiert.

Stapel 3
MÄSSIGKEIT
ZUKUNFT
Es könnte sich in der Zukunft die Möglichkeit zu neuen Veränderungen und Anpassungen ergeben. Man kann einem neuen Gleichgewicht entgegensehen. Probleme werden zukünftig richtig angegangen.

HIER SITZT DER RATSUCHENDE

Die Technik des Abhebens

Nun müssen Sie die drei Kartenstapel wieder umdrehen (Bild nach unten) und den Ratsuchenden bitten, sie nach seinem Belieben zu einem Stapel zusammenzulegen.
Passen Sie genau auf, wie der Ratsuchende die Karten zurück zu einem Stapel legt. Falls der Zukunftsstapel oben liegt, geht es bei der Lesung vor allem um das, was kommen wird. Wenn der Gegenwartsstapel oben liegt, wird es sich vorrangig um die gegenwärtige Situation handeln. Wenn dagegen der Vergangenheitsstapel oben liegt, bedeutet dies, dass die Lesung vergangene Situationen betrifft, mit denen der Ratsuchende sich möglicherweise auseinandersetzen muss, zum Beispiel immer wiederkehrende, gleiche Schwierigkeiten (mögliche Fehler). Die Lesung könnte aber auch zeigen, wie der Ratsuchende in der Vergangenheit mit Situationen umgegangen ist und wie er das ändern und/oder diese Informationen gezielt einsetzen könnte.
Bei der Deutung des Abhebens können wir auch wieder die Körpersprache einbeziehen. Verschlossene Menschen werden von Ihnen weg und auf sich selbst zu abheben, offene hingegen auf Sie zu und von sich selbst weg. Das können wir genauso interpretieren wie beim Mischen.
Sie als Kartenleser nehmen nun das Deck und drehen es so, dass es in Ihrer Richtung liegt. Das heißt, Sie sehen sich die Karten so an, wie sie für den Ratsuchenden gefallen sind. Das hat folgenden Grund: Wenn Sie dieses Buch zusammen mit einer Freundin lesen würden und ihr gegenübersäßen, müssten Sie es umdrehen, damit Ihre Freundin es lesen könnte. Nach dem gleichen Prinzip werden auch die Karten umgedreht: Sie können sie dann so lesen, wie sie für den Ratsuchenden gefallen sind. (Sehen Sie sich hierzu bitte die folgende Abbildung an.)
Dieser Punkt ist so wichtig, dass ich ihn gern noch einmal anders erklären möchte: Nach dem Mischen, Abheben und erneutem Zusammenlegen der Karten liegt der Stapel so vor Ihnen, wie der Ratsuchende ihn hingelegt hat. Nun drehen Sie die erste Karte um, und zwar von rechts nach links; und merken Sie sich, ob sie umgekehrt oder richtig für den Ratsuchenden gefallen ist. Dies ist Ihr Schlüssel. Wenn die Karte richtig liegt, dann müssen Sie das Deck in Ihre Richtung drehen, so dass die ersten Karte auch für Sie richtig liegt, genauso wie sie für den Ratsuchenden gefallen ist.
Wenn Sie allerdings daran denken, das Deck vor jeder Lesung gleich in Ihre Richtung zu drehen, dann können Sie diesen Schritt, die erste Karte umzudrehen, auslassen.

Prägen Sie sich also die beiden folgenden Regeln gut ein:

1. »Öffnen« Sie die Karten immer wie ein Buch, also von rechts nach links oder umgekehrt, aber nie von oben nach unten.
2. Drehen Sie den ganzen Kartenstapel vor der Auslegung immer um 180 Grad, falls Sie und der Ratsuchende sich gegenübersitzen.

So lesen Sie die Karten

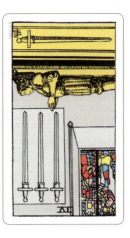

Abb. 2

HIER SITZT DIE KARTENLESERIN

Das Drehen der Karten zum Leser

1. So liegen die Karten ursprünglich: In Richtung des Ratsuchenden

2. Die Karten liegen jetzt in Richtung des Lesers. Die Lesung kann beginnen.

HIER SITZT DIE RATSUCHENDE

Der achte Schritt: Deutung der Signifikatorkarte

Drehen Sie die Signifikatorkarte zu sich um. Sie zeigt, worüber der Ratsuchende etwas wissen möchte oder welche Einstellung er zu seiner Frage hat.

Zu welchem Satz gehört die Hofkarte? Falls es sich um die Stäbe handelt, könnte die Frage den Ehrgeiz des Ratsuchenden widerspiegeln. Vielleicht fragt er nach einer Idee oder einer Unternehmung, die er gern auf den Weg bringen würde, oder in die er schon viel Energie gesteckt hat. Es könnte sein, dass die Frage mit starken Wünschen verbunden ist. Der Ratsuchende könnte aber auch tatkräftig, kreativ und mutig sein und über Führungsqualitäten und Begeisterung verfügen. Das astrologische Sonnenzeichen des Ratsuchenden hat wenig mit der Wahl der Signifikatorkarte zu tun. Der Satz der Stäbe zeigt stets an, dass bei der fraglichen Angelegenheit die eigenen Wünsche eine große Rolle spielen. Für Stäbe-Menschen sind Ziele und Wünsche die Begriffe, mit denen sie ihre Frage angehen.

Falls der Ratsuchende eine Kelch-Hofkarte gewählt hat, könnte er im Hinblick auf seine Frage emotional und empfindlich reagieren. Kelche-Menschen gehen ihre Frage von der Ebene der Familie, der ihnen nahe stehenden Menschen und intuitiver Gefühle an.

Hat der Ratsuchende hingegen eine Schwert-Hofkarte gewählt, so könnte die Sache mit Entscheidungen, Aggressionen und Auseinandersetzungen verbunden sein. Die Vergangenheit abzustreifen, das Positive vom Negativen zu trennen und gründlich über alles nachzudenken, könnte hier das Hauptthema bilden. Tatkraft und der Verstand sind die Eigenschaften, mit denen der Schwert-Mensch seine Frage angeht. Der Satz der Münzen zeigt an, dass es in der Frage um realistische und praktische Dinge geht. Manchmal kann die Signifikatorkarte auch zeigen, auf welche Charaktereigenschaften der Ratsuchende sich zu stützen versucht, zum Beispiel auf den Wunsch zu verstehen, wie eine Situation wirklich aussieht.

Aus diesen Informationen können wir also auf die Einstellung des Ratsuchenden seiner Frage gegenüber und manchmal auch auf den Gegenstand der Frage schließen.

Der neunte Schritt: Bedeutung der verschiedenen Kartenpositionen

Die Kartenposition bezieht sich auf das Muster oder Legesystem, nach dem die Karten ausgelegt werden. In diesem Buch wird das Keltische Kreuz benutzt. Es bekam seinen Namen durch die Ähnlichkeit mit dem echten Keltischen Kreuz, bei dem der Schnittpunkt des Querbalkens mit dem Stamm von einem Ring umschlossen wird. Bei diesem Legesystem für zehn Tarotkarten bilden die ersten beiden Karten ein Kreuz, die nächsten vier einen Kreis um dieses Kreuz. Die beiden kreuzförmig gelegten Karten repräsentieren den Kern oder das Herz der fraglichen Angelegenheit. Die vier Karten, die sie kreisförmig umgeben, enthüllen uns die Vergangenheit und die Zukunft im Hinblick auf die Frage. Drei der restlichen vier Karten liefern uns zusätzliche Informationen über die nicht so offensichtlichen, die eher inneren Umstände, die die Frage umgeben. Die letzte Karte schließlich verrät uns den Ausgang, das »Ergebnis« der Frage innerhalb des vom Ratsuchenden gesetzten Rahmens.

Es gibt noch andere traditionelle Legesysteme, doch das Keltische Kreuz ist das älteste und beliebteste, da es bei einer Lesung besonders aufschlussreiche Informationen ermöglicht.

Die Positionen im Keltischen Kreuz (Die Positionen 3 und 5 werden in der Literatur zum Teil unterschiedlich bewertet [Anm. der Redaktion]) werden von 1 bis 10 durchnummeriert und zeigen an, in welcher Reihenfolge die Karten gelegt und interpretiert werden. Jede Position hat eine bestimmte Bedeutung, die uns dann zusammen mit der Bedeutung der betreffenden Karte die Interpretation ermöglicht.

Position 1 Die erste Position repräsentiert die gegenwärtigen Umstände, die die Frage des Ratsuchenden betreffen. Sie zeigt, was in dieser Hinsicht zur Zeit vor sich geht.

Position 2 Die zweite Position weist auf eine helfende Kraft (bei positiven Karten) und auf Hindernisse oder Probleme (bei negativen Karten) hin. Die entsprechende Karte wird quer über die erste gelegt und immer als aufrecht liegend gelesen (richtige Seite oben).

Position 3 Die dritte Position beschreibt die Erfahrungen, die der Ratsuchende in der Vergangenheit im Hinblick auf seine Frage gemacht hat. Sie zeigt außerdem, warum er diese Frage heute gestellt hat, ausgehend von seinen Erfahrungen in der Vergangenheit. Die Karte wird unter die Karten 1 und 2 gelegt (siehe Abb. 3).

Position 4 Die vierte Position beschreibt die jüngere Vergangenheit, die Einflüsse, die gerade das Leben des Ratsuchenden verlassen, natürlich wieder im Zusammenhang mit seiner Frage. Die Karte wird links neben die Karten 1 und 2 gelegt.

So lesen Sie die Karten

Position 5 Die fünfte Position zeigt die mögliche Zukunft. Diese Interpretation ist flexibel: Manchmal ist es die Zukunft, wie der Ratsuchende sie jetzt sieht. Diese Karte kann aber auch eine alternative Zukunft repräsentieren: Was könnte vom heutigen Standpunkt aus möglicherweise passieren?

Position 6 Die sechste Position ist wichtig, weil sie die Karte der nahen Zukunft ist. Sie sagt uns, was im Hinblick auf die gestellte Frage als Nächstes geschehen wird.

Position 7 Die siebte Position gibt Aufschluss über die Einstellung des Ratsuchenden zu seiner Frage. Die Karte macht deutlich, wie der Ratsuchende über diese Frage im Augenblick denkt.

Position 8 Die achte Position ist das Umfeld des Ratsuchenden (auch wie andere ihn sehen). Sie sagt aus, was im Umfeld der Frage (zum Beispiel zu Hause, bei der Arbeit) passiert oder welchen Standpunkt die Familie und Freunde – also die Menschen in der Umgebung des Ratsuchenden – im Hinblick auf den Gegenstand der Frage vertreten.

Position 9 Die neunte Position beschreibt die Hoffnungen und Ängste des Ratsuchenden. Eine positive Karte steht für seine Hoffnungen, eine negative für seine Ängste. Die Karte zeigt aber nicht unbedingt an, was tatsächlich passieren wird.

Position 10 Die zehnte Position repräsentiert das »Ergebnis«. Diese Karte zeigt an, wie die Frage sich lösen wird oder was innerhalb des für sie gesetzten Zeitrahmens geschehen wird. Der Leser kann in Position 5, die Karte der möglichen Zukunft, sehen, ob sie die Aussage der zehnten Karte bestätigt oder ihr widerspricht.

Legen Sie die folgende Kartenkombination aus:

SIGNIFIKATOR

Signifikatorkarte – Ritter der Stäbe

DIE AUSLEGUNG

Position 1	Gegenwärtiger Einfluss – Vier der Schwerter
Position 2	Hilfen oder Hindernisse – Sieben der Schwerter
Position 3	Vergangenheit, Motivation – DER TEUFEL, umgekehrt
Position 4	Jüngere Vergangenheit – GERECHTIGKEIT
Position 5	Mögliche Zukunft – Drei der Münzen
Position 6	Nahe Zukunft – Königin der Schwerter
Position 7	Einstellung des Ratsuchenden – MÄSSIGKEIT
Position 8	Umfeld des Ratsuchenden – Fünf der Stäbe
Position 9	Hoffnungen und Ängste – DER GEHÄNGTE, umgekehrt
Position 10	Ergebnis – As der Schwerter

Die Bedeutung der Kartenposition

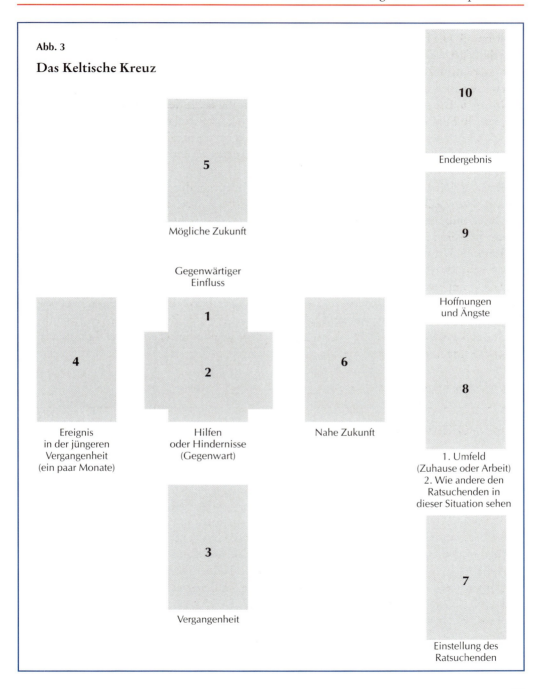

Abb. 3

Das Keltische Kreuz

Deutung dieser Auslegung

1. Sagen Sie dem Ratsuchenden, wenn Sie die erste Karte umdrehen: »Das ist Ihre gegenwärtige Situation im Hinblick auf Ihre Frage!«
Die Vier der Schwerter wurde als Gegenwart aufgedeckt. Schlagen Sie die Bedeutung dieser Karte in Teil 3 nach. Die Bedeutung der Position 3 (Gegenwart) und die der Karte fügen wir dann folgendermaßen zusammen: »Zur Zeit ruhen Sie sich für eine Weile aus oder haben sich aus einer schwierigen Situation zurückgezogen. Sie wissen, dass das Problem noch nicht gelöst ist; es handelt sich nur um eine Atempause.« (Das ist die Bedeutung der Vier der Schwerter.)
2. Wenn Sie sich die Bedeutung der Sieben der Schwerter ansehen, werden Sie feststellen, dass es sich um eine negative Karte handelt, die für Diebstahl, Ungerechtigkeit und Ausgenutztwerden steht; das sind die Kräfte, die den Ratsuchenden im Augenblick behindern. Sie können dem Ratsuchenden also sagen: »Zur Zeit sind gegen Sie gerichtete Ungerechtigkeit und Verrat Hindernisse in Ihrer Situation.«
3. Aus Teil 3 können Sie die Bedeutung des TEUFELS umgekehrt ablesen: Der Ratsuchende hat in der Vergangenheit die Willenskraft aufgebracht, seine selbstsüchtigen, manipulativen Neigungen zu überwinden, wenn er damals mit dem Gegenstand der jetzigen Frage zu tun hatte.
4. Die Karte GERECHTIGKEIT, eine Trumpfkarte der Großen Arkana, liegt aufrecht. Der Ratsuchende hat in der jüngeren Vergangenheit also den Drang nach Wachstum und Veränderungen im Hinblick auf seine persönlichen Ziele verspürt. In seinem Leben ist ein neues Gleichgewicht entstanden. Er hat bekommen, was er verdient.
5. Die Drei der Münzen ist die mögliche Zukunftskarte. Wir wollen sie als mögliche Bewältigung der gestellten Frage deuten. Denken Sie aber daran, dass es sich dabei nur um die *mögliche*, nicht um die *tatsächliche* Zukunft handelt (Platzierung der Karte).
6. Eine willensstarke, entschlossene Frau wird den Fragenden beeinflussen, möglicherweise als Ratgeberin. Ihr Urteil wird voller Einsicht und Scharfsicht sein. Ihr Standpunkt ist verlässlich. Sie könnte ihm den Weg zu einer Entscheidung zeigen. Vielleicht wird er mit ihr ein Gespräch führen. Diese Karte ist sehr wichtig, weil sie uns zeigt, was als Nächstes geschehen wird.
7. In der Position für die Einstellung des Ratsuchenden liegt die Karte MÄSSIGKEIT. Sie sagt aus, dass der Ratsuchende kooperativ und bereit ist, sich anzupassen.
8. Die Fünf der Stäbe verrät uns, dass Freunde und Familie die Lebensumstände des Ratsuchenden für stressbeladen und voller Streit halten. Wir können diese Karte aber auch so deuten, dass es zu Hause oder im Beruf zu Auseinandersetzungen und Rivalitätskämpfen kommt. Fragen sie den Ratsuchenden, welche der beiden Möglichkeiten zutrifft.
9. Der umgekehrt fallende GEHÄNGTE ist eine negative Karte: Der Ratsuchende fürchtet sich vor seiner eigenen Selbstsucht und seinem Stolz. Diese schlechten Eigenschaften hat er in der Vergangenheit überwunden (siehe Position 3).

10. Die zehnte Karte ist das As der Schwerter. Sie deutet einen Sieg an, da durch Willenskraft Schwierigkeiten überwunden werden. Sie können im Vergleich mit der »Möglichen Zukunftskarte« sehen, ob diese Aussage bestätigt oder ihr widersprochen wird. In dieser Lesung liegt die Drei der Münzen auf Position 5 und gibt uns damit eine Bestätigung der Bewältigung beziehungsweise des Sieges über widrige Umstände.

Der zehnte Schritt: Allgemeine Beobachtungen

Neben der Analyse der Kartenplatzierung sollte der Leser auch genau auf die größeren Muster im Kartenbild achten. Diese Muster und ihr Zusammenhang mit den Kartenpositionen erlauben dem Leser wichtige Rückschlüsse auf das Thema der Lesung, dessen Fortschritte in der Sache und andere Umstände im Umfeld des Ratsuchenden. Um diese ergänzende Information zu erhalten, greift der Leser auf folgende Methoden zurück

- die Methode der Satzbewertung
- die Addition der Kartenzahlen
- die Beachtung wichtiger Kartenkombinationen.

Satzbewertung

Spüren Sie nun das zentrale Thema auf, das überwiegend durch bestimmte Kartenkombinationen repräsentiert wird.

Die Großen Arkana überwiegen Wenn bei einer Auslegung mehr Karten der Großen Arkana vorkommen als Karten des vorherrschenden Satzes, geht es um eine äußerst wichtige Angelegenheit. Die Dominanz dieser Karten zeigt an, dass die Frage des Ratsuchenden außerordentlich bedeutsam und machtvoll sein kann. Die Sache liegt dann vermutlich in der Hand des Schicksals und nicht in seiner eigenen.

Umgekehrte Karten überwiegen Wenn mehr als sieben Karten umgekehrt fallen, bedeutet das entweder, dass den Ratsuchenden das Thema der Frage sehr aufregt oder die Frage selbst beunruhigend ist.

Wenn alle zehn Karten umgekehrt fallen, sollte neu gemischt und gelegt werden. Erinnern Sie den Ratsuchenden daran, die Frage korrekt zu formulieren, zum Beispiel: »Was wird in den nächsten Monaten mit .... passieren?«

Achten Sie darauf, dass er sich beim Mischen und bei der Formulierung der Frage richtig konzentriert und dass nicht alle Karten des Decks in der gleichen Richtung liegen. Sollten dann beim zweiten Versuch wieder alle Karten umgekehrt fallen, verschieben Sie die Lesung auf einen anderen Tag.

Hofkarten überwiegen Die Hofkarten können für Menschen stehen, die etwas mit der Frage zu tun haben und sie beeinflussen, aber auch für Persönlichkeitsaspekte des Ratsuchenden, die im Zusammenhang mit der Frage relevant sind. Sie zeigen also das mögliche Verhalten des Ratsuchenden oder anderer im Zusammenhang mit der Frage.

Ein Satz überwiegt

● Wenn es sich dabei um die Stäbe handelt, geht es bei der Frage um eine Sache, der der Ratsuchende ehrgeizig gegenübersteht. Er betrachtet die Situation als Unternehmen, Abenteuer oder Herausforderung.

● Herrschen dagegen Kelche-Karten vor, so ist der Ratsuchende im Hinblick auf seine Frage empfindlich und reagiert emotional. Bei der Frage selbst kann es um eine Gefühlsangelegenheit gehen.

● Eine Mehrheit der Schwert-Karten weist darauf hin, dass der Ratsuchende danach fragt, was er selbst oder andere im Hinblick auf den Gegenstand seiner Frage tun werden. Es könnte bei dieser Frage um einen – wie auch immer gearteten – Kampf gehen. Vielleicht betrachtet der Frager aber auch die ganze Situation als einen Kriegszustand. Die geistigen Kämpfe können sich dabei in Nachdenklichkeit, Streit, Sorgen, Zweifel und Debatten niederschlagen.

● Wenn vorwiegend Münze-Karten erscheinen, geht der Ratsuchende die Angelegenheit praktisch an oder wünscht sich, realistisch zu sein. Gegenstand der Frage könnten dann Finanzen, Besitz oder Arbeit und wirtschaftliche Angelegenheiten sein.

Der Zahlentrend

Den Zahlentrend bestimmen Sie, indem Sie die Nummern der Karten der Kleinen und Großen Arkana im Keltischen Kreuz addieren. Dann müssen Sie die Ziffern der so erhaltenen Zahl reduzieren, indem sie die Quersumme bilden, mit Ausnahme von 11 und 22. Die Hofkarten werden dabei nicht berücksichtigt, da sie nicht nummeriert sind.

Beispiele: 27 wird zu 2+7=9; 32 wird zu 3+2=5; 85 wird zu 8+5=13, und das wiederum zu 1+3=4; 83 wird zu 8+3=11, und das bleibt 11. Die Zahl, die man auf diese Weise erhält, repräsentiert das allgemeine Thema der Lesung.

Anmerkung: Wenn sich bei einer Lesung die Zahl 10 ergibt oder die 10 in einer Lesung dominiert, ist dies als Ende eines Kreises und als Beginn eines neuen zu deuten.

Bedeutung der Zahlen

Eins Anfänge, Einweihung, Veränderung, Neubeginn, etwas Neues.
Zwei Beziehungen zu anderen, Partnerschaft, Kommunikation, Teilen, Abwägen oder Ausloten von Alternativen und Möglichkeiten.
Drei Wachstum, Vermehrung, Pläne nehmen konkrete Gestalt an.
Vier Stabilisierung, Sicherheit, Verwirklichung, Wirklichkeit, eine Situation hat sich endgültig etabliert.
Fünf Veränderung, Unterbrechung; Wachstum wird gefördert, gestaltet sich aber schwierig, weil die Veränderungen unerwünscht sind; bestürzende Umstände, Disharmonie
Sechs Wiederhergestellte Harmonie, Gleichgewicht, Teilen, Sicherheit.
Sieben Erfolg, Rückzug, eine Seelenzahl; Sieg im Hinblick auf Ideale oder persönliche Ziele, Entfaltung der Seele.

Acht Erfolg; Kontrolle, Beherrschung, ausgeglichene Macht; heilende Wirkung.
Neun Errungenschaft, meist auf einer persönlichen Ebene und im Zusammenhang mit Zielen, Idealen, emotionalen, geistigen oder spirituellen Dingen; das Erreichen von Zielen und Abschlüssen.
Zehn Ende eines Kreises, Beginn eines neuen.
Elf Spirituelle, übersinnliche, künstlerische, innovative, originelle, kreative Angelegenheiten.
Zweiundzwanzig Geld oder mit Macht verbundener Wohlstand, spirituelle Beherrschung.

Die Bedeutung der vorherrschenden Zahlen, speziell bei den Kleinen Arkana

Merken Sie sich die vorherrschenden Zahlen. Achten Sie darauf, ob es sich vor allem um Anfangszahlen – As, Zwei und Drei – handelt. Mittlere und Entwicklungszahlen sind Vier, Fünf, Sechs und Sieben. Beendingungs-und Ergebniszahlen sind Acht, Neun und Zehn.
Wenn die meisten Zahlen niedrig sind – also As, Zwei und Drei vorherrschen –, geht es bei der Frage des Ratsuchenden um eine Sache, die sich noch in einer frühen Phase befindet.
Stehen die mittleren Zahlen im Vordergrund – also Vier, Fünf, Sechs, Sieben – , dann ist die Situation des Ratsuchenden bereits eingetreten oder im Gange. Die Angelegenheit befindet sich im mittleren Stadium.
Falls aber die hohen Zahlen – Acht, Neun und Zehn – am stärksten vertreten sind, neigt sich die Angelegenheit ihrem Ende zu.

Kartenkombinationen

Wenn eine Auslegung bestimmte ähnliche Karten enthält, wird dadurch ihr Hauptthema verstärkt oder bestätigt. Folgende Themen sind daraus ablesbar:

Gewalt
KRAFT umgekehrt; As der Schwerter umgekehrt; König der Stäbe, Kelche oder Schwerter umgekehrt; Königin der Stäbe umgekehrt; Ritter der Stäbe umgekehrt; Ritter der Schwerter umgekehrt; Acht der Stäbe umgekehrt, DER TURM.

Untreue
Drei der Kelche umgekehrt; DIE LIEBENDEN umgekehrt; DIE HERRSCHERIN umgekehrt; Königin der Stäbe umgekehrt; zwei Ritter, Könige oder Königinnen bei einer Lesung, bei der es um eine Liebesbeziehung geht; DER MOND (Täuschung); DER TURM und der Bube der Schwerter (Geheimnisse werden enthüllt).

Richtige Entscheidungen oder Wahl
DER NARR; DIE LIEBENDEN; Zwei der Schwerter umgekehrt; Sieben der Kelche umgekehrt.

Falsche Entscheidungen
DER NARR/DIE LIEBENDEN umgekehrt; DER TEUFEL.

Gerichtsverfahren
- Gerechter Ausgang: GERECHTIGKEIT; König oder Königin der Schwerter; As der Schwerter; DER WAGEN; DIE WELT; Sechs der Münzen; Sechs der Stäbe

- Ungerechter Ausgang: König oder Königin der Schwerter umgekehrt; Ritter der Schwerter umgekehrt; GERECHTIGKEIT umgekehrt; As der Schwerter umgekehrt, Zehn der Schwerter oder Stäbe; Sechs der Münzen umgekehrt; Sechs der Stäbe umgekehrt. Ein Rechtsanwalt wird repräsentiert durch einen König der Kelche, König der Schwerter, Königin der Schwerter oder den MAGIER. DER EREMIT steht für Rechtsberatung.

Heirat, Ehe

DIE LIEBENDEN; Zehn der Kelche; DIE HERRSCHERIN; Vier der Stäbe; Drei der Kelche für Verlobungen; DIE SONNE. DER HIEROPHANT repräsentiert eine traditionelle, legale oder konventionelle Ehe.

Anmerkung: Der umgekehrte HIEROPHANT deutet auf eheähnliches Zusammenleben oder eine Ehe unter ungewöhnlichen Bedingungen hin.

Gesundheit

- Probleme werden überwunden: DIE SONNE; DIE LIEBENDEN; DER STERN; DER WAGEN; KRAFT; DIE WELT; DAS GERICHT; GERECHTIGKEIT (Gleichgewicht); DIE HERRSCHERIN; MÄSSIGKEIT (Gleichgewicht); As der Schwerter, Kelche, Stäbe und Münzen; Drei der Münzen; Vier der Stäbe; RAD des SCHICKSALS.
- Ärztlicher Rat: DER EREMIT; König und Königin der Schwerter; DER MAGIER, König der Kelche. DER EREMIT richtig herum heißt, dass man ärztlichen Rat befolgt; umgekehrt sagt er aus, dass man ihn ignoriert. DER MAGIER oder die Königin und der König der Schwerter können medizinische Spezialisten oder Berater sein. Der König der Kelche kann ein freundlicher Arzt sein, der den Fragesteller berät.
- Geistige oder emotionale Gesundheitsprobleme: DIE HERRSCHERIN umgekehrt; DIE LIEBENDEN umgekehrt; DER WAGEN umgekehrt; KRAFT umgekehrt; Königin der Kelche und Münzen umgekehrt.
- Augenprobleme: DER HERRSCHER oder DIE SONNE umgekehrt.
- Magengeschwür oder Magenprobleme: DER WAGEN umgekehrt.
- Herz-, Rücken- oder Wirbelsäulenprobleme: KRAFT umgekehrt; Zehn der Stäbe richtig herum und umgekehrt.
- Unausgewogene Ernährung: DER WAGEN umgekehrt.
- Rat zur Diät, Ernährung und allgemeine Gesundheit: DER EREMIT.
- Überwindung gesundheitlicher Probleme durch eine disziplinierte Lebensweise: DER WAGEN; KRAFT.
- Erneut auftretende gesundheitliche Probleme: RAD des SCHICKSALS umgekehrt; Neun der Stäbe richtig herum und umgekehrt.
- Widerstandskraft gegen Krankheit; Schutz der Gesundheit durch Beachtung eventueller Symptome; Erhaltung der Gesundheit durch Vorsicht: Neun der Stäbe. Wenn umgekehrt, treten erneut gesundheitliche Probleme auf, der Ratsuchende kümmert sich nicht um seine Gesundheit.
- Positive medizinische Untersuchungen: MÄSSIGKEIT.

- Medizinische Untersuchungen sind negativ: MÄSSIGKEIT umgekehrt.
- Krankenhausaufenthalt, Erholung, Kur: Vier der Schwerter.
- Ein Zusammenbruch kann durch den TURM angezeigt werden.
- Depressionen und Ängste: Neun der Schwerter; DIE SONNE und DER STERN umgekehrt, die Fünf der Münzen.
- Psychologische Beratung: KRAFT.
- Schlechte Gesundheit, gesundheitliche Probleme aller Art, Störungen eines Organs oder Systems: DIE SONNE umgekehrt.
- Schlechtes oder gar kein Verheilen, gesundheitliche Gleichgewichtstörungen, Probleme mit der Atmung oder der Lunge: DIE LIEBENDEN umgekehrt.
- Operation zur Behebung der Probleme: Drei der Schwerter. Kleinere chirurgische Eingriffe: Drei der Schwerter umgekehrt.
- Innere oder organische Funktionsstörungen: Sieben der Münzen richtig und umgekehrt.
- Muskel- oder Knochenprobleme, Probleme mit Gliedmaßen: Zehn der Stäbe.

Schlechter Ausgang oder ein Fehlschlag
Drei der Schwerter; Zehn der Stäbe; Zehn der Schwerter; Acht der Kelche; Fünf der Kelche.

Glücklicher Ausgang
Drei der Kelche; As der Schwerter; Zehn der Kelche; DIE SONNE; DIE WELT; DAS GERICHT; Vier der Stäbe; Sechs der Schwerter; Acht der Stäbe; Drei der Münzen; Sechs der Stäbe; DER WAGEN.

Übungen zum Keltischen Kreuz

Beantworten Sie folgende Fragen zu der Auslegung der auf Seite 30 vorgestellten Kartenpositionen, und notieren Sie Ihre Beobachtungen:
1. Signifikatorkarte
   a) Satz: ....
   b) Bedeutung : ....
2. Charaktereigenschaften: ....
3. a) Überwiegend vertretener Satz (größte Anzahl Karten eines Satzes, von Hofkarten oder der Großen Arkana): ....
   b) Zweithäufigster Kartensatz (gleiche oder zweithöchste Anzahl): ....
4. Umgekehrte Karten ....
   Anzahl: ....
5. a) Zahlentrend: ....
   b) Bedeutung: ....

So lesen Sie die Karten

6. Der Ratsuchende fürchtet sich vor seiner Selbstsucht und seinem Stolz; das können wir an der folgenden Karte ablesen: ....
   Sie liegt in Position ....
   Bedeutung dieser Position: ....
7. Der Ratsuchende hat vor kurzem versucht, bei seinen persönlichen Zielen ein neues Gleichgewicht zu erreichen und gerechter zu sein. ....
   Das zeigt die folgende Karte: ....
   Sie liegt in Position ....;
   Bedeutung dieser Position: ....
8. In der Vergangenheit hat der Ratsuchende seine Ängste abgestreift und eine Lektion über Manipulation und Macht gelernt. ....
   Das zeigt die folgende Karte: ....
   Sie liegt in Position ....;
   Bedeutung dieser Position: ....
9. Folgende Karte zeigt, dass der Ratsuchende anpassungsbereit ist: ....
   Sie liegt in Position ....;
   Bedeutung dieser Position: ....
10. Der Satz der Schwerter symbolisiert Zweischneidigkeit. Er steht für das Prinzip des Positiven und Negativen und den Intellekt. Wie der Ratsuchende seine Lage sieht oder welche Einstellung er an den Tag legt, wird deshalb von Bedeutung sein. Warum? ....
11. Eine Frau beeinflusst die Angelegenheit auf konstruktive und entscheidende Weise. Wer ist sie? ....
    Wann erscheint sie? ....
12. Vergleichen Sie die mögliche Zukunft mit dem Ergebnis. ....
13. Die Menschen im Umfeld des Ratsuchenden könnten ihn in Streitereien und Konkurrenzkämpfe verwickeln. Das zeigt folgende Karte: ....
    Sie liegt in Position ....;
    Bedeutung: ....
14. Zur Zeit hat der Ratsuchende sich zurückgezogen, um über etwas nachzudenken, das ihm im Weg steht. Dabei geht es um Vergeltung, Rache und seine Reaktion darauf. Welche beiden Karten zeigen das? ....,
    Sie liegen in Positionen .... und ....
    Bedeutung dieser Positionen: ....
15. Werden ihm seine Charaktereigenschaften dabei helfen, mit der Situation fertig zu werden? ....
    Woraus können Sie das schließen? ....

Lösungen

1. a) Stäbe
   b) Ehrgeiz, Tatkraft, Mut, Enthusiasmus und die anderen Eigenschaften, die wir dem Satz der Stäbe zugeschrieben haben.
2. Ein junger Mann, der mutig ist und entschlossen in die Situation eingreift (siehe die Erläuterungen zum Ritter der Stäbe).
3. a) Schwerter: 4   b) Große Arkana: 4
4. 2
5. a) Mittleres Stadium, denn 4, 5 und 7 dominieren.
   b) Der Ratsuchende steckt mitten in einer schwierigen Lage.
6. DER GEHÄNGTE umgekehrt. Position 9 – Hoffnungen und Ängste.
7. GERECHTIGKEIT. Position 4 – jüngere Vergangenheit.
8. DER TEUFEL umgekehrt. Position 3 – Vergangenheit, Motivation.
9. MÄSSIGKEIT. Position 7 – Einstellung des Ratsuchenden oder wie er die Frage sieht.
10. Die Tatsache, dass der Satz der Schwerter stark vertreten ist, weist darauf hin, dass die Einstellung des Ratsuchenden ihm helfen oder ihn hindern kann. Sie könnte sogar seine Handlungen und das Ergebnis der Lesung beeinflussen.
11. Königin der Schwerter, nahe Zukunft. Es könnte sein, dass dies die nächste Entwicklung im Hinblick auf die gestellte Frage ist.
12. Sie sind identisch: Sieg bei Ergebnis, Bewältigung bei der möglichen Zukunft.
13. Die Fünf der Stäbe. Position 8 – Umfeld des Ratsuchenden (andere Menschen und ihr Standpunkt oder ihr Verhalten ihm gegenüber).
14. Vier der Schwerter, Sieben der Schwerter. Positionen 1 und 2 – gegenwärtiger Einfluss, Hilfe oder Hindernisse.
15. Ja. Er vertraut auf seinen Mut, seine Energie und seinen Optimismus, denn er hat den Satz der Stäbe gewählt.

Der elfte Schritt: Das Tagebuch

Falls Sie Ihre Beschäftigung mit den Tarotkarten ernst nehmen, sollten Sie ein Tagebuch führen oder ein Notizbuch anlegen, in dem Sie Ihre Lesungen mitsamt den Ergebnissen festhalten. Es passiert immer wieder, dass Schüler mit mir über eine ihrer Lesungen sprechen möchten, sich aber nicht mehr an alle Karten und ihre jeweiligen Positionen erinnern können. Zumindest am Anfang der Arbeit mit den Tarotkarten sollte man sich die Lesungen aufschreiben, um gegebenenfalls auf sie zurückgreifen zu können.

Wenn ich später die tatsächliche Entwicklung damit verglichen habe, wie die Karten gefallen sind, stelle ich meistens fest, dass ihre Botschaft bezüglich der Zukunft zutreffend und klar war. Allerdings könnte sie zu diesem Zeitpunkt falsch gedeutet worden sein.

So lesen Sie die Karten

Beispiel für den Aufbau des Tagebuchs

Lesung für .... Datum ....
Frage ....

Das Abheben
Vergangenheit .... Deutung ....
Gegenwart .... Deutung ....
Zukunft .... Deutung ....
Signifikator .... Deutung ....

Das Gesamtbild
Wie viele Karten fielen richtig? ....
Wie viele Karten fielen umgekehrt? ....
Hauptthema ....
Deutung ....
Nebenthema ....
Deutung ....
Nummerische Gruppe ....
Deutung ....
Zahlentrend ....
Deutung ....

Zusammenfassung
Karte 1 .... Deutung ....
Karte 2 .... Deutung ....
Karte 3 .... Deutung ....
Karte 4 .... Deutung ....
Karte 5 .... Deutung ....
Karte 6 .... Deutung ....
Karte 7 .... Deutung ....
Karte 8 .... Deutung ....
Karte 9 .... Deutung ....
Karte 10 .... Deutung ....
Zusammenfassung ....
....
....

So füllen Sie das Tagebuch aus

Mit Hilfe des Tagebuchs wird es Ihnen schnell zur Gewohnheit werden, Ihre Lesungen aufzuschreiben und Ihre Beobachtungen richtig zu analysieren, so dass Sie aus den Lesungen größtmöglichen Nutzen ziehen können.

1. Name, Datum und Frage sprechen für sich. Astrologen möchten vielleicht noch in der Zeile für das Datum die Uhrzeit festhalten, zu der die Lesung durchgeführt wurde, denn auch daraus lassen sich wertvolle Schlüsse ziehen.
2. Schreiben Sie auf, welche Karten auf den Abhebestapeln lagen, und notieren Sie sich dazu einige Stichpunkte oder Schlüsselwörter.
3. Tragen Sie die Signifikatorkarte und ihre Bedeutung ein.
4. Tragen Sie die Namen der einzelnen Karten ein.

Schreiben Sie sich Ihre Rückschlüsse aus dem Gesamtbild auf. Die Anzahl der Karten, die richtig herum und umgekehrt fielen, wird auf die Gesamtzahl der entsprechend gefallenen Karten bezogen, wobei die Abhebestapel nicht mitgerechnet werden. Wenn mehr als sieben Karten umgekehrt fallen, könnte der Ratsuchende aufgeregt sein und nach einem persönlichen Problem fragen.

Das Hauptthema der Lesung können Sie aus der Auslegung schließen: Herrscht ein bestimmter Satz vor oder sind die Hofkarten oder die Karten der Großen Arkana am stärksten vertreten? Das Nebenthema können Sie auf die gleiche Weise ablesen.

Denken Sie an das Hauptthema der einzelnen Sätze:

Stäbe – *Ehrgeiz, Unternehmungsgeist, Entschlossenheit, Zielstrebigkeit;*
Kelche – *Emotionen oder Gefühle, Intuition, Familie, nahe stehende Menschen;*
Schwerter – *Gedanken, Aktivität, Reaktionen, Schlachten und Entscheidungen;*
Münzen – *Materialismus, Arbeit, Besitz und praktische Aspekte.*

Falls Hofkarten am stärksten vertreten sind, haben entweder viele Menschen etwas mit der Frage zu tun oder der Ratsuchende befindet sich gerade in einer Identitätskrise. (*Anmerkung:* Buben stehen nicht unbedingt für Menschen, sondern auch für Charaktereigenschaften und Ereignisse oder Botschaften.)

Als Nächstes müssen Sie sich ansehen, ob die nummerierten Karten der Kleinen Arkana überwiegend niedrig sind (As, Zwei und Drei) oder ob die mittleren Karten (Vier, Fünf, Sechs und Sieben) oder hohen Karten (Acht, Neun und Zehn) vorherrschen. Im ersten Fall befindet sich die Situation im Anfangsstadium, im zweiten Fall in der Entwicklung und im dritten Fall im Endstadium.

Zur Ermittlung des Zahlentrends zählen Sie die Nummern der Karten auf den Positionen 1 bis 10 zusammen, wobei Asse als 1 gerechnet werden. Die Großen Arkana sind nummeriert, die Hofkarten nicht. Bilden Sie dann die Quersumme, so dass Sie schließlich auf eine einstellige Zahl kommen; bei den Zahlen 11 und 22 entfällt jedoch die weitere Addition (siehe Seite 33 f.). Ihre Zusammenfassung wird dann in Form einiger Stichwörter das Gesamtbild festhalten, auf das Sie bei der Deutung der Lesung zurückgreifen können.

3 Die Bedeutung der Karten

Lektion 4: Die Asse, Zweien und Dreien

DIE ASSE

Legen Sie die vier Asse vor sich auf den Tisch – Sie müssen sich die Karten, mit denen Sie gerade arbeiten, dabei immer ansehen!
Die Asse sind die stärksten Karten der Kleinen Arkana und haben daher in einer Lesung große Bedeutung. Sie enthalten in ihren Bildern die Urkraft des den Satz beherrschenden astrologischen Elements (Stäbe: Feuer; Kelche: Wasser; Schwerter: Luft; Münzen: Erde). Diesen Elementen sind in der Astrologie Archetypen bzw. Charaktereigenschaften zugeordnet, die uns bei der Deutung der Karten eine weitere wertvolle Hilfestellung geben können.

- Beim As der Stäbe spürt man das Element Feuer und seine Verbrennungskraft. Feuer steht für Ambitionen und Ziele in unserem Leben.
- Das Wasser bei dem As der Kelche verkörpert mit seinen fließenden, schöpferischen und spirituellen Aspekten unsere fühlende Natur. In unserem emotionalen Bereich gibt es keine Ecken und Kanten; alles fließt.
- Das As der Schwerter strahlt eine aggressive geistige Macht aus, das Element dieser Karte wird positiv und aktiv ausgedrückt: Luft symbolisiert den Wind, der sich stets bewegt – eine perfekte Metapher für unsere Gedanken und Handlungen.
- Das As der Münzen verströmt die Kraft der Erde, ihre Beständigkeit und Festigkeit. Der bestellte Boden weist darauf hin, dass wir unsere Träume nur durch Weitblick, Anstrengungen und Beharrlichkeit verwirklichen können.

Das As der Stäbe steht für unsere Ideen und Ambitionen; das As der Kelche für unsere Träume und unsere Fantasie, das As der Schwerter für unsere Gedanken und die organisierten Handlungen und das As der Münzen für das tatsächliche, greifbare Ergebnis.

In der Symbolik aller vier Asse kommt das Schöpfungsprinzip zum Ausdruck, das Michelangelo mit der *Erschaffung Adams* in der Sixtinischen Kapelle darstellte: Gott berührt Adam nur mit den Fingerspitzen der geöffneten Hand. Diese Hand repräsentiert unseren Schöpfer, die Wolke die mit der Schöpfung verbundenen Mysterien. Im Tarot wird dieses Prinzip in den Assen abgebildet, den Ausgangspunkten der vier Sätze. Umgekehrte Asse bedeuten dagegen Selbstsucht.

As der Stäbe

Diese Karte repräsentiert die Entstehung einer Idee, eines Wunsches, Vorhabens oder Zieles. Sie ist als Anfang einer Situation zu deuten, in der der Fragesteller von natürlicher Begeisterung, Tatkraft und großem Mut erfüllt ist.

Umgekehrt: Bei der Verwirklichung der neuen Idee, des neuen Vorhabens oder Zieles kann es zu Schwierigkeiten und Verzögerungen kommen. Der Ratsuchende muss sich deshalb davor hüten, egoistisch oder allzu anspruchsvoll zu sein oder sich unnachgiebig zu verhalten.

As der Kelche

Das As der Kelche steht ebenfalls für einen Anfang, dieses Mal aber in einer Gefühlsangelegenheit. Es kommt zu emotionalem Wachstum, einer neuen Liebe oder einer anderen, verständnisvolleren Art, zu lieben. Die wichtigste Bedeutung dieser Karte ist Verständnis für das eigene Ich, das Verständnis von anderen und für andere. Das Wasser auf dem Bild fließt, was auf einen Ausbruch unserer emotionalen Seite hindeutet. Die weiße Taube bringt eine Einführung oder Einweihung in die spirituelle Liebe, die unser Ursprung ist – eine Liebe voller Güte und Mitgefühl.

Umgekehrt: Wenn das As der Kelche umgekehrt fällt, befindet sich der Ratsuchende nicht im Einklang mit seinen Gefühlen oder er verhält sich in der Liebe selbstsüchtig (zum Beispiel Liebe unter bestimmten Vorbehalten, Manipulation des geliebten Menschen oder Zurückweisung der Gefühle anderer).

Die Bedeutung der Karten

As der Schwerter

Diese Karte drückt Macht aus; man spürt, dass sie Kraft und Willensstärke verströmt. Die Berge im Hintergrund stehen für Hindernisse und Schwierigkeiten, die überwunden werden müssen. Die Krone deutet darauf hin, dass diese Probleme bereits bewältigt worden sind oder der Fragesteller sich zumindest auf dem besten Weg dorthin befindet. Da die Schwerter der Satz des Verstandes sind, muss er dazu auf seine geistige Stärke, Willenskraft und Entschlossenheit zurückgreifen. Nur durch Disziplin und den Triumph des Geistes über die Materie kann er siegen. Dabei geht er keineswegs brutal oder gar gewaltsam vor, sondern handelt aufrichtig und nach ethischen Grundsätzen, um Frieden und Gerechtigkeit zu erreichen. Das alles wird durch die Siegespalme symbolisiert.

Umgekehrt: In dieser Stellung kann das As der Schwerter eine negative Karte sein. Das Schwert weist nun recht bedrohlich nach unten. So wird auch der Ratsuchende empfinden – er wird das Gefühl haben, bedroht oder unter Druck gesetzt, schikaniert oder betrogen zu werden und vor unüberwindlichen Problemen zu stehen. Es ist auch möglich, dass er diesen Zustand selbst herbeiführt.

As der Münzen

Als Satz der Erde stehen die Münzen für praktische, konkrete oder physische Dinge. Dieses As zeigt einen kultivierten Garten und deutet darauf hin, dass unsere Arbeit Früchte tragen wird, wenn wir weise und geduldig vorgehen. Dieser Anfang ist sichtbar und fühlbar, er hat oft etwas mit Beruf oder Geschäften, einer neuen Stelle, Wohlstand, Besitz, Stabilität oder Anschaffungen zu tun. Eine Situation wird zu greifbaren Ergebnissen führen.

Umgekehrt: Die Situation oder das Ziel, nach der der Ratsuchende fragt, wird sich nicht verwirklichen, oder es wird zu unbefriedigenden Umständen im Beruf und bei der Arbeit, in geschäftlichen bzw. finanziellen Angelegenheiten kommen. Die Münzen stehen außerdem für alle Arten von Verlust.

DIE ZWEIEN

Breiten Sie jetzt die vier Zweien auf dem Tisch aus. Das Hauptthema der Zwei ist das Konzept des Gleichgewichts. Dies kann sowohl zwischenmenschliche Beziehungen betreffen als auch verschiedene persönliche Eigenschaften oder Gefühle.

Zwei der Stäbe

Diese Karte stellt Gleichgewicht zwischen früheren Erfolgen (der hinter dem Kaufmann befestigte Stab weist auf Erreichtes in seiner Vergangenheit hin) und Ideen zu einem neuen Vorhaben dar. Der Kaufmann blickt der Zukunft mit Aufrichtigkeit und Vertrauen entgegen. Das Gleichgewicht zwischen den weißen Lilien (gute Absichten) und den roten Rosen (Hingabe), weist auf seine Ehrlichkeit gegenüber seinem Ziel hin. Er hält einen neuen Stab als Symbol seiner Unternehmung in der linken Hand; in der rechten liegt die Weltkugel, die deren Perspektiven repräsentiert. Sein Ziel hat eine tiefe Bedeutung für ihn, denn er hat das Gefühl, es sei ihm vorbestimmt, die neuen Wünsche zu verfolgen, als wären sie Teil seiner persönlichen Erfüllung. Er wägt seine Idee (den Stab) gegen Perspektiven (die Weltkugel) ab. In diesem Stadium geht es nur um Ideen und ihre Wirkung, Annahme, Ermutigung oder Bestätigung. Wir sehen ihn auf Ergebnisse warten: Das kann ein berufliches Angebot betreffen, die Aufnahme an eine Schule, potentielle Investoren oder ganz allgemein eine Antwort.

Umgekehrt: Auch umgekehrt steht diese Karte für aufrichtig verfolgte Ideen, die aber vielleicht nicht realisiert werden können oder die kein Ergebnis bringen. Sie bedeutet eine Enttäuschung, weil sich hinsichtlich des angestrebten Ziels so gut wie nichts tut.

Zwei der Kelche

Das Hauptthema der Zwei, das Gleichgewicht, wird mehrfach aufgegriffen. Es geht um eine Freundschaft, Partnerschaft oder Liebesbeziehung, bei der Verstand und Gefühle im Gleichgewicht stehen. Die Karte kann auf ein wichtiges Gespräch zwischen Freunden, Liebenden, Partnern oder Familienmitgliedern hindeuten, auf gegenseitige Anteilnahme und Bereitschaft zu teilen. Diese Ausgewogenheit erreichen wir dadurch, dass Liebe mit Freundschaft und einem regen Austausch auf der geistigen Ebene einhergehen. Auf der Karte wird ein wechselseitiges Geben und Nehmen dargestellt. Löwe und Merkurstab symbolisieren Leidenschaft, die mit Spiritualität im Einklang steht. Die Karte kann auch auf eine magnetische Anziehungskraft zwischen zwei Menschen hinweisen.

Umgekehrt: Es kommt zu Streit und ernsthaften Meinungsverschiedenheiten. In einer Liebesbeziehung schwindet das Hochgefühl. Der Verlust des Gleichgewichts führt zu emotionaler Erregbarkeit, Selbstsucht und Zurückweisung des Partners. Möglicherweise ist das Gleichgewicht des Gebens und Nehmens gestört.

Die Bedeutung der Karten

Zwei der Schwerter

Auch hier geht es um Emotionen. Sie werden durch das Wasser im Hintergrund der Karte symbolisiert. Die abgebildete Frau wendet ihren Gefühlen den Rücken zu. Ihre Augenbinde weist darauf hin, dass sie nicht klar sehen kann, und ihre Haltung drückt Abwarten aus. Da sie ein starkes Bedürfnis nach einem emotionalen Gleichgewicht hat, nimmt die Frau im Augenblick davon Abstand, sich den Wahrheiten und emotionalen Dingen zu stellen. Auch der Fragende strebt nach Harmonie und beschließt, vorläufig gar nichts zu beschließen. Er schiebt Entscheidungen auf die lange Bank, damit er sein emotionales Gleichgewicht wiedererlangen kann. Dennoch wird es sich für ihn nicht vermeiden lassen, die Entscheidung zu treffen.

Umgekehrt: Die Entscheidung ist gefallen, es kommt nun zu entsprechenden Handlungen. Manchmal trifft der Ratsuchende diese Entscheidung selbst, oft wird sie ihm aber auch von den Umständen abgenommen. Die Zukunftskarten können Ihnen sagen, ob die Entscheidung sich positiv auswirken wird.

Zwei der Münzen

Die beiden Münzen auf dieser Karte werden vom Unendlichkeitssymbol umschlungen. Dieses Symbol besagt, dass der Wandel das einzig Beständige im Leben ist und dass wir auch bezüglich unseres Eigentums und Besitzes stets mit Veränderungen rechnen müssen. Das betrifft auch Menschen, die wir lieben, unsere Arbeit und unsere Stellung im Leben. Aus Kindern werden Eltern, aus Abhängigkeit wird Unabhängigkeit und manchmal wieder Abhängigkeit. Das Unendlichkeitssymbol weist darauf hin, dass dieses Prinzip der Veränderung ewig ist und unser Einfluss begrenzt ist, und dass wir diesen Schwankungen und Umwälzungen in unserem Leben folgen können. Die abgebildete Figur jongliert mühelos mit den Münzen und zeigt, dass Flexibilität und Anpassungsfähigkeit uns dabei helfen können, Veränderungen zu akzeptieren. Unser tägliches Leben ist ein immerwährender Wechsel, der ununterbrochen stattfindet. Das sollte der Ratsuchende erkennen und sich darauf einstellen.

In diesen Situationen kommt eine solche Flexibilität zum Tragen: Man arbeitet in zwei Stellungen; man befindet sich in der Planung neuer Unternehmungen, während die gegenwärtigen fortgeführt werden. Auch in den vielen verschiedenen Verpflichtungen des Berufs- und Privatlebens wirkt sich diese Flexibilität aus. Neue Unternehmungen haben dagegen oft einen schweren Start.

Drei der Kelche

Umgekehrt: Vielleicht hat sich der Jongleur gegen den Fluss der Veränderungen in seinem Leben gestemmt, oder er geht schlecht mit Geld oder finanziellen Angelegenheiten um. Der Ratsuchende ist vielleicht nicht in der Lage, Verpflichtungen nachzukommen, die an ihn gestellt werden, und hat mehr angenommen als er letztendlich bewältigen kann. Er verschwendet sein Geld, hat sich finanziell verausgabt oder reißt neue finanzielle Löcher auf, um andere zu stopfen. Unerwartete Komplikationen verlangen von ihm, sich neu zu orientieren. Der Ratsuchende trifft auf Entmutigung, Unbeugsamkeit und Schwierigkeiten, dem Wechsel zu folgen. Entgegengesetzte Faktoren scheinen sich nicht beheben zu lassen.

DIE DREIEN
Das Hauptthema der Dreien ist Wachstum.

Drei der Stäbe

Bei dieser Karte können wir Wachstum sehr leicht erkennen, denn hier kehren die Schiffe in die Heimat zurück: Neues Handelsgut trifft ein, und ein Unternehmen wächst. Ausgesäte Ideen tragen Früchte; Ergebnisse können jetzt erwartet werden. Diese Karte zeigt Wachstum, positive Ergebnisse, Erfolg, Zusammenarbeit, Teamwork und hilfreiche Ratschläge.
Umgekehrt: Eine Person, die der Ratsuchende bewundert hat, stürzt von dem Sockel, auf den er sie gestellt hatte. Unternehmen stagnieren. Der Ratsuchende hat sich übernommen, leidet unter fehlender Kooperation und schlechtem Teamwork.

Drei der Kelche

Hier geht es um eine Beziehung, die wächst und sich entwickelt. Wechselseitiges Geben und Nehmen hat eine Entwicklung in Gang gesetzt. Die abgebildeten Figuren feiern die Freude an Liebesbeziehungen, an Familie, oder sie genießen die Gabe der Freundschaft. Die Drei der Kelche bedeutet menschliche Erfolge, Wachstum in der Liebe oder dass man den Partner für eine dauerhafte Beziehung findet. Sie kann auch für den Beginn einer glücklichen Zukunft durch eine Verlobung, Hochzeit oder ein Versprechen stehen. Sie zeigt Feiern, erfolgreiche Abschlüsse an Schulen und Universitäten, Beförderungen, Genesung von einer Krankheit, Geburt, Geburtstage und Anstellung. Die Familie und die Freunde versammeln sich. Der Fragesteller

erlebt positive und bewundernde Äußerungen für angeborene Fähigkeiten und Kreativität.
Umgekehrt: In dieser Position deutet die Drei der Kelche auf ein unglückliches Ende hin. Die Beziehung wächst nicht. Zu viel des Guten könnte sie zerstört haben. Der übermäßige Genuss von Alkohol, Drogen, Essen, Sex u.ä. führt zu Erkrankungen und gesundheitlichen Problemen. Selbst Beziehungen zu Dritten bringen Unglück, Probleme und Schwierigkeiten. Partnerschaften, meist in der Liebe, verschlechtern sich. Wenn es bei der Lesung um Menschen geht, die dem Fragesteller nahe stehen, kann diese Karte auf eine Dreiecksbeziehung hindeuten, einen anderen Mann oder eine andere Frau, mit denen der Ratsuchende zu tun hat oder um die er sich im Zusammenhang mit dem Partner Sorgen macht. Seien sie vorsichtig, ehe Sie so etwas erwähnen. Suchen Sie zunächst nach anderen »Kartenkombinationen«, um zu sehen, ob Untreuekarten vorhanden sind, die diese Deutung unterstützen. Es könnte auch sein, dass Jemand hinter dem Rücken des Fragestellers über ihn herzieht. Der Ratsuchende ist sich seiner angeborenen Fähigkeiten nicht bewusst.

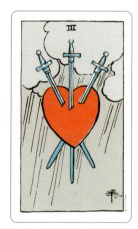

Drei der Schwerter

Die Drei der Schwerter ist eine der dramatischsten Tarotkarten: Das Herz unseres fühlenden und emotionalen Ichs ist verwundet worden. Manchmal können wir nur durch Verluste und Unglück wachsen. Obwohl diese Karte andeutet, dass man wenig tun kann, um die Lage zu retten, gibt es in der bittern Traurigkeit einen Hoffnungsschimmer, denn die erforderliche Abtrennung wird zu neuem Wachstum führen.
Die Karte zeigt, dass ein Lebensumstand des Ratsuchenden entfernt werden muss. Etwas muss aufgegeben werden, weil es nicht mehr nützlich ist. Das kann sich auf Menschen, Orte oder Dinge beziehen. Wenn die Drei der Schwerter von positiven Karten umgeben ist, weisen Sie darauf hin, dass etwas »Altes« entfernt werden muss, um Neuem Platz zu machen. Weisen Sie auch auf die Angst vor Trennung oder das notwendige Ende eines Lebensumstands hin. Fordern Sie den Ratsuchenden auf, den Blick nach vorne zu richten.
Man muss sich also von alten Einstellungen, Meinungen und Situationen trennen, damit Neues gedeihen kann. Die Drei der Schwerter ist eine Trennungs- oder Scheidungskarte. Sie stellt den Prozess des Trennens wie einen chirurgischen Eingriff dar; das ist schmerzlich, aber positiv, denn so wird das Problem durch einen sauberen Schnitt beseitigt.
Umgekehrt: Auch in diesem Fall bleibt die Drei der Schwerter eine Trennungskarte, der Schmerz kann jedoch weniger heftig sein. Die Bedeutung ist die gleiche wie in der richtigen Lage. Der Betreffende leidet aber oft weniger, denn er hat entweder diese Situation schon öfter erlebt (das heißt, es hat wiederholt Trennungen und Versöhnungen gegeben), oder die Trennung, der Schnitt gehen weniger tief.

Übungen zu Assen, Zweien und Dreien

Drei der Münzen

Diese Karte stellt ein Wachstum im Hinblick auf Beruf, Begabungen, Ausbildung und finanzielle Angelegenheiten dar. In ihr sehen wir den gelernten Handwerker, der seine Fähigkeiten beruflich anwendet. Seine Arbeit im Innenraum einer Kirche deutet auf die innere Überwindung oder Selbstbeherrschung hin, auf die Bewältigung einer Lebenssituation. Diese Karte weist auch auf beruflichen Erfolg, auf eine Beförderung, Anerkennung, Schul-, Universitäts- und Lehrabschlüsse hin. In bestimmten Fällen kann die Drei der Münzen auch aussagen, dass jemand prominent wird.

Umgekehrt: In dieser Lage weist die Karte auf halbherzige Versuche und bestenfalls durchschnittliche berufliche Leistungen hin. Der Ratsuchende hat sich kaum um eine Verbesserung seiner Situation bemüht. Er zeigt nur ausreichende, keineswegs außergewöhnliche Fähigkeiten und Begabungen und scheint auch nicht besonders daran interessiert, an dieser Mittelmäßigkeit etwas zu ändern.

Übungen zu den Assen, Zweien und Dreien

Füllen Sie die Lücken im Text aus.

1. Die Grundbedeutung aller Asse ist ....
2. Alle umgekehrten Asse weisen auf .... hin.
3. Welche Form der Selbstsucht wird bei den folgenden Karten angezeigt? ....
   a) As der Stäbe umgekehrt: ....
   b) As der Kelche umgekehrt: ....
   c) As der Schwerter umgekehrt: ....
   d) As der Münzen umgekehrt: ....
4. Das Schlüsselwort der Zweien ist ....
5. Alle umgekehrten Zweien weisen auf .... hin.
6. Welche Art des Gleichgewichts wird bei den folgenden Karten ausgedrückt?
   a) Zwei der Stäbe: ....
   b) Zwei der Kelche: ....
   c) Zwei der Schwerter: ....
   d) Zwei der Münzen: ....
7. Das Hauptthema der Drei ist ....
8. Alle umgekehrten Dreien weisen auf .... hin.

49

Die Bedeutung der Karten

9. In welcher Hinsicht bleibt das Wachstum aus bei der
   a) Drei der Stäbe umgekehrt? ....
   b) Drei der Kelche umgekehrt? ....
   c) Drei der Schwerter umgekehrt? ....
   d) Drei der Münzen umgekehrt? ....
10. Beim As, der Zwei und der Drei der Münzen geht es um den Einsatz von Fähigkeiten und Begabungen. ....
    a) Für welche Fähigkeiten steht das As der Münzen? ....
    b) Welches sind die Symbole für Fähigkeit und Entwicklung? ....
    c) Für welche Eigenschaften steht die Zwei der Münzen? ....
    d) Das wird durch .... symbolisiert.
    e) Die Drei der Münzen steht für die Anwendung von Fähigkeiten. Zu welchen Ergebnissen hat das geführt? ....
    f) Wodurch ist das symbolisiert? ....
11. Beim As, der Zwei und der Drei der Stäbe geht es um das Wachstum eines Vorhabens oder einer Idee.
    a) Die Idee als solche wird durch folgende Karte repräsentiert: ....
    b) Die .... der Stäbe zeigt das Aussäen dieser Idee an.
    c) Die .... der Stäbe zeigt Ergebnisse, die zum Fragesteller zurückkommen.
12. Die Schwerter sind die Farbe des Verstandes und der Handlungen. Es kann dabei um geistige oder körperliche Handlungen gehen, manchmal auch um beide Formen. Finden Sie körperliche wie geistige Interpretationen: ....
    a) Welche körperlichen Handlungen finden wir beim As der Schwerter?
    ....
    b) Welche geistigen Handlungen finden wir vor? ....
    c) Welche körperlichen Handlungen finden wir bei der Zwei der Schwerter?
    ....
    d) Welche geistigen Handlungen finden wir vor? ....
    e) Welche körperlichen Handlungen finden wir bei der Drei der Schwerter?
    ....
    f) Welche geistigen Handlungen finden wir vor? ....
13. Das Wasser auf dem As der Kelche symbolisiert eine Situation des Fließens.
    a) Was fließt bei diesem As? ....
    b) Bei der Zwei der Kelche fließen die Energien zwischen ....
    c) Die Drei der Kelche zeigt das Wachstum und reiches Vorhandensein von
    .... an.

Fragen zu Assen, Zweien und Dreien

Ordnen Sie die Begriffe bezüglich der richtig liegenden Karten einander zu.

❏ 1. Eine neue, kreative Idee
❏ 2. Eine notwendige Trennung
❏ 3. Aussäen einer Idee
❏ 4. Greifbare Ergebnisse
❏ 5. Kommunikation zwischen Freunden oder Liebenden
❏ 6. Unentschlossenheit, eine Atempause
❏ 7. Erfolgreiche Bewältigung einer Lebenssituation, innere Überwindung
❏ 8. Verständnisvolle Liebe
❏ 9. Wachstum in der Liebe
❏ 10. Die Verwirklichung einer Idee
❏ 11. Jonglieren und Abwägen
❏ 12. Entschlossenheit, zu siegen

a) As der Stäbe   e) Zwei der Stäbe   i) Drei der Stäbe
b) As der Kelche   f) Zwei der Kelche   j) Drei der Kelche
c) As der Schwerter   g) Zwei der Schwerter   k) Drei der Schwerter
d) As der Münzen   h) Zwei der Münzen   l) Drei der Münzen

Ordnen Sie die Begriffe bezüglich der umgekehrt liegenden Karten einander zu.

❏ 1. Kaum Anstrengungen
❏ 2. Es tut sich nichts.
❏ 3. Forcieren einer Situation
❏ 4. Eine Beziehung bröckelt.
❏ 5. Trennung
❏ 6. Kein Wachstum
❏ 7. Abblocken von Gefühlen
❏ 8. Keine greifbaren Ergebnisse
❏ 9. Schwierigkeiten bei der Verwirklichung eines Vorhabens
❏ 10. Entscheidung, entsprechende Handlungen
❏ 11. Meinungsverschiedenheiten
❏ 12. Unfähigkeit, mit einer Situation fertig zu werden

a) As der Stäbe   e) Zwei der Stäbe   i) Drei der Stäbe
b) As der Kelche   f) Zwei der Kelche   j) Drei der Kelche
c) As der Schwerter   g) Zwei der Schwerter   k Drei der Schwerter
d) As der Münzen   h) Zwei der Schwerter   l) Drei der Münzen

Die Bedeutung der Karten

Richtig oder falsch (r/f)?
- ☐ 1. Die Asse sind die wichtigsten Karten der Kleinen Arkana (Serie As bis 10).
- ☐ 2. Die Handsymbolik der Asse repräsentiert das Schöpfungsprinzip.
- ☐ 3. Lilien und Rosen symbolisieren gute Gedanken, Wünsche und Absichten, die rein und spiritueller Art sind.
- ☐ 4. Der Sieg des Schwerter-Asses wird durch rohe Gewalt und Drohungen erreicht, wenn diese Karte richtig liegt.
- ☐ 5. Das As der Stäbe bedeutet, dass ein Vorhaben nur durch Disziplin und Willenskraft zum Erfolg geführt werden kann.
- ☐ 6. Die Zwei der Kelche steht für eine ausgeglichene Beziehung.
- ☐ 7. Die Zwei der Stäbe zeugt von Aufrichtigkeit gegenüber einem Vorhaben.
- ☐ 8. Die Zwei der Münzen rät zum Widerstand gegen sich ändernde Bedingungen.
- ☐ 9. Die Drei der Schwerter repräsentiert Trennung: Sie sollte verhindert werden.
- ☐ 10. Die Drei der Kelche und die Drei der Münzen drücken den Einsatz von Talenten und Fähigkeiten und seine Belohnung aus.

Lösungen

Lückentest

1. Die Grundbedeutung aller Asse ist Neuanfang.
2. Die umgekehrten Asse weisen alle auf Selbstsucht hin.
3. a) Stäbe: anspruchsvoll und unnachgiebig
   b) Kelche: Manipulation der Menschen, die man liebt; Unfähigkeit, zu lieben; Liebe unter Vorbehalt, egoistische Machtspiele
   c) Schwerter: Grausamkeit, Drohungen, diktatorisches Verhalten, selbstsüchtiges, aggressives Handeln
   d) Münzen: selbstsüchtige Konzentration auf Geld
4. Das Schlüsselwort der Zweien ist Gleichgewicht.
5. Die umgekehrten Zweien weisen auf einen Verlust des Gleichgewichts hin.
6. a) Stäbe: Gleichgewicht zwischen früherem Erfolg und dem neuen Vorhaben; Wünsche und Motive befinden sich im Gleichgewicht
   b) Kelche: Gleichgewicht zwischen dem Verstand und den Gefühlen, zwischen Passivität und Aktivität, männlich und weiblich, Leidenschaft und Mitleid, Herz und Verstand

c) Schwerter: Gleichgewicht zwischen Aktivität und Untätigkeit
d) Münzen: Gleichgewicht in finanzieller Hinsicht, bei zwei Arbeitsstellen oder in geschäftlichen Situationen, Verantwortlichkeit ganz allgemein
7. Das Hauptthema der Dreien ist Wachstum.
8. Es gibt kein Wachstum bei den umgekehrten Dreien.
9. a) Stäbe: Eine Unternehmung hat zu keinem Ergebnis geführt.
b) Kelche: Eine Beziehung bröckelt.
c) Schwerter: Ein Verlust wird angezeigt. Es ist zu einem Fehlschlag oder zumindest zu keinem Wachstum gekommen.
d) Münzen: kein Wachstum bei der Arbeit, im finanziellen Bereich, bei der Ausbildung oder praktischen Dingen, da es an Ehrgeiz fehlt oder man damit zufrieden ist, gerade so zurechtzukommen
10. a) Die Fähigkeit zu harter körperlicher Arbeit; Planung; Ausdauer; Vorsicht in finanziellen Angelegenheiten; Realismus und Verantwortungsgefühl
b) Symbole sind der bestellte Garten und die Hecke, die Pflege und Geduld erfordern.
c) Anpassungsfähigkeit; die Fähigkeit, mehr als eine Situation zu meistern, geschäftlicher und/oder finanzieller Natur
d) Diese Eigenschaften werden durch die tanzende und jonglierende Figur (Talent und Geschicklichkeit erforderlich) und das Unendlichkeitssymbol um die beiden Münzen symbolisiert.
e) Fachkenntnisse werden beherrscht und nun erfolgreich eingesetzt.
f) Der Meister bei der Arbeit symbolisiert die Anwendung der erworbenen Fähigkeiten. Er bekam den Auftrag, sie einzusetzen, und wird nun dafür belohnt.
11. a) As
b) Zwei
c) Drei
12. a) Entschlossene Schritte, um ein Problem zu bewältigen; siegreiche Handlung
b) Den Sieg des Geistes über die Materie, geistige Willenskraft
c) Keine, sondern das Bedürfnis nach einer Ruhepause
d) Geistige Unentschlossenheit
e) Die Karte deutet auf körperliche Handlungen bezüglich einer Trennung hin.
f) Diese Karte zeigt emotionales Aussortieren und Reinigen und steht für einen geistigen »Hausputz«.
13. a) Emotionen, Gefühle und Verständnis fließen
b) Geliebten Menschen und Freunden
c) Liebe und Kunst (Kreativität)

Die Bedeutung der Karten

Zuordnung
Bedeutung in richtiger Stellung
1. a	3. e	5. f	7. l	9. j	11. h
2. k	4. d	6. g	8. b	10. i	12. c

Bedeutung in umgekehrter Stellung
1. l	3. c	5. k	7. b	9. a	11. f
2. e	4. j	6. i	8. d	10. g	12. h

Richtig oder falsch?
1. r	3. r	5. f	7. r	9. f
2. r	4. f	6. r	8. f	10. r

Aufgabe zu den Assen, Zweien und Dreien

Legen Sie mit den Assen, Zweien und Dreien die folgende Kartenkombination aus.

SIGNIFIKATOR
Signifikatorkarte ist der König der Kelche.

AUSLEGUNG
Position 1 **Gegenwärtiger Einfluss** – As der Kelche
Position 2 **Hilfen oder Hindernisse** – Zwei der Schwerter
Position 3 **Vergangenheit, Motivation** – Drei der Schwerter
Position 4 **Jüngere Vergangenheit** – Zwei der Kelche
Position 5 **Mögliche Zukunft** – As der Schwerter
Position 6 **Nahe Zukunft** – As der Münzen
Position 7 **Einstellung des Ratsuchenden** – Zwei der Münzen
Position 8 **Umfeld des Ratsuchenden** – Zwei der Stäbe
Position 9 **Hoffnungen und Ängste** – As der Stäbe umgekehrt
Position 10 **Ergebnis** – Drei der Kelche

Wie würden Sie diese Auslegung interpretieren? Greifen Sie dabei auf Kapitel 3 zurück. Da Sie ja zunächst das Interpretieren einer Lesung nur mit Assen, Zweien und Dreien lernen, sind die Karten gleichmäßig verteilt. Es gibt keine zufälligen Mehrheiten von Zahlen oder Sätzen, so dass sie hier nicht interpretiert werden müssen.

Lösungen

1. Signifikatorkarte ist der König der Kelche. Beschreiben Sie den Mann, der die Frage stellt und stützen Sie sich dabei auf die Informationen über die Hofkarten.
2. Was für eine Frage könnte der Ratsuchende gestellt haben?
3. Was erfährt er zur Zeit?
4. Was könnte sich bei seiner gegenwärtigen Situation als Hilfe oder Hindernis erweisen?
5. Was gab es in seiner Vergangenheit?
6. Wozu ist es kürzlich gekommen?
7. Wie könnte die Zukunft des Ratsuchenden aussehen?
8. Was wird er im Hinblick auf seine Frage als Nächstes erleben?
9. Wie sieht seine Einstellung zu dieser Angelegenheit aus?
10. Wie beurteilen andere ihn?
11. Was befürchtet er?
12. Wie wird die Situation ausgehen?

Lösungen

1. Der Fragesteller ist ehrlich und empfindsam, freundlich und hilfsbereit.
2. Eine Frage über Menschen, die er liebt, oder eine Gefühlsangelegenheit.
3. Zur Zeit erfährt der Ratsuchende ein neues Verständnis für sich selbst, seine Gefühle, aber auch für andere. Es findet ein positiver Durchbruch statt. Eine neue Liebe könnte beginnen.
4. Seine Unentschlossenheit bzw. seine Pasivität hinsichtlich seiner Gefühle.
5. Trennung, Traurigkeit oder einen schmerzlicher Verlust. Möglicherweise möchte er wissen, ob er erneut mit einem solchen Ereignis rechnen muss.
6. Kürzlich kam es zu einer romantischen Liebesbeziehung, einer magnetischen Anziehungskraft zwischen dem Ratsuchenden und einem anderen Menschen.
7. Er könnte schließlich doch eine Entscheidung treffen und handeln, und zwar mit großer Willenskraft und Entschlossenheit. Es besteht durchaus die Möglichkeit, dass er siegt.
8. Als nächstes wird er eine neue Situation erleben, oder die Umstände werden sich stabilisieren und sich dann vorteilhaft auswirken. In diesem Fall kann die Gefühlsangelegenheit für ihn Realität werden. Die Beziehung könnte sich dann verfestigen.
9. Er steht ihr anpassungsbereit und flexibel gegenüber und ist offen für Veränderungen.
10. Die anderen merken, dass er sich in der Angelegenheit ernsthaft bemüht. Sie halten ihn für erfolgreich und sehen, dass er nach neuen Zielen sucht.
11. Er befürchtet Verzögerungen und Rückschläge und glaubt, dass er selbst oder jemand anders sich selbstsüchtig oder zu anspruchsvoll verhalten könnte.
12. Die Situation wird einen glücklichen Ausgang haben. Die Drei der Kelche deutet auf einen erfolgreichen Abschluss und das Wachsen von Liebe hin – der Fragesteller wird eine Partnerin finden. Die Beziehung könnte sich als dauerhaft erweisen und in eine gemeinsame Zukunft münden.

Die Bedeutung der Karten

Lektion 5: **Die Vieren, Fünfen und Sechsen**

DIE VIEREN

Bei den Vieren ist das Hauptthema »Stabilität«. Das ist bei der Vier der Stäbe besonders leicht zu sehen: Die Menschen feiern den Abschluss ihrer Arbeit. Der auf der Vier der Kelche dargestellte Mann hat sich zurückgezogen, um zu emotionaler Stabilität zu kommen. Zurückgezogenheit ist auch das Thema bei der Vier der Schwerter: Die für die Schwerter typische Aktivität kommt zum Stillstand. Der Ritter, der die Kämpfe des Lebens darstellt, muss sich ausruhen oder ist des Streitens müde. In der Vier der Münzen ist die Stabilität offensichtlich, da hier ein Mann dargestellt wird, der sich, auf einem Thron sitzend, seines Wohlstands sicher ist.

Vier der Stäbe

Zwischen vier symmetrisch angeordneten Stäben hängt eine Blumengirlande. Sie symbolisiert das Reifen der Ziele. Zwei Frauen halten weitere Blumen hoch, um zu zeigen, dass sie ein fröhliches Erntefest feiern. Dies ist eine Harmoniekarte, und sie zeigt an, dass Projekte zu einem erfolgreichen Ende gebracht wurden. Als Belohnung für die Mühen und Anstrengungen sind Frieden und Sicherheit eingezogen, gerade in Unternehmungen, die dem Fragenden sehr nahe lagen. Solch ein erfolgreiches Unternehmen kann eine Beziehung, das Eigenheim sein, oder mit Beruf oder Gesundheit zu tun haben.
Umgekehrt: Die Bedeutung der Vier der Stäbe ändert sich nicht. Dies ist eine beruhigende Karte, eine des Segens, der Anerkennung und eines glücklichen Abschlusses. Die Unternehmung hat sich erfolgreich etabliert.

Vier der Kelche

Der dargestellte Mann zieht sich von den emotionalen und weltlichen Dingen zurück. Er ist müde und erschöpft von all den Anstrengungen. Die vor ihm stehenden Kelche drücken die durch erfolgreiche Unternehmungen erreichte Sicherheit aus. Seine Körpersprache deutet auf Verschlossenheit hin, auf Abwehr gegen neue Herausforderungen oder Erwartungen der Gesellschaft. Es ist Zeit, sich abzuschotten, sich in ein Schneckenhaus zurückzuziehen und seine Gefühle eine Zeitlang nicht zu zeigen. Der Fragesteller kann es sich leisten, sich zurückzulehnen und in Ruhe über seinen Lebensstil, seine berufliche und finanzielle Situation nachzudenken. Der aus der Wolke auftauchende Kelch kann auf etwas Neues hindeuten, das er erwägt oder das ihm angeboten worden ist. Diese Chance kann sehr wichtig sein, doch der Ratsuchende ergreift sie nicht. Möglicherweise führt eine innere Umorientierung oder ein neuer Traum dazu, dass er seine Wertvorstellungen und die Ambitionen seines Lebens einer Überprüfung unterzieht. Die Vier der Kelche ist eine Karte der Nachdenklichkeit.

Umgekehrt: Der Ratsuchende kommt aus seinem Schneckenhaus hervor und kehrt in die Welt zurück. Er ist bereit, sich neuen Abenteuern zu stellen und Chancen zu ergreifen. Man öffnet sich wieder anderen Menschen und kümmert sich um die eigenen Gefühle, man geht neue Bindungen ein. Durch ehrliche Betrachtung macht man in seinen Beziehungen Fortschritte; so kann eine Liebesaffäre sich zu einer Freundschaft, die Abhängigkeit des Kindes von den Eltern zu einer Beziehung des gegenseitigen Respekts entwickeln. Neue Ziele kristallisieren sich heraus, und gegenüber nahe stehenden Menschen erwächst größeres Verständnis. Die Karte kann auch auf innere Veränderungen hinweisen. Sie steht schließlich auch für die Annahme gesellschaftlicher oder familiärer Einladungen.

Vier der Schwerter

Auf der Vier der Schwerter ruht sich ein Ritter von seinen Schwierigkeiten oder Kämpfen aus. Auch sein Verstand bedarf der Ruhe, und so betet oder meditiert er, um eine höhere Bewusstseinsebene zu erreichen. Wenn diese Karte in einer Lesung erscheint, so braucht der Ratsuchende Ruhe, um neue Energie zu tanken oder seine Ansichten zu revidieren und in sich zu gehen. Raten Sie ihm dann, sich diese Pause zu gönnen. Sie kann ohnehin nicht von Dauer sein, denn bald wird der Ritter das neben ihm liegende Schwert wieder ergreifen und sich seiner Situation stellen. Die drei Schwerter an der Wand verweisen auf seine früheren Siege. Auch die Vier der Schwerter ist eine Karte des Rückzugs; sie taucht gewöhnlich auf, wenn man mitten in einer schwierigen Situation steckt und sich nur allzu bewusst ist, dass das Problem bei weitem noch nicht gelöst ist, aber ein vorübergehender Waffenstillstand geschlossen worden ist.

Diese Karte kann auch für Erholung stehen (z. B. von gesundheitlichen Problemen), und der Fragesteller muss sich nun einfach ausruhen. Er ist – entweder aus freiem Willen oder durch die Umstände – isoliert. In Kombination mit anderen Reisekarten, wie der Sechs der Schwerter, der Acht der Stäbe oder dem Wagen, deutet die Vier der Schwerter auf eine Reise hin, auf der der Ratsuchende sich erholen und entspannen kann. Meditation verhilft zur geistigen Ruhe in Stresssituationen und fördert so die Objektivität im Denken und Handeln. Wenn der Fragende also keinen echten Urlaub von seinen Schwierigkeiten machen kann, so wird ihm eine geistige Erholung in Form von Meditationen in ähnlicher Art und Weise zu mehr Ruhe verhelfen.

Die Bedeutung der Karten

Umgekehrt: In dieser Stellung repräsentiert die Vier der Schwerter, wie die umgekehrte Vier der Kelche, die Rückkehr zur Aktivität. Die Zugehörigekeit zum Satz der Schwerter bedeutet, dass die Aktivität dieses Mal aggressiv und nach außen gerichtet ist und auf der geistigen Ebene abläuft. Oftmals geschieht dies in einer Stresssituation, nicht selten stellt es eine Wiederholung einer bereits erfolgten Handlung dar. Der Fragesteller darf dabei aber nicht übertreiben. Möglicherweise ist er bereit, sich jetzt dem Konflikt zu stellen, der zu seinem inneren Rückzug geführt hat. Er könnte dann ein Interesse oder Hobby, eine Liebesbeziehung oder Laufbahn aus der Vergangenheit wieder aufgreifen.
Die umgekehrte Vier der Schwerter kann auf Streiks, Boykotte, Krawalle, Plünderungen und sogar Revolutionen hindeuten.

Vier der Münzen

Diese Karte symbolisiert die Stabilität eines Menschen, der durch Disziplin und gute Organisation finanzielle Sicherheit erlangt hat und nun die mit ihr verbundene Macht genießt. Sie repräsentiert also das Motto der Steinböcke »Geld ist Macht«. Allerdings könnte der Fragesteller es schwierig finden, seinen Reichtum mit anderen zu teilen. Sein Geld zusammenzuhalten, kann allerdings auch durchaus angebracht sein. In Kombination mit anderen Karten, die für Selbstsucht stehen (As der Münzen, Stäbe oder Kelche umgekehrt, Sechs der Münzen umgekehrt, Zehn der Stäbe umgekehrt, Königin der Stäbe, Schwerter oder Kelche umgekehrt, Ritter der Schwerter umgekehrt, König der Münzen umgekehrt), deutet die Vier der Münzen jedoch darauf hin, dass der Mann auf dem Bild unfähig ist, zu geben oder zu nehmen. Ganz allgemein kann es dazu kommen, dass der Fragesteller zu sehr an einer Situation festhält und Veränderungen nicht schätzt.
Eine weitere Bedeutung dieser Karte ist besitzergreifendes Verhalten in der Beziehung zu den Familienmitgliedern, anderen nahe stehenden Menschen oder im geschäftlichen Bereich. Die Karte repräsentiert die Unfähigkeit, loszulassen und Verantwortung zu delegieren. Im günstigsten Fall steht sie für finanzielle Sicherheit, für wirtschaftliche Macht und die Kontrolle über eine Situation. Dabei kann es sowohl um ein gutes Selbstvertrauen gehen als auch um dessen Ausartungen, Verschlossenheit, Unnachgiebigkeit, Misstrauen und Egozentrik: »So wie ich es will, und nicht anders!«
Umgekehrt: Hier wird das Gegenteil von Machterhalt dargestellt: Obwohl der Fragesteller sich an seine Macht klammert, verliert er sie, oder die Situation gerät außer Kontrolle.
Durch Leichtsinn oder Geldverschwendung geht die wirtschaftliche Sicherheit verloren. Der Ratsuchende hat Probleme im geschäftlichen und finanziellen Bereich, denen er sich ausgeliefert fühlt. Er verliert sich in einem Gefühl der Ohnmacht.

Fünf der Kelche

DIE FÜNFEN
Die Fünfen sind besonders dramatische Karten. Die Zahl Fünf steht für Veränderungen. So finden wir bei allen vier Fünfen den Verlust der bei den Vieren erreichten Stabilität.

Fünf der Stäbe

Sie werden bemerken, dass die Sicherheit des Zuhauses und die Harmonie der Vier der Stäbe bei der Fünf desselben Satzes zerstört werden. Hier kommt es zu Konkurrenz und Streit, Feindseligkeit und harter Rivalität. Auseinandersetzungen und bewusste Verleumdung führen zu Veränderungen. Der Ratsuchende wird all seinen Mut zu seiner Verteidigung zusammennehmen müssen. Durch unterschiedliche Ansichten und Meinungsverschiedenheiten entstehen Konflikte mit Freunden, Kollegen, der Familie und im weiteren Umfeld. Manche Unruhestifter beschwören Probleme zu ihrem Vergnügen herauf. Wenn es bei der Frage des Ratsuchenden um die Familie geht, kann diese Karte auf einen harten, autoritären Mann hindeuten, der Leid verursacht; seine Handlungen werden jedoch durch den Einfluss einer Frau bestimmt. Die Fünf der Stäbe steht aber auch für innere Kämpfe und einen Zwiespalt der Gefühle.

Umgekehrt: Keine Konflikte, kein Gezänk – es herrschen Frieden und Harmonie. Die Situation wird sich zum Besseren wenden, doch dazu muss man alte Gewohnheiten ablegen und etwas Neues beginnen. Das heißt, man muss ausgetretene Pfade verlassen und neue Wege einschlagen. Die zur Routine gewordenen Methoden, mit gewissen Situationen umzugehen, müssen also durch neue, geeignetere ersetzt werden. Eine Umorganisation ist erfolgreich. Außerdem steht die Karte für körperliche Fitness und gesunden Wettbewerb bzw. Wetteifer.

Fünf der Kelche

Erinnern Sie sich noch an den auf der Vier der Kelche dargestellten Mann? Er überdachte sein Leben und hatte sich neuen Erfahrungen gegenüber verschlossen. Vielleicht hat er sich nun dazu entschlossen, sich aus diesem Innehalten zu lösen, denn die Fünf der Kelche zeigt einen Verlust an. Oft steht sie für das Scheitern einer Beziehung, für etwas, das zerbrochen ist oder ein sehr unglückliches Ende gefunden hat.
Wenn wir die Bedeutung der Zahl Fünf, Veränderungen, auf den Satz der Kelche übertragen, ergibt sich Unbeständigkeit der emotionalen Bindungen und zu Verzweiflung. Der Trauermantel und die umgekippten Kelche betonen diesen Verlust. Allerdings sind auch Kelche stehen geblieben. Sie symbolisieren die Dinge und Bereiche, die der

Fragesteller von seinem Leben retten kann, auch wenn er das in diesem Stadium vielleicht nicht erkennt. Wenn Sie für Jemanden die Karten lesen, und die Fünf der Kelche erscheint, sollten Sie ihm raten, den Verlust zu akzeptieren. Das ist ein echtes Opfer für ihn, das ihm sehr schwer fallen kann. Bitten Sie ihn, sich zu öffnen und auf das zu konzentrieren, was ihm geblieben ist. Manchmal kann diese Karte zwar für einen Verlust stehen, gleichzeitig aber auch für einen Gewinn, wenn dieser Verlust von dem Ratsuchenden akzeptiert wird. Ein Opfer kann ja auch bedeuten, dass etwas Geringeres gegen etwas Größeres eingetauscht wird.

Konkret kann es zum Zerbrechen einer Liebesbeziehung, der Ehe oder der Familie kommen. Der Fragesteller erleidet einen emotionalen Verlust, eine Enttäuschung oder vielleicht den Zusammenbruch jedweder Art von Verständigung. Raten Sie ihm, sich den Kelchen zuzuwenden, die noch voll sind, statt sich auf die zu konzentrieren, die umgekippt (verloren) sind. Er sollte sich an dem ihm nahestehenden Menschen aufrichten. Das Leben hält noch immer viel Positives für ihn bereit.

Umgekehrt: In dieser Stellung bringt die Karte neue Hoffnung und die Rückkehr eines Menschen aus der Vergangenheit. Diese Rückkehr ist im Allgemeinen positiv: Noch ist nicht alles verloren, und der Ratsuchende wird von neuer Zuversicht erfüllt.

Fünf der Schwerter

Die Gewitterwolken deuten auf Schwierigkeiten hin. Wir sehen Menschen, die von einer unbarmherzigen Person besiegt, gequält und verhöhnt werden. Rache, grausame Worte und selbstzerstörerische Aktionen verführen den Ratsuchenden, jemand anderen zu verletzen. Egoismus und das Bedürfnis, mit anderen sein Spiel zu treiben, sind die Aktionen und Gedanken dieser Karte. Weisen Sie den Fragenden darauf hin, dass es ihm zwar durchaus gelingen könnte, Punkte zu machen, dass ihm die Rache aber wenig bedeuten wird, sobald sie vollendet ist. Wer andere verletzt, verletzt in Wirklichkeit nur sich selbst. Die Fünf der Schwerter kann andererseits auch bedeuten, dass man etwas bekommt, das man scheinbar haben wollte, um dann festzustellen, dass man es gar nicht mehr haben will. In diesem Fall muss der Ratsuchende seine Motive überprüfen: Ist er rachsüchtig, steht er sich selbst im Weg?

Die Karte weist darauf hin, dass er zu hinterlistigen, unsauberen oder sogar ungesetzlichen Methoden greifen könnte, um zu bekommen, was er haben will. Er könnte aber auch seinerseits Opfer der Gerissenheit oder der Machenschaften eines anderen werden. Es kann also zu Intrigen und Gegenintrigen kommen.

Umgekehrt: Auch hier bedeutet die Karte: Fehlschlag und Verlust, möglicherweise durch die Handlungen eines anderen. Bei der Fünf der Schwerter kann der Fragesteller den Verlust und die verletzenden Handlungen bewirken, sie aber auch selbst erleiden.

Fünf der Münzen

Das Hauptthema der Fünf der Münzen ist Armut. Verglichen mit der Vier der Münzen, die für beständige Stabilität steht, kann die Veränderung hier eine sehr unwillkommene Störung und der Vorbote von Unbeständigkeit und Unglück sein.

Hier finden wir Verlust auf jede nur vorstellbare Art: Die auf Krücken gehende Gestalt weist auf schlechte Gesundheit hin; die barfüßige Frau daneben symbolisiert Armut; beide Figuren stehen auch für Unglaubwürdigkeit, da sie dem Kirchenfenster über ihnen keine Beachtung schenken. Das Bild strahlt Einsamkeit und Depression aus. Vielleicht wird hier dargestellt, was dem geizigen Mann von der Vier der Münzen widerfahren kann.

Die Fünf der Münzen ist auch in finanzieller Hinsicht eine Armutskarte: Sie zeigt den Verlust von Geld, des Arbeitsplatzes, des Einkommens usw. an. Im emotionalen Bereich führt der Verlust von Liebe zu Einsamkeit. Der Verlust der inneren Ausgeglichenheit bringt Depressionen und eine negative Einstellung mit sich. Der Ratsuchende hat etwas verloren, das ihm teuer war. Geht es bei der Frage um Gesundheit, deutet die Karte auf Krankheit hin.

Umgekehrt: In dieser Stellung hat die Fünf der Münzen eine erheblich erfreulichere Bedeutung. Das Glaubens- und Vertrauenssystem des Betreffenden ist wiederhergestellt. Er hat einen Job gefunden. Gesundheitlich geht es ihm besser und er kommt spirituell weiter.

DIE SECHSEN

Das Thema der Sechsen ist Gleichgewicht. Die Harmonie wird wiederhergestellt.

Sechs der Stäbe

Die mit der Fünf der Stäbe verbundene Konkurrenz ist überwunden, die Sechs der Stäbe verkündet den Sieg. Der Kranz, der Umzug und die auf dem Pferd sitzende Hauptfigur sind Symbole für den Triumph des Fragestellers über die Fünf.

Ein durch Anstrengung und harte Arbeit erreichter Sieg kann gefeiert werden. Der Fragende hat bei all seinen Vorhaben Erfolg, besonders aber bei den kreativen oder ehrgeizigen. Eine Führungspersönlichkeit hat sich durchgesetzt und die Konkurrenz aus dem Feld geschlagen. Der Fragesteller geht aus geschäftlichen Verhandlungen als Gewinner hervor oder erhält als der Bestqualifizierte den Vorzug vor anderen.

Die Bedeutung der Karten

Umgekehrt: In dieser Stellung weist die Sechs der Stäbe darauf hin, dass eine Errungenschaft oder Beförderung an jemand anderen gehen wird. Diese Karte der »zweiten Geige« erscheint oft in einer Lesung für Jemanden, der sich dem Partner arbeitsmäßig, in der Familie oder auch bei Freizeitaktivitäten (Mannschaftssport, Hobbys) unterlegen fühlt. Es kann auch bedeuten, dass man in einer Ehe die zweite Geige spielt. Seien Sie vorsichtig, bevor Sie so etwas erwähnen, suchen Sie erst nach anderen Untreuekarten zur Bestätigung, zum Beispiel: Drei der Kelche umgekehrt; die umgekehrte HERRSCHERIN; zwei oder mehr Königinnen; Könige oder Ritter in Verbindung mit diesen Karten oder DIE LIEBENDEN umgekehrt.

Sechs der Kelche

Die Kinder symbolisieren die Kindheit des Fragestellers, glückliche Erinnerungen, Wiedersehensfeiern und teure Ideale aus der Vergangenheit. Im familiären und emotionalen Bereich wird die Harmonie wiederhergestellt. Wie bei der Vier der Stäbe, werden hier Liebe und Glück im Privatleben gefeiert. Denkbare Interpretationen sind die Heimat des Fragenden, Gesellschaften bei ihm zu Hause oder der Kauf von Gegenständen, die sein Heim verschönern sollen. Falls die Sechs der Kelche neben einer Reisekarte (Sechs der Schwerter oder Acht der Stäbe) liegt, kann sie für eine »Heimreise« stehen.

Umgekehrt: Der Fragesteller muss jetzt loslassen und darf sich nicht mehr mit unglücklichen Ereignissen der Vergangenheit beschäftigen. Er muss sich dem Jetzt zuwenden. Womöglich weigert er sich, die Vergangenheit hinter sich zu lassen. Er muss sich in seinem Leben von alten Freunden, vergangenen Liebesbeziehungen und Erinnerungen trennen, denn er ist aus ihnen herausgewachsen.

Sechs der Schwerter

Der einzige Weg, nach dem Fehlschlag und der Demütigung bei der Fünf der Schwerter das Gleichgewicht wiederzugewinnen, besteht darin, die Situation hinter sich zu lassen. Wir sehen daher, dass der Fragende, besiegt und voller Sorgen, in ruhigere Gewässer reist. Das aufgewühlte Wasser im Vordergrund repräsentiert den gegenwärtigen Verlust. Die Sechs der Schwerter kann auch eine neue, positivere Sicht der Dinge bedeuten. Der Fragesteller entfernt sich von seinen Problemen und den Schlägen der Vergangenheit. Manchmal geschieht das in Form einer Veränderung der Umgebung, das heißt, durch einen Umzug. Die Schwierigkeiten sind vorüber oder haben zumindest keinen Einfluss mehr auf sein Leben.

Umgekehrt: Man findet keinen Weg aus den Schwierigkeiten; daher keine Reise, kein Umzug, keine Beseitigung der Probleme. Es wird dem Ratsuchenden schwer fallen, seine Einstellung zu dieser Situation zu ändern, doch das ist alles, was er im Augenblick tun kann. Er hat einen Punkt erreicht, an dem es erst einmal nicht mehr weiter geht.

Sechs der Münzen

Auf dieser Karte wird die Erlangung des Gleichgewichts durch die Kaufmannswaage repräsentiert. Das kann sich auf den wirtschaftlichen Bereich beziehen, eine willkommene Befreiung von den mit der Fünf der Münzen verbundenen Sorgen. Der Reiche, der den Armen gibt, steht für Freigebigkeit und Fairness in finanziellen Angelegenheiten. Investitionen gedeihen und werfen gute Dividenden ab. Manchmal bedeutet die Karte auch, dass man Geld in einen Menschen investiert, indem man zum Beispiel seine Ausbildung finanziert oder für seine Zukunft spart. Das wird sich dann gleich mehrfach auszahlen: Der Fragesteller erhält mehr Geld zurück, als er angelegt hat; außerdem bringt es ihm persönliche Befriedigung, dass er jemand anderem geholfen hat, dass er zu dessen Zukunft beigetragen hat und nun seine weitere erfolgreiche Entwicklung beobachten kann. Sie sollten dem Fragenden raten, seinen Weg bei Geschäften und Investitionen weiterzugehen, denn das wird sich rentieren.

Die Waage symbolisiert Reifen und Säen und bedeutet daher, dass man den verdienten Lohn bekommt.

Die Sechs der Münzen kann auch anzeigen, dass der Fragesteller in einem Beruf arbeitet, bei dem er anderen hilft.

Umgekehrt: Der Ratsuchende wird um den verdienten Lohn gebracht. Stattdessen muss er erleben, wie Geld unfair verteilt wird; es kommt zu unmoralischem oder gar ungesetzlichem Finanzgebaren, Bestechung und Erpressung. Der Ratsuchende könnte um etwas geprellt werden, das ihm von Recht wegen zusteht – zum Beispiel in Form seines Gehalts oder von Sozialleistungen, Versicherungsansprüchen, Steuervergünstigungen, Erbschaft, Aktiendividenden oder Ansprüchen aus Verträgen, Vereinbarungen oder geschäftlichen Transaktionen. Vergewissern Sie sich, dass ein schriftlicher Vertrag vorliegt und dass er auch das Kleingedruckte gelesen hat. Verdrehungen oder falsche Angaben sind hier nämlich nicht ausgeschlossen. Es kommt zu ungesetzlichen Machenschaften.

Übungen zu den Vieren, Fünfen und Sechsen

Füllen Sie die Lücken im nachfolgenden Text aus.

Die Vieren
1. Die Hauptbedeutung der Vieren ist Stabilität. Bei der Vier der .... sehen wir einen bewussten Rückzug, um emotionale Stabilität zu erreichen.
2. Auch bei der Vier der .... kommt es zum Rückzug; der Fragesteller braucht Zeit, bevor er den Kampf wieder aufnehmen kann.
3. Die Vier der .... steht für finanzielle Stabilität und gesicherte Macht.
4. Bei der Vier der .... führen Harmonie und der verdiente Lohn für harte Arbeit zu Erfolg und Stabilität im häuslichen Bereich.

Die Fünfen
Wenn wir in gesicherten Verhältnissen leben, wollen wir nicht, dass das Boot durch Veränderungen und Unsicherheit ins Schlingern gerät.
1. Die Fünf der.................................. bedeutet, dass unsere Gefühle für andere durch eine unerwünschte Veränderung aufgewühlt werden.
2. Bei der Fünf der .... ist die Stabilität durch Konkurrenz und bewusste Hetze zerstört worden.
3. Die Fünf der.................................. zeigt an, dass die Gefühle, die Gesundheit, der Wohlstand und der Glaube des Ratsuchenden durch unerwünschte Veränderungen beeinträchtigt werden.
4. a) Bei der umgekehrten Vier der .... kehrt der Fragesteller in die Schlacht zurück.
b) Bei der Fünf der .... erlebt der Fragende eine Niederlage.

Die Sechsen
1. Die Sechs der .... zeigt ein harmonisches Zuhause und eine Familie im Gleichgewicht.
2. Die Sechs der .... steht für ausgewogene finanzielle Verhältnisse.
3. Die Sechs der .... bedeutet, dass man eine Katastrophe hinter sich lässt.
4. Bei der Sechs der .... bringt ein Sieg neues Gleichgewicht.

Lückentest zu übergreifenden Themen

1. Konkurrenzkampf
   a) Die.................................. der Stäbe ist erforderlich, um die Stabilität aufrechtzuerhalten, die wir in der
   b) .... der Stäbe sehen.
2. Bei der .... der Stäbe ist dieser Sieg erreicht worden.
3. Was könnte passieren, wenn die Sechs der Stäbe die Zukunft anzeigt, aber umgekehrt steht? ....
4. Zwei der umgekehrten Fünfen bedeuten Optimismus und neue Hoffnung. Welche sind das? .... und...............................
5. Veränderungen können manchmal zu besseren, harmonischen Verhältnissen führen. Welche umgekehrte Fünf drückt das aus? ....
6. Bei der Fünf der .... führen hinterlistige, unsaubere Methoden langfristig zu unbefriedigenden Ergebnissen.
7. Zwei der Vieren bedeuten, dass man sich freiwillig zurückzieht; in umgekehrter Stellung zeigen sie hingegen an, dass man wieder in die Welt zurückkehrt. Um welche beiden Vieren handelt es sich?................................ und ....
8. Der auf der Vier der Münzen dargestellte Mann klammert sich an sein Geld. Er denkt nur an Geld (das zeigt die Münze, die aus seinem Kopf dringt) und baut sein ganzes Leben auf der Sicherheit des Reichtums auf, den er angehäuft hat (Münzen zu seinen Füßen, die seine Grundlage bilden oder seinen Lebensweg symbolisieren). Wie ergeht es ihm, wenn die Karte umgekehrt steht? ....
9. Die Sechs der Münzen drückt das Konzept des Teilens aus. In welcher Form? Nennen Sie mindestens zwei Aspekte.
   a) ....
   b)....................................
10. Bei der Sechs der Münzen wird das Teilen durch folgende Symbole repräsentiert: ....
11. Die .... der .... steht für erfreuliche, glückliche Erinnerungen.
12. Diese Erinnerungen werden durch .... symbolisiert.

Die Bedeutung der Karten

Ordnen Sie die Begriffe bezüglich der richtig liegenden Karten einander zu.
- ☐ 1. Ein Wiedersehen
- ☐ 2. Rückzug in ein Schneckenhaus
- ☐ 3. Vollendung, Reife
- ☐ 4. Verletzende Handlungen
- ☐ 5. Armut
- ☐ 6. Teilen und Ausgewogenheit
- ☐ 7. Macht und Geld
- ☐ 8. Rückzug und Meditation
- ☐ 9. Erfolg und Sieg
- ☐ 10. Schwierigkeiten hinter sich lassen
- ☐ 11. Liebesverlust
- ☐ 12. Konkurrenz und Kämpfe

a) Vier der Stäbe
b) Vier der Kelche
c) Vier der Schwerter
d) Vier der Münzen
e) Fünf der Stäbe
f) Fünf der Kelche
g) Sechs der Schwerter
h) Fünf der Münzen
i) Sechs der Stäbe
j) Sechs der Kelche
k) Sechs der Schwerter
l) Sechs der Münzen

Ordnen Sie die Begriffe nun bezüglich der umgekehrten Karten einander zu.
- ☐ 1. Neuer Glaube, Teilzeitjob
- ☐ 2. Fehlschlag, »die zweite Geige spielen«
- ☐ 3. Verletzende Handlungen
- ☐ 4. Rückkehr eines nahe stehenden Menschen oder Freundes
- ☐ 5. Verlust der Kontrolle
- ☐ 6. Unfaire, unmoralische Verteilung von Geld
- ☐ 7. Es geht nicht weiter.
- ☐ 8. Rückkehr aus dem Schneckenhaus
- ☐ 9. Leben in der Vergangenheit
- ☐ 10. Aktivität, Interessen werden wieder aufgenommen.
- ☐ 11. Neue Harmonie durch Veränderungen, sportliche Aktivität
- ☐ 12. Belohnung, Stabilität und Frieden

a) Vier der Stäbe
b) Vier der Kelche
c) Vier der Schwerter
d) Vier der Münzen
e) Fünf der Stäbe
f) Fünf der Kelche
g) Fünf der Schwerter
h) Fünf der Münzen
i) Sechs der Stäbe
j) Sechs der Kelche
k) Sechs der Schwerter
l) Sechs der Münzen

Lösungen

1. Lückentest

Vieren
1. Kelche
2. Schwerter
3. Münzen
4. Stäbe

Fünfen
1. Kelche
2. Stäbe
3. Münzen
4. a) Schwerter b) Schwerter

Sechsen
1. Kelche
2. Münzen
3. Schwerter
4. Stäbe

2. Lückentest

1. a) Fünf
   b) Vier
2. Sechs
3. Es würde eher zu einem Fehlschlag als zu einem zum Erfolg kommen.
4. Kelche und Münzen
5. Stäbe
6. Schwerter
7. Die Vieren der Kelche und Schwerter
8. Er verliert die Kontrolle über seine finanzielle Lage, wird leichtsinnig.
9. Das Konzept des Teilens kommt durch die Bereitschaft dazu mit nahe stehenden Menschen oder einer Investition in sie zum Tragen. Das Teilen wird auch durch Arbeit in einem Beruf, bei dem man anderen hilft, zum Ausdruck gebracht.
10. Durch die Waage, die ausgewogenes Geben und Nehmen symbolisiert, und durch den Reichen, der mit den Armen teilt.
11. Sechs der Kelche
12. Die Kinder (Vergangenheit, Kindheit) und ihr im Hintergrund abgebildetes Zuhause; die Blumen. Der hinter dem linken Kind stehende Kelch mit Blumen symbolisiert das, was vorbei ist – die Vergangenheit.

Zuordnung
Bedeutung in richtiger Stellung

1. j	3. a	5. h	7. d	9. i	11. f
2. b	4. g	6. l	8. c	10. k	12. e

Bedeutung in umgekehrter Stellung

1. h	3. g	5. d	7. k	9. j	11. e
2. i	4. f	6. l	8. b	10. c	12. a

Die Bedeutung der Karten

Aufgabe zu den Vieren, Fünfen und Sechsen

Legen Sie mit den Vieren, Fünfen und Sechsen die folgende Kartenkombination aus.

SIGNIFIKATOR
Signifikatorkarte ist der Bube der Kelche.

AUSLEGUNG

Position 1	**Gegenwärtiger Einfluss**	– Sechs der Kelche
Position 2	**Hilfen oder Hindernisse**	– Fünf der Schwerter
Position 3	**Vergangenheit, Motivation**	– Sechs der Münzen
Position 4	**Jüngere Vergangenheit**	– Sechs der Stäbe umgekehrt
Position 5	**Mögliche Zukunft**	– Vier der Münzen umgekehrt
Position 6	**Nahe Zukunft**	– Vier der Schwerter
Position 7	**Einstellung des Ratsuchenden**	– Fünf der Münzen
Position 8	**Umfeld des Ratsuchenden**	– Vier der Kelche
Position 9	**Hoffnungen und Ängste**	– Sechs der Schwerter umgekehrt
Position 10	**Ergebnis**	– Fünf der Stäbe

Der Bube der Kelche als Signifikatorkarte bedeutet, dass der Ratsuchende jung ist. In diesem Fall ist es ein Junge, ein junger Mann, sechzehn Jahre alt. Er ist künstlerisch oder musikalisch begabt oder besitzt Verständnis für diesen Bereich. Sein natürliches Talent könnte heranreifen, wenn er diszipliniert arbeitet. Er ist ein netter, sympathischer Mensch.
Hier lassen wir wieder die gewohnten allgemeinen Beobachtungen aus, da wir nur mit den Vieren, Fünfen und Sechsen arbeiten.

1. Die erste Karte, die seine gegenwärtige Situation anzeigt, ist die Sechs der Kelche. Um welche Frage könnte es dem Ratsuchenden zur Zeit gehen?
2. Die zweite Karte ist die Fünf der Schwerter. Sie weist darauf hin, dass und ihm im Wege stehen. Welchen problematischen Umständen könnte sich der Fragesteller gegenüber sehen?
3. Was bedeutet die Tatsache, dass er die Sechs der Münzen in der Vergangenheit erfahren hat?
4. Seine jüngere Vergangenheit hingegen wird durch die umgekehrte Sechs der Stäbe repräsentiert. Was bedeutet das?
5. Was er über seine Zukunft denkt, zeigt die umgekehrte Vier der Münzen an: Um was könnte es sich konkret handeln?
6. Die Vier der Schwerter für seine nahe Zukunft verrät uns, was er tun wird.

7. Seine Einstellung wird durch die Fünf der Münzen ausgedrückt.
   a) Wie sieht er es?
   b) Was beschäftigt ihn?
8. Andere sehen ihn als Vier der Kelche. Sie kommen ihm daher entgegen. Wie geschieht das?
9. Die umgekehrte Sechs der Schwerter zeigt, was er befürchtet. Worum handelt es sich?
10. Das Ergebnis wird durch die Fünf der Stäbe ausgedrückt.
    a) Was bedeutet das für den Ratsuchenden?
    b) Welche Karte in welcher Position weist darauf hin, dass er die Kontrolle über die Situation verlieren könnte?
    c) Was würden Sie ihm raten?

Lösungen

1. Er könnte zur Zeit eine Frage im Zusammenhang mit der Harmonie seines Familienlebens haben.
2. Die Fünf der Schwerter bedeutet verletzende Handlungen und Rache. Jemand, der jetzt Einfluss auf die Angelegenheit hat, könnte mit schmutzigen Tricks arbeiten; der Fragende könnte versucht sein, zu denselben Mitteln zu greifen. Das sind die Umstände, denen er sich gegenübersieht.
3. Die Sechs der Münzen zeigt an, dass er in der Vergangenheit die Bereitschaft zum Teilen erfahren hat. Durch Fairness ist Harmonie entstanden. Er hat das bekommen, was er seiner Meinung nach verdient hat; deshalb könnte er jetzt fragen, ob das auch dieses Mal so sein wird.
4. Kürzlich hat ihn Jemand, der auch in die Familienangelegenheit verwickelt ist, ausgestochen oder besiegt. Er hatte das Gefühl, nur die zweite Geige zu spielen. Seine Bedürfnisse werden zur Zeit nicht erfüllt.
5. Er fürchtet, die Kontrolle über die Situation noch mehr zu verlieren.
6. a) Sich zurückziehen
   b) Meditieren, nachdenken oder beten
   c) Die Dinge im richtigen Verhältnis sehen
7. a) Er fühlt sich deprimiert, einsam und isoliert.
   b) Er könnte seinen Glauben oder sein Wertesystem in Zweifel ziehen.
8. Mit Verständnis und Unterstützung
9. Er befürchtet, dass die Situation so bleibt und Niemand seine Einstellung ändert.
10. a) Streit und Rivalität zwischen ihm selbst und einer anderen Person
    b) Die umgekehrte Vier der Münzen in der Position für die mögliche Zukunft
    c) Ihm stehen Kämpfe und harte Konkurrenz bevor. Möglicherweise muss er all seinen Mut zusammennehmen und sich verteidigen. Wenn dieser Bube für sich selbst und seine Bedürfnisse eintritt, könnte seine Lage sich bessern.

Die Bedeutung der Karten

Lektion 6: Die Siebenen und Achten

DIE SIEBENEN

Die Siebenen verkörpern interessante Konzepte. Inzwischen sollten Sie schon ein Gefühl für die Bedeutung einer Karte anhand ihres Bildes haben. Eine Karte der Siebenen repräsentiert eine Neubewertung und Umorientierung. Eine steht für Verträumtheit und Unentschlossenheit; eine andere für Konfrontationen; und wieder eine andere für Verrat, Betrug und Diebstahl. Die Zahl Sieben bedeutet das Ende eines Zyklus und die Entfaltung der Seele. Wie wird das in unseren Tarotsiebenen ausgedrückt? Wie haben die einzelnen Zyklen geendet, oder wie sind sie abgelaufen?

Sieben der Stäbe

Das Hauptthema dieser Karte ist Konfrontation. Der abgebildete Charakter steht auf erhöhtem Boden (er war ja bei der Sechs der Stäbe der Sieger) und verteidigt sich gegen widrige Umstände, die von unten kommen. Er hat einen hervorragenden Standort, er hält und verteidigt seine Stellung entschlossen, mit Bravour und voller Glauben an sich selbst.

Die Sieben der Stäbe bedeutet, dass dem Ratsuchenden die Position, die er verteidigt, sehr wichtig ist. Sein Streben könnte auf die Fortführung einer in der Vergangenheit begonnenen Unternehmung und eines Vorhabens ausgerichtet sein. Denn aus den Karten dieses Satzes vom As bis zur Sechs kann man ablesen, dass er bei seinen Versuchen, sie zu verwirklichen, bereits Höhen und Tiefen durchlaufen hat. Entscheidend ist dabei immer, dass sich der Ratsuchende entschlossen dem Kampf stellt.

Sein Vorhaben kann inzwischen an Bedeutung und Wichtigkeit gewonnen haben. Nun will die Seele, die in all den Kämpfen gewachsen ist, es zu Ende bringen. Aufgrund dieses persönlichen Kreuzzuges ist der Ratsuchende bereit, sich zu behaupten, zu kämpfen und sich zu verteidigen. Seine Seele, die Unternehmung und ihre Fortführung sind miteinander verwoben und fordern den Ratsuchenden auf, sein spirituelles Ich zu erfahren. Er kämpft jetzt mit Mut und Tapferkeit.

Wenn diese Karte bei einer Lesung auftaucht, weist sie darauf hin, dass eine Situation sich zuspitzt und der Ratsuchende ihr nicht ausweichen kann. Diese Konfrontation könnte bereits stattgefunden haben, wenn die Karte in die Position der Vergangenheit fällt, oder sie wird sich jetzt ereignen, wenn die Karte in die Position der Gegenwart fällt. Falls der Ratsuchende sich aber um ein zukünftiges Problem Sorgen macht und diese Karte erscheint, würde sie aussagen, dass er sich der Situation stellen muss. Sie kündigt Streitigkeiten, Konkurrenzkämpfe und Auseinandersetzungen allgemeiner Art an.

Umgekehrt: In dieser Stellung bedeutet die Sieben der Stäbe das Ausbleiben einer Konfrontation. Der Ratsuchende könnte sich zwar widrigen Umständen gegenübersehen, doch die erwartete Konfrontation wird ausbleiben. Manchmal kann die Karte auch auf die Unfähigkeit, den Stier bei den Hörnern zu packen, hinweisen.

Sieben der Kelche

In der Sieben der Kelche sind die Motivation und die Richtung des Ratsuchenden nicht klar, nicht einmal für ihn selbst. Das wird durch die dunkle, schattenhafte Gestalt im Vordergrund ausgedrückt; er ist unentschlossen in seinen Wünschen. Die Symbole der einzelnen Kelche stehen jeweils für eine bestimmte Wahl des Lebensstils und der Ziele. Er könnte sich den Kämpfen des Lebens stellen und als ruhmreicher Sieger aus hartumstrittenen Wettbewerben hervorgehen. Dies ist durch den Kelch mit dem Kranz und dem Totenkopf angedeutet. Versuchung und Eifersucht, verkörpert durch Schlange und Drachen, könnten das Fundament sein, das seiner Wahl zugrunde liegt. Reichtum und materielle Sicherheit, die durch die Juwelen und die Burg symbolisiert werden, könnten ihn anziehen.

Seine Träume und Ideale vom anderen Geschlecht werden durch den Kopf im linken oberen Kelch repräsentiert. Andererseits könnte dieser Kopf aber auch bedeuten, dass er sich selbst kennen lernt. Der Kelch in der Mitte schließlich steht für die Entfaltung seiner spirituellen Natur, des lauteren Charakters, den er in sich selbst entdecken könnte. Der entscheidende Punkt bei dieser Karte ist, dass im Augenblick keine der verschiedenen Möglichkeiten gewählt wird. Deshalb interpretieren wir sie als eine Karte der Verwirrung und Unentschlossenheit; vielleicht hat der Ratsuchende sich selbst und seine wahren Bedürfnisse noch nicht erkannt.

Die Seele ist der Kelch, der im Mittelpunkt steht. Wir sehen sie als eine von einem Umhang verhüllte Figur mit der sie umgebenden Aura. Die bei der Sechs der Kelche wiederhergestellte Harmonie ist gesichert, und nun verlangt die Seele des Ratsuchenden nach Entfaltung. Das Familienleben und die häuslichen Angelegenheiten sind geregelt, so dass er in eine neue Richtung wachsen kann, den Bedürfnissen seiner Seele folgend. Um seine Aufmerksamkeit wetteifern noch andere Träume: zu Gunsten irdischerer Ziele könnte er auf das spirituelle Wachstum verzichten.

Die Karte kann auch darauf hinweisen, dass der Ratsuchende glaubt, angemessen oder siegreich mit Situationen umzugehen. Das entspricht aber nicht den Tatsachen. Konkrete Taten werden durch fehlende Praxis und zu viele Träume verhindert.

Die Flucht in eine irreale Welt – Fernsehen, Bücher, Alkohol u. ä. – führt zu bedenklichen Ausschweifungen, da der Ratsuchende mit der äußeren Welt nicht fertig wird und sein wahres

Die Bedeutung der Karten

Ich nicht erkennt. Wenn außer der Sieben der Kelche noch andere Missbrauchskarten auftauchen, wie die umgekehrte Neun der Kelche und die umgekehrte Drei der Kelche, kann er Drogen- oder Alkoholprobleme haben.

Bei einer spirituellen Lesung kann diese Karte auf einen bedeutenden Traum oder eine Vision hinweisen. In solch einer Lesung könnten auch das As der Kelche und der Bube der Kelche (eventuell zusammen mit anderen Hofkarten dieses Satzes) sowie DIE HOHEPRIESTERIN, DER MOND und DER GEHÄNGTE vorkommen. So kann die Sieben der Kelche durchaus auch für eine Vision stehen, die beharrlich verfolgt wird.

Umgekehrt: Die Karte bedeutet Entschlossenheit. Der Ratsuchende führt neue Ziele und Unternehmungen durch. Er trifft unter den verschiedenen Möglichkeiten eine gute Wahl und ist entschlossen, sich nicht von ihr abbringen zu lassen.

Sieben der Schwerter

Die Sieben der Schwerter steht für den Verrat des eigenen Ichs – der Ratsuchende wird durch seine Gedanken und Reaktionen sein schlimmster Feind. Das ist ihm oft gar nicht bewusst, doch auf der Ebene des Unterbewusstseins könnte er Umstände herbeiführen, die einen Fehlschlag unvermeidlich machen. Vielleicht ist die Lektion für die Seele in dieser Karte, dass die eigenen Gedanken und Reaktionen einen sich selbst zum Feind machen können. Ein aggressives Verhalten und eine negative Einstellung besiegen den Ratsuchenden, der durchaus die Welt erobern könnte, aber seine Seele dabei verliert. Dieser Kreislauf endet damit, dass er Unruhe stiftet und mit anderen sein Spielchen treibt; die Bedürfnisse seiner Seele werden so nicht erfüllt, denn oftmals erliegt der Ratsuchende dabei der eigenen Unehrlichkeit.

Nach der Reise, die bei der Sechs der Schwerter von Schwierigkeiten weggeführt hat, bringt die Sieben neue Kämpfe und Probleme. Es kommt offenbar erneut zu Ausbeutung und Rache. Der Ratsuchende nutzt eine Situation oder einen Menschen absichtlich aus und ist nicht bereit, sich mit den Folgen seiner Niedertracht auseinanderzusetzen. Der Betrug oder Diebstahl kann sich darin manifestieren, dass er sich mit fremden Lorbeeren schmückt, dass er betrügt, eine Ehe oder Beziehung untergräbt oder den Ruf eines anderen zerstört. Es kann ein tatsächlicher Diebstahl staffinden, oder der Schaden wird raffinierter. Wie bei der Fünf der Schwerter kann der Ratsuchende sowohl Opfer als auch Täter sein. Die abgebildete Figur stiehlt erneut, dieses Mal aber, ohne dass es die Opfer merken. Die Leute im Hintergrund sind mit anderen Kämpfen beschäftigt (Heerlager). Das nutzt Jemand aus, um sie zu hintertreiben, zu verraten oder hinterlistig zu bestehlen. Bei der Fünf der Schwerter hat es eine offene Schlacht gegeben, die Gegner sind sich von Angesicht zu Angesicht gegenüber gestanden; bei der Sieben kann der Schaden angerichtet werden, wenn das Opfer nicht hinsieht.

Eine der wichtigsten Bedeutungen dieser Karte ist der Verrat des eigenen Ichs. Der Fragesteller könnte etwas tun oder sich für etwas entscheiden, das zu seinem Nachteil gereicht. Warnen Sie ihn auch davor, den Umständen oder den Menschen in seinem Umfeld zu sehr zu trauen. Die Karte zeigt nämlich, dass ihm etwas weggenommen wird, oder dass er selbst eine solche unfaire Handlung erwägt.
Umgekehrt: Die umgekehrte Sieben der Schwerter ist die Wiedergutmachungs- oder Entschuldigungskarte; das, was genommen wurde, wird zurückgegeben. Der Ratsuchende wird feststellen, dass er die ihm gebührende Anerkennung bekommt, auch wenn er gar nicht damit gerechnet hat. Er bittet Jemanden um Entschuldigung, oder jemand anders bittet ihn um Verzeihung.
Dies ist eine Karte der Fähigkeit. Konstruktive Ratschläge sollten befolgt werden. Der Fragesteller sollte selbst sein bester Freund werden, indem er für sich positive und hilfreiche Entscheidungen trifft.

Sieben der Münzen

Diese Karte wirkt bedrückend, sie verströmt ein Gefühl des Fehlschlags und der Unzufriedenheit. Durch die Bemühungen des Ratsuchenden ist etwas gewachsen; das wird durch die Münzen am Weinstock symbolisiert. Er hat sich abgeplagt und dadurch auch Ergebnisse erzielt, könnte aber trotzdem unzufrieden sein. Vielleicht haben seine Wünsche und Ziele sich geändert, und er will das, was er sich erarbeitet hat, nicht mehr. Der Weinstock und sein Wachstum können für Jahre stehen, in denen der Ratsuchende sich um seine Ehe, Familie, Beziehungen, Karriere, Finanzen, seinen Besitz oder materielle Dinge bemüht hat. Doch es fehlt etwas, das ungeheuer wichtig ist: ein Gefühl der Zufriedenheit, der Vollendung. Er hat Erfolge erzielt, aber er möchte die alten Ziele vielleicht nicht weiterverfolgen. Möglicherweise treibt seine Seele ihn jetzt dazu, höhere Ziele anzustreben – sei es nun im Beruf, im materiellen Bereich, auf geistiger oder auf spiritueller Ebene. Diese Entwicklung steht aber noch ganz am Anfang, und er kann noch nicht absehen, was sie letztlich für ihn bedeutet.
Wenn es bei der Lesung um die Gesundheit geht, kann die Karte auf Funktionsstörungen eines Organs oder Probleme durch eine Infektion oder ein fehlendes Gleichgewicht im Körperhaushalt hindeuten. Diese Interpretation ist für beide Stellungen der Sieben der Münzen anwendbar. Der Ratsuchende erkennt, dass er bezüglich seiner Frage unzufrieden ist.
Er vergleicht seine gegenwärtige Position mit der, die er seiner Meinung nach erreicht haben sollte. Er wollte eigentlich mehr und könnte sich jetzt entschließen, nicht weiterzumachen. Ein finanzielles oder ein mit dem Beruf zusammenhängendes Projekt hat gewisse Erfolge gezeigt.

Umgekehrt: In dieser Stellung weist die Sieben der Münzen auf Probleme mit dem Geld hin: Schulden, Hypotheken und Kreditraten bedrücken den Ratsuchenden. Diese Sorgen halten ihn in einer Situation gefangen, der er entkommen möchte. Dieses Mal haben seine Bemühungen wenige Resultate gebracht; innere Leere und Verluste könnten das Ergebnis sein. – Im Hinblick auf seine Gesundheit gelten die gleichen Schlussfolgerungen wie bei der richtigen Stellung der Karte.

DIE ACHTEN
Die Zahl Acht steht für Gleichgewicht, Erfolg und Macht.

Acht der Stäbe

Erinnern Sie sich noch an die mit der Sieben der Stäbe verbundenen Konflikte und Konfrontationen? Bei der Acht sind die im Weg stehenden Stäbe nun entfernt worden, was auf das Ende des Widerstands und die Freiheit, sich vorwärtszubewegen, hinweist. Der Konflikt ist durch die Tapferkeit und Entschlossenheit des Ratsuchenden bei seinem Kampf für die Fortführung seines Vorhabens entschieden worden. Seine Belohnung sind jetzt rasche Fortschritte und Ergebnisse. Die Acht der Stäbe gibt ganz allgemein grünes Licht. Der Ratsuchende strebt ein bestimmtes Ziel an, dem er schon sehr nahe gekommen ist. Seine Träume, Erwartungen und Sehnsüchte dürften bald Wirklichkeit werden. Durch Hingabe und Einsatzbereitschaft wird ein Ziel erreicht. Wenn es bei der Lesung um den emotionalen Bereich geht, repräsentiert die Acht der Stäbe Hingabe an die Liebe und einen geliebten Menschen. Der Ratsuchende kann aber auch gegenüber dem von ihm angestrebten Ziel Liebe empfinden, da die Seele jetzt beteiligt ist. Andererseits kann die Karte auf sportliche Leistungen, körperliche Fitness und entsprechenden Einsatz des Ratsuchenden hinweisen, dessen Anstrengungen sich auszuzahlen beginnen. Ihre Grundbedeutungen sind schnelle Fortschritte ohne Störungen oder Beeinträchtigungen und das Erzielen von Ergebnissen. Die Acht der Stäbe ist außerdem eine Reisekarte, wobei es oft um Flugreisen geht.

Umgekehrt: In dieser Stellung verweist die Karte auf Hindernisse, Kämpfe und das Vorantreiben einer Angelegenheit, die nicht forciert werden sollte. In Verbindung mit anderen Gewaltkarten (Ritter der Stäbe umgekehrt, König und Königin der Stäbe umgekehrt, Ritter der Schwerter umgekehrt, KRAFT umgekehrt und As der Schwerter umgekehrt sowie DER TURM) kann sie Gewalt anzeigen. Raten Sie dem Fragesteller dann, sich zurückzuhalten, da er sonst Streit und Widerstand heraufbeschwören könnte. Im Zusammenhang mit einer Reise könnte es zu Problemen kommen.

Acht der Kelche

Die auf dieser Karte abgebildete Gestalt hat sich vor allem ihrer Familie und materiellen Dingen gewidmet. Die sorgfältig aufeinander gestellten Kelche im Vordergrund symbolisieren ihre Gewissenhaftigkeit, doch die Lücke zwischen ihnen bedeutet, dass im Leben des Fragenden etwas fehlt. Der Fragende ist sich diesem Missverhältnis bewusst.

Die Gestalt trägt den roten Mantel des Begehrens und wendet den Kelchen, die für ihre gegenwärtige Situation stehen, den Rücken zu. Sie macht sich auf die Suche nach etwas, das ihr mehr persönliche Erfüllung bringen soll. Geld, die Familie und die gewonnene Sicherheit stellen sie nicht mehr zufrieden – sie strebt jetzt nach Tiefe und Bedeutung. Vielleicht hat sie sich endlich dazu entschieden, sich um die Entfaltung ihrer eigenen Seele zu kümmern, und bei der Sieben der Kelche bereits die entsprechende Möglichkeit gewählt.

Der Mond auf der Karte steht für Zyklen. Wir sehen ihn nicht nur voll, sondern auch verblassend und abnehmend, was auf eine zu Ende gehende Phase der Erfüllung im materiellen Bereich hinweist. Der Fragesteller hat diese Lebensphilosophie nun aufgegeben und macht sich auf die Suche nach neuer Bedeutung, spirituellen Zielen und Erfüllung. Die emotionale Ebene und Familienangelegenheiten bleiben zurück, Beziehungen werden schwächer und enden.

Die Karte deutet aber weniger auf einen Machtverlust oder -verzicht als auf eine Machtveränderung hin. Der Fragesteller, dem das von gesellschaftlichen und materiellen Werten bestimmte Leben nicht mehr zusagt, schlägt den Weg zur Selbsterkenntnis ein. Die Macht (Zahl Acht), die er nun anstrebt, kann im Gegensatz zu vergangenen Zeiten aus spirituellen oder übersinnlichen Quellen stammen.

Die Acht der Kelche kann auch unbefriedigende Umstände anzeigen, die dazu führen, dass der Ratsuchende eine gegenwärtige Unternehmung aufgibt. Sie kann auf Enttäuschungen in der Liebe oder durch Familienmitglieder hinweisen, was den Ratsuchenden wiederum auf die Suche nach neuen Zielen bringt.

Umgekehrt: In dieser Stellung bedeutet die Karte, dass der Ratsuchende die Reichhaltigkeit seines Lebens mit der Familie, Freunden und Verwandten, Feiern, gesellschaftlichen Ereignissen und Verpflichtungen genießt. Zu diesem Überfluss in seinem Leben kann auch eine neue Beziehung gehören.

Die Acht der Kelche ist ist eine Partykarte, sie repräsentiert Flirts und fröhliche Stunden mit neuen Bekannten. Es kann sogar zu einer neuen Liebe kommen, die Herz und Seele erfüllt und dem Leben eine bereichernde Note verleiht, und verschiedene, neue Umstände bringen Freude.

Die Bedeutung der Karten

Acht der Schwerter

Wenn die gefesselte Frau die Augenbinde anheben könnte, um in das sumpfige Wasser zu blicken, wäre ihr Spiegelbild undeutlich. Diese Karte bedeutet eine Einschränkung der mit der Zahl Acht verbundenen Macht. Der Ratsuchende ist sich seiner eigenen Macht zu denken und zu handeln nicht bewusst, sondern lässt zu, dass andere seine Denk- und Entscheidungsprozesse beeinflussen. Dabei bleiben seine eigenen wahren Bedürfnisse auf der Strecke. Seine einst energischen Aktivitäten sind jetzt der Unentschlossenheit gewichen. Möglicherweise hat er sich durch seinen Drang nach Macht und Erfolg und die aggressive Vorgehensweise, mit der er dieses Ziel erreichen wollte, selbst in seine gegenwärtige missliche Lage gebracht. Die Acht der Schwerter steht für die Angst, Stellung zu beziehen, für sich selbst zu sprechen oder Entscheidungen zu fällen. Der Ratsuchende fürchtet sich schon eine ganze Weile vor einer Entscheidung und findet keinen Ausweg; er kann nur untätig verharren, bis er geistige Freiheit erlangt. Diese Karte taucht oft auf, wenn der Entschlussprozess des Ratsuchenden durch die Einmischung anderer beeinträchtigt wird – ein Gefangensein also, das von dem Betreffenden selbst verschuldet wurde.

Umgekehrt: Der in den Käfig gesperrte Vogel erlangt seine Freiheit, der Denkprozess klärt sich, die Einmischungen nehmen ab und der Ratsuchende kann ohne Einschränkungen handeln. Seine Angst lässt nach, er verspürt Erleichterung und Befreiung.

Acht der Münzen

In der Acht der Münzen sucht der Fragesteller nach einer Ausbildung. Selbsterkenntnis, berufliche Fortbildung oder das Studium eines Fachs sind einige der Möglichkeiten, die diese Karte enthält. Wir sehen einen jungen Mann beim Erlernen einer Tätigkeit oder eines Berufs. Dadurch schafft er die Voraussetzungen zu mehr Lohn und Stabilität. Der Ratsuchende könnte einflussreiche Leute kennen lernen oder seinen Fuß in die richtige Tür setzen. Aus diesen Beziehungen und den erlernten Fertigkeiten kann er in Zukunft Kapital schlagen. Vielleicht hat der bedrückte Mann von der Sieben der Münzen seine frühere Unternehmung aufgegeben und mit einer neuen begonnen oder zumindest versucht, seine Situation anders anzugehen. Der auf der Acht der Münzen dargestellte Mann erkennt, dass er sich weiterbilden muss, wenn er im Leben Macht erreichen will. Also lernt er fleißig und gewissenhaft, um bessere finanzielle Verhältnisse zu erreichen. Da ihm Geld und materielle Dinge wichtig sind, konzentriert er seine

Anstrengungen auf eine Lehre oder Berufsausbildung. Er lernt, mit Geld umzugehen, und qualifiziert sich beruflich weiter.

Umgekehrt: Äußere und innere Umstände verhindern die Verwirklichung der Ziele. Das wirkliche berufliche Können, für das die Acht der Münzen, richtig herum, steht, fehlt in der umgekehrten Stellung völlig. Der Betreffende ist zwar recht gut in seiner Arbeit, könnte aber frustriert sein.

Der Ratsuchende kennt kaum noch moralische Bedenken; Talente und Fähigkeiten bleiben, aber vielleicht setzt er sie nun für betrügerische Zwecke ein – schließlich erfordern auch Fälschungen, Unterschlagung, Betrug und Unehrlichkeit Geschick und Können. Sein ungeheurer Ehrgeiz könnte dazu geführt haben, dass er korrupt wurde und sich seinen Weg zur Spitze durch Manipulationen erschleicht. Beziehungen werden ausnutzt, versteckte Transaktionen durchgeführt, Schmiergelder gezahlt; diese unrechten Handlungen gehen oft mit Intrigen einher.

Die umgekehrte Acht der Münzen kann auf Steuerhinterziehung, Versicherungsbetrug, Urkundenfälschung und Mogelei bei Prüfungen hinweisen.

Manchmal sind allerdings auch weniger dramatische Deutungen möglich: zum Beispiel, dass der Fragesteller bei seiner Arbeit trödelt oder im Hinblick auf seine Frage nörgelt oder jammert. Raten Sie ihm dann, sich durch Kleinigkeiten nicht den Weg zu seinem langfristigen Ziel verbauen zu lassen.

Übungen zu den Siebenen und Achten

Ordnen Sie die Begriffe bezüglich der richtig liegenden Karten einander zu.

- ❏ 1. Sieben der Stäbe
- ❏ 2. Sieben der Kelche
- ❏ 3. Sieben der Schwerter
- ❏ 4. Sieben der Münzen
- ❏ 5. Acht der Stäbe
- ❏ 6. Acht der Kelche
- ❏ 7. Acht der Schwerter
- ❏ 8. Acht der Münzen

a) Enttäuschung, Aufgabe
b) Neuorientierung nach angestrengten Bemühungen
c) Die Karte, die grünes Licht gibt
d) Man muss sich einer Situation stellen
e) Verrat von anderen oder des eigenen Ichs
f) Lernen, an etwas zu arbeiten
g) Eingebildeter Erfolg
h) Ängstlichkeit verhindert Entscheidung

Die Bedeutung der Karten

Ordnen Sie die Begriffe nun bezüglich der umgekehrten Karten einander zu.

- ❏ 1. Sieben der Stäbe
- ❏ 2. Sieben der Kelche
- ❏ 3. Sieben der Schwerter
- ❏ 4. Sieben der Münzen
- ❏ 5. Acht der Stäbe
- ❏ 6. Acht der Kelche
- ❏ 7. Acht der Schwerter
- ❏ 8. Acht der Münzen

a) Durchführung eines neuen Projekts
b) Freiheit bei Gedanken und Handlungen
c) Die Zuspitzung der Situation bleibt aus
d) Genießen fröhlicher Stunden
e) Gewalt, Machtmissbrauch
f) Missbrauch von Fähigkeiten und Nutzung des Verstandes für dunkle Geschäfte
g) Geldprobleme
h) Sich selbst der beste Freund sein

Richtig oder falsch (r/f)?

- ❏ 1. Die Sieben der Schwerter kann auf Verrat des eigenen Ichs oder auf Hinterlist und ungerechtes Verhalten gegenüber anderen hindeuten.
- ❏ 2. Die Sieben der Kelche steht für Unentschlossenheit.
- ❏ 3. Bei der Sieben der Stäbe sind Konfrontationen unnötig.
- ❏ 4. Erfüllung und Zufriedenheit mit der Arbeit sind das Hauptthema bei der Sieben der Münzen.
- ❏ 5. Die umgekehrte Acht der Stäbe bedeutet, dass man eine Angelegenheit forcieren muss.
- ❏ 6. Die Acht der Schwerter steht für klares Denken und positive Handlungen.
- ❏ 7. Nörgelei und das Sichverstricken in Einzelheiten sind mögliche Bedeutungen der umgekehrten Acht der Münzen.
- ❏ 8. Die auf der Acht der Kelche abgebildete Gestalt könnte sich auf der Suche nach Spiritualität befinden.
- ❏ 9. Die Menschen im Hintergrund der Sieben der Schwerter sind sich bewusst, dass in ihrer Umgebung rachsüchtige Komplotte geschmiedet werden.
- ❏ 10. Die Sieben der Kelche ist eine positive Karte: In einer spirituellen Lesung deutet sie auf ein übersinnliches Ereignis hin.

Lösungen

Zuordnung
Bedeutung in richtiger Stellung

1. d   5. c
2. g   6. a
3. e   7. h
4. b   8. f

Bedeutung in umgekehrter Stellung

1. c   5. e
2. a   6. d
3. h   7. b
4. g   8. f

Richtig oder falsch?

1. Richtig
2. Richtig
3. Falsch – sie spitzt sich zu.
4. Falsch – aufgrund unbefriedigender Ergebnisse überdenkt der Ratsuchende seine Arbeit.
5. Falsch – in umgekehrter Lage bedeutet die Acht der Stäbe, dass eine Forcierung der Angelegenheit zu Gewalt führen könnte.
6. Falsch – klares Denken und positive Taten sind die Bedeutung dieser Karte, wenn sie umgekehrt fällt.
7. Richtig
8. Richtig
9. Falsch – das bleibt ihnen verborgen.
10. Richtig

Aufgabe

Siehe Lektion 8.

Die Bedeutung der Karten

Lektion 7: Die Neunen und Zehnen

DIE NEUNEN
Neun ist die Zahl des Erreichten. Sie wird in der Zehn zur Vollendung gelangen, deutet also darauf hin, dass ein Zyklus sich seinem Ende nähert. Schwierigkeiten und Probleme werden Wirkung zeigen und zu Wohlstand oder Zerstörung führen.

Neun der Stäbe

Diese Neun ist die Verteidigungskarte. Am Gesichtsausdruck des abgebildeten Mannes erkennt man, dass er sehr wachsam ist, und der Verband um seinen Kopf weist darauf hin, dass eine Schlacht hinter ihm liegt.
Er ist bereit, sich zu verteidigen und zu kämpfen, um für seine Rechte einzutreten. Es kann durchaus sein, dass er dies noch einmal zu tun hat, ehe seine Situation gesichert ist. Diese Karte bedeutet oft, dass der Fragesteller sich mit einem weiteren Streit befassen muss, im Zusammenhang mit einem Problem, bei dem er sich schon einmal verteidigen musste. In der Praxis kann es sich hier um verschiedene Situationen handeln: von der Rückkehr eines Partners oder einer Partnerin aus der Vergangenheit (um den Fragesteller erneut zu verärgern), bis zu gesundheitlichen Warnungen (ehemalige Gesundheitsprobleme können wieder auftauchen). Wenn diese Karte in der Gegenwarts- oder Zukunftsposition liegt, weist sie den Ratsuchenden darauf hin, dass sein Problem noch nicht vorbei ist und er wachsam bleiben muss. Dadurch ist er vorbereitet, weil diese Schwierigkeiten oder ähnliche Umstände früher schon aufgetreten sind.
Der Fragesteller muss ein Gebiet verteidigen, um das er schon einmal gekämpft hat; diesen Kampf hat er gewonnen. Es kann sich dabei um seine Rechte zu Hause oder bei der Arbeit handeln, um Gleichberechtigung in der Familie oder Ehe, aber auch um einen inneren Zwiespalt. Sein Ruf oder eine wichtige Position müssen geschützt werden. Der Fragesteller setzt sich noch immer für seine Rechte ein. Sagen Sie ihm, dass er auf der Hut sein muss, da ein Hindernis, Kampf oder Schwierigkeiten von früher wieder auftreten können.
Wenn es bei der Frage um die Gesundheit geht, kann die Neun der Stäbe auf Widerstandskraft gegen Erkrankungen und eine gestärkte Konstitution hindeuten.
Umgekehrt: Umgekehrt bekommt diese Karte gegenteilige Bedeutung: Hier stehen die Schwäche und die Unfähigkeit, für Rechte zu kämpfen, die verteidigt werden müssten, im Vordergrund. Der Ratsuchende wird überrascht und muss einen Schlag einstecken. Dabei hätte er eigentlich wachsam und vorbereitet sein müssen, denn er kannte das Problem schon aus seiner Vergangenheit. Leichtsinn oder schlichte Feigheit könnten dazu geführt haben, dass er sich von

diesen Schwierigkeiten überwältigen und beherrschen lässt. Der Ratsuchende kann sich helfen, indem er wachsam für ein früheres Problem bleibt. Manchmal weiß er genau, was gesagt werden müsste, lässt sich aber durch innere Ängste davon abhalten. Das Hindernis oder der Feind könnte gewinnen.

Neun der Kelche

Ein glücklicher, gesättigter Mann sitzt zufrieden inmitten seines Wohlstands. Diese Karte bedeutet sinnliches Glück. Sie steht für »Wein, Weib und Gesang«, also für gute Zeiten, Geld und den Genuss der gesellschaftlichen, sinnlichen Aspekte des Lebens.
Die Neun der Kelche ist die traditionelle Wunschkarte, sie verspricht dem Fragesteller die Erfüllung seiner Wünsche. Der Ratsuchende erfreut sich guter Gesundheit, seine finanzielle Situation lässt nichts zu wünschen übrig. Er genießt das Leben, aber in Maßen.
Umgekehrt: Der Fragesteller wird in Zusammenhang mit seinem Wunsch enttäuscht. Das Glück, das er erlangt hat, könnte ihm wieder genommen werden. Möglicherweise hat der übermäßige Genuss von Sex oder Alkohol zu finanziellen Verlusten oder sogar zu gesundheitlichen Problemen geführt, oder er verschwendet sein Geld, seine Zeit und seine Begabungen, indem er nur nach Sinnesfreuden strebt. Unersättlichkeit und Gier könnten den Charakter des Fragestellers gut beschreiben.

Neun der Schwerter

Die Neun der Schwerter steht kurz vor dem Ruin in der Zehn der Schwerter. Vielleicht weiß die weinende Frau bereits, dass das Ende ihrer gegenwärtigen Situation bevorsteht, und kann vor Sorgen und Verzweiflung nicht mehr ruhig schlafen. Auch die Menschen in ihrer Umgebung mussten große Verluste und schwere Rückschläge hinnehmen.
Alles Erreichte wurde wieder verwirkt. Die über ihr hängenden Schwerter repräsentieren die Konflikte der Vergangenheit. Die mit astrologischen Emblemen bestickte Decke weist darauf hin, dass die Sterne gegen sie sprechen. Felder mit roten Rosen als Symbole für ihre Wünsche und Begierden wechseln mit Bildern negativer astrologischer Kräfte; das bedeutet, dass ihre Situation ein unerwünschtes Ende finden wird. In das Holz des Bettsockels ist ein Duell geschnitzt, bei dem ein Soldat einen anderen besiegt. Wieder steht der Satz der Schwerter für die Kämpfe des Lebens, doch dieses Mal werden die Nie-

Die Bedeutung der Karten

derlage und die Seelenqual des Opfers gezeigt. Die weinende Frau hat vielleicht mit angesehen, wie ein geliebter Mensch verloren hat, vielleicht war sie selbst ein Teil dieser Schlacht. Vielleicht wurde sie betrogen oder sie war selbst die Betrügerin. In beiden Fällen könnten geistige Grausamkeit und Schuldgefühle das Ergebnis sein. Der Ratsuchende befindet sich in einem Zustand der Verzweiflung, und ihm muss deshalb gesagt werden, dass er sich nicht die ganze Schuld an dem, was geschehen ist, geben darf! Er leidet unter furchtbaren geistigen Qualen – Schuldgefühlen, Depressionen, Ängsten und Paranoia -, oft hervorgerufen durch einen entfremdeten, einst nahe stehenden Menschen oder einen grausamen Menschen im Leben des Fragestellers. Drohungen und Anschuldigungen haben einen viel zu großen Einfluss auf ihn; er könnte dabei seine Selbstachtung verloren haben. Der innere Aufruhr könnte zu Verwirrung und Selbsthass führen.

Umgekehrt: Die umgekehrte Neun der Schwerter löst den Schmerz schön auf. Hoffnungen, neue Zuversicht und die Zeit helfen dem Ratsuchenden, die Wunden zu heilen. Richtig herum bedeutet die Neun der Schwerter Schmerz, Verlust und Leid, was zumindest zum Teil durch eigene (rachsüchtige und grausame) Handlungen und Einstellungen bedingt wurde. In umgekehrter Stellung sagt die Karte: »Morgen ist ein neuer Tag!« Schmerz ist hier verbunden mit Zuversicht.

Raten Sie dem Fragesteller, geduldig zu sein und Mut zu fassen – seine Lage wird sich bessern!

Neun der Münzen

Ein Garten ist gut gediehen; die Trauben symbolisieren Fruchtbarkeit, und der auf einem Spalier gezogene Wein steht für eine sorgfältige Bestellung des Bodens. Die abgebildete Frau hat hart für all das gearbeitet und ist dabei gewissenhaft und umsichtig zu Werke gegangen. Finanzieller Gewinn, größere Sicherheit, Stabilität, Selbstbewusstsein und Unabhängigkeit sind die Ergebnisse. Wichtige Eigenschaften dieser Karte sind auch Selbstvertrauen, die Fähigkeit, zu wissen, was gut für einen ist, und die Klugheit, dann auch entsprechend zu handeln. Der Vogel symbolisiert den Verstand und seine Weisheit; die Frau, die den Vogel abgerichtet hat, lehrt ihn auch, weise zu denken.

Wenn es bei der Frage um einen Beruf geht, repräsentiert sie eine unabhängige Arbeitssituation oder eine Tätigkeit, bei der man die Bedingungen selbst bestimmen kann.

Umgekehrt: Entbehrung tritt mit der umgekehrten Neun der Münzen auf den Plan. Allgemein zeigt diese Karte einen Verlust (in richtiger Stellung: Gewinn) bezüglich der gestellten Frage. Es kann zu törichten, unklugen Handlungen kommen; der Ratsuchende ignoriert seine eigene innere Stimme und Weisheit in der Angelegenheit.

DIE ZEHNEN
Die Zehnen stehen für Vollendung und Abschluss.

Zehn der Stäbe

Der auf der Zehn der Schwerter abgebildete Mann hat die schwere Last von Arbeit und Verantwortung zu tragen. Er muss wohl lernen, einen Teil dieser Bürde auf andere Schultern zu laden und sich von Sorgen zu befreien, die gar nicht die eigenen sind. Stattdessen harrt er aus, doch manche seiner Pläne tragen keine Frucht. Die Karte steht für Unterdrückung und manchmal auch für Niederlagen bei den angestrebten Zielen, da der Ratsuchende sich übernommen hat. Unternehmungen werden oft nicht abgeschlossen, weil er sich zu viel aufgebürdet hat und deshalb nicht genug Zeit fand, sie zu erfüllen. Warnen Sie ihn, damit er einen totalen Fehlschlag abwenden kann.

Bei der Gesundheit sehen wir Rücken-, Muskel-, Knochen- und manchmal Herzprobleme. Warnen Sie den Ratsuchenden, sich nicht mit Verantwortung und körperlicher Überanstrengung zu übernehmen. Dies könnte zu Krankheit führen. Die Karte steht für Fehlschläge: Der Wille eines anderen könnte über den des Fragestellers siegen.

Umgekehrt: Auch dann zeigt die Karte schwere Belastungen und Probleme an, doch jetzt könnte der Fragesteller Opfer der bösen Absichten eines anderen werden. Eine weitere Interpretation ist, dass der Ratsuchende selbst ein egoistisches Ziel anstrebt und dabei jede Rücksicht vermissen lässt. Die Interpretation für die Gesundheit ist dieselbe wie richtig herum.

Zehn der Kelche

Auf der Zehn der Kelche wird ein glücklicher Abschluss dargestellt. Das wichtigste Symbol ist der Regenbogen, der auf Versprechen für die Zukunft hinweist und auf einen Schutz für das Wohlergehen des Ratsuchenden, jetzt und künftig. Die Zehn der Kelche repräsentiert Zufriedenheit. Sie ist vor allem eine Familienkarte und bedeutet Harmonie und wahre Liebe. Eine große Ruhe legt sich über die Situation und bringt bezüglich der gestellten Frage Erfüllung mit sich. Die Karte kann für eine Ehe, Partnerschaft oder eine andere Verbindung stehen, die die besten Aussichten hat, dauerhaft und stark zu sein.

Umgekehrt: Hier sehen wir das Gegenteil von Vollendung und Zufriedenheit. Wir finden kurzlebige Beziehungen vor, Unzufriedenheit, fehlende Erfüllung und Streit. Oft zerbricht eine neue oder bereits ältere Beziehung, oder ein Projekt scheitert.

Die Bedeutung der Karten

Zehn der Schwerter

Die auf dieser Karte abgebildete Situation ist trostlos. Wir sehen Schwerter, die zuletzt den Mann durchbohren. Wir haben es mit Niederlage oder Unglück zu tun. Der Himmel ist düster – doch nicht alle Hoffnung ist verloren!

Der Untergang kann unerwartet eintreffen, wenn er bei der letzten Schwerter-Karte auftritt. Diese Zehn ist allerdings nicht immer so verhängnisvoll, wie sie aussieht: Sie steht für Pläne, die schief gehen, und zwar in allen Bereichen, vom Urlaub bis zum Beruf. Das kann die Grundlage für eine neue Entwicklung sein; manchmal ist die Niederlage aber tatsächlich komplett und bringt dem Fragesteller schweren Verlust und Misserfolg. Vielleicht holen den Ratsuchenden seine früheren Gedanken und Handlungen ein und er erntet die Früchte einer Situation, die er schlecht gehandhabt hat. Die Zehn der Schwerter kann jedoch auch für eine Niederlage stehen, bei der den Ratsuchenden keine Schuld trifft.

Eine Schlacht wurde verloren. Die Pläne und Projekte des Ratsuchenden könnten damit zum Scheitern verurteilt sein. Seine Hoffnungen könnten zerrinnen und seine Anstrengungen vergeblich sein.

Umgekehrt: Eine negative Situation bessert sich allmählich. Vielleicht hat der Ratsuchende seine Einstellung geändert oder höhere Mächte um Hilfe angerufen; jedenfalls verlässt er sich nicht mehr allein auf sich selbst, seine eigene Intelligenz und Persönlichkeit, um diese stürmischen Zeiten durchzustehen. Negative Einflüsse werden durch die Kraft des Gebetes überwunden. Ein Hoffnungsstrahl erhellt die Situation des Fragenden: Vielleicht ist doch nicht alles verloren!

Zehn der Münzen

Die Zehn der Münzen ist die Reichtumskarte, sie steht für erreichte Stabilität sowie sichere finanzielle und familiäre Umstände. Die Familie steht für die Generationen, für Abstammung und Erbschaften. Ihr Wohlstand und ihre angesehene Stellung sind offensichtlich und werden durch das Gut und den mit ihm verbundenen Überfluss symbolisiert. Tradition, Abstammung und Ruf spielen eine wichtige Rolle. Wenn die Zehn der Münzen richtig fällt, ist in dieser Hinsicht alles in Ordnung.

Der Fragesteller könnte bei einer großen Firma oder im Öffentlichen Dienst arbeiten oder hat mit solchen Stellen geschäftlich zu tun, wenn die Zehn der Münzen erscheint. Allgemein kann man aus dieser Karte gesicherte, gut fundierte, starke Bedingungen ablesen. Sie kann außerdem Sicherheit und Stabilität für jede Angelegenheit, nach der der Ratsuchende fragt, anzeigen. Situationen werden auf bewährte Art und Weise gehandhabt.

Die Karte zeigt auch den Übergang von einem Lebensabschnitt in den nächsten. Der Übergang kann von ledig zu verheiratet, abhängig zu unabhängig, arbeitslos zu angestellt sein; es kann sich auch um eine Änderung im Einkommen oder der gesellschaftlichen Stellung handeln.

Umgekehrt: Wir finden hier das Gegenteil von Sicherheit vor. Der Ruf des Ratsuchenden, seiner Familie oder seiner Kollegen könnte in Gefahr, seine eigene finanzielle oder familiäre Situation unsicher sein. Bei Geschäften mit großen Firmen oder der Regierung könnten Schwierigkeiten oder Verzögerungen auftreten.

Alle finanziellen Veränderungen, besonders im Zusammenhang mit Spekulationen, Investitionen, Verkäufen, Kauf und Handel sollten wegen der instabilen wirtschaftlichen Lage (persönlich oder landesweit) vermieden werden. Alle finanziellen Risiken sollten ausgeschaltet werden, unabhängig davon, was der Ratsuchende sich zutraut.

Übungen zu den Neunen und Zehnen

Füllen Sie die Lücken im nachfolgenden Text aus.

Die Neunen

1. Welche Neun repräsentiert eine Niederlage oder einen Fehlschlag? ....
   ....
2. Welche Neun zeigt die Qualitäten von Verteidigung und Wachsamkeit?
   ....
3. Die Neun der .... bedeutet, dass emotionale Hoffnungen erfüllt und Überfluss erreicht wurde.
4. In der Neun der .... erreichen wir materiellen Reichtum und Wohlstand. Darüber hinaus erlangen wir inneren Reichtum, Weisheit und Selbstvertrauen.
5. Was fällt Ihnen bei der Symbolik der Neun der Stäbe auf, und wie spiegelt sich das in der Bedeutung der Karte wider? ....
6. a) Was wird bei der Neun der Kelche durch die Körpersprache ausgedrückt?
   ....
   b) In welchem Zusammenhang steht das mit der Bedeutung dieser Karte?
   ....

Die Bedeutung der Karten

7. Die auf der Neun der Schwerter abgebildete Szene vermittelt den klaren Eindruck von ....
8. Die Frau auf der Neun der Münzen beherrscht ihre Gedanken und ihr Leben selbst. Das wird durch .... symbolisiert.
9. Die meisten Neunen sind negative Karten, wenn sie umgekehrt fallen, mit Ausnahme von:
   a) der Neun der .... umgekehrt,
   b) deren Bedeutung dann .... ist.
10. In der richtigen Stellung repräsentieren die Neunen Erreichtes; umgekehrt bedeuten sie daher einen Verlust oder fehlende Erfüllung.
    a) Welche Art von Verlust symbolisiert die Neun der Stäbe? ....
    b) Wie kam es zu diesem Verlust? ....
11. a) Bei der umgekehrten Neun der Kelche sehen wir den Verlust von ....
    ....
    b) Wie kam es dazu? ....
12. Welche Art des Verlustes beinhaltet die umgekehrte Neun der Münzen?
    ....
13. Wie hätte dieser Verlust verhindert werden können? ....
    ....

Die Zehnen

1. Zwei der Zehnen bedeuten Sicherheit und Stabilität in der Familie. Wenn sie aber umgekehrt stehen, zeigen sie familiäre Probleme und Unsicherheit an. Diese beiden Zehnen sind .... und ....
2. Bei den beiden anderen Zehnen kommt es zu einem Fehlschlag. Das sind die Zehn der .... und die Zehn der ....
3. Eine Zehn weist speziell auf gesundheitliche Probleme hin: die Zehn der ....
4. a) Welche gesundheitlichen Probleme können auftreten? ....
   ....
   b) Wodurch könnten sie verursacht werden? ....
5. a) Bei der umgekehrten Zehn der Stäbe hat sich die Situation ....
   b) Welcher neue Einfluss ist zum Tragen gekommen, und was ist passiert? ....
   ....
6. Die andere negative Zehn, die Zehn der Schwerter, hat eine positivere Bedeutung, wenn sie umgekehrt steht. Welche Verbesserung hat stattgefunden, und warum?
   ....

Fragen zu Neunen und Zehnen

7. Der Regenbogen auf der Zehn der Kelche und der Torbogen auf der Zehn der Münzen haben die gleiche gebogene Form ....
   a) Wofür stehen diese beiden Symbole? ....
   b) Wie schlägt sich das in der Bedeutung der beiden Karten nieder? ....
   ....

Ordnen Sie die Begriffe bezüglich der richtig liegenden Karten einander zu.

- ☐ 1. Neun der Stäbe
- ☐ 2. Neun der Kelche
- ☐ 3. Neun der Schwerter
- ☐ 4. Neun der Münzen

- ☐ 5. Zehn der Stäbe
- ☐ 6. Zehn der Kelche
- ☐ 7. Zehn der Schwerter
- ☐ 8. Zehn der Münzen

a) Weisheit bringt Unabhängigkeit
b) Schuldgefühle, seelische Grausamkeit
c) Die Belastungen werden zu groß
d) Projekte schlagen fehl

e) Tradition und Übergang
f) Wachsamkeit und Aufmerksamkeit
g) Zufriedenheit
h) Erfüllung von Wünschen

Ordnen Sie die jeweiligen Begriffe bezüglich der umgekehrten Karten einander zu.

- ☐ 1. Neun der Stäbe
- ☐ 2. Neun der Kelche
- ☐ 3. Neun der Schwerter
- ☐ 4. Neun der Münzen

- ☐ 5. Zehn der Stäbe
- ☐ 6. Zehn der Kelche
- ☐ 7. Zehn der Schwerter
- ☐ 8. Zehn der Münzen

a) Heilung
b) Instabilität
c) Absichtliche, schädliche Handlungen
d) Ungehorsam, Streit

e) Verlust, Überhören der inneren Stimme
f) Unersättlichkeit, Exzesse
g) Überrumpelung
h) Hilfe durch Gebete

Die Bedeutung der Karten

Richtig oder falsch (r/f)?
- 1. Die Neun der Münzen kann für Arbeit im Öffentlichen Dienst oder in einer großen, gut etablierten Firma stehen.
- 2. Der Zehn der Münzen wird eine unabhängige Beschäftigung, bei der man sein eigener Herr ist, zugeschrieben.
- 3. Gute Zeiten mit hervorragendem Essen, fröhlichen Menschen und geselligen Vergnügungen – das ist die Hauptbedeutung der Zehn der Kelche.
- 4. Mit der Neun der Kelche verbindet man dauerhafte Beziehungen und stabile, befriedigende Umstände.
- 5. Die umgekehrte Neun der Stäbe fordert uns auf, gewappnet und bereit zu sein, um ein erneut auftretendes Problem zu bewältigen.
- 6. Die Neun der Münzen signalisiert finanzielle Verluste.
- 7. Die Neun der Schwerter steht für die Kraft des Gebets und die Überwindung des Untergangs.
- 8. Verlust, geistige Verwirrung und Paranoia, über die der Ratsuchende wenig Kontrolle hat, sind die Qualitäten der Zehn der Schwerter.

Lösungen

Lückentest zu den Neunen
1. Die Neun der Schwerter
2. Die Neun der Stäbe
3. Die Neun der Kelche
4. In der Neun der Münzen
5. Der Kopfverband des Mannes deutet auf frühere Konflikte hin. Der Mann ist wachsam und hat eine Verteidigungshaltung eingenommen.
6. a) Die Körpersprache der verschränkten Arme scheint zu sagen: »Schaut mal, was ich habe!« Der Mann ist zufrieden und freut sich über das Erreichte.
   b) Das steht in direktem Zusammenhang mit der Bedeutung der Karte: Überfluss in materiellen Dingen und Genuss der sinnlichen Aspekte des Lebens.
7. Die auf der Neun der Schwerter abgebildete Szene vermittelt den Eindruck von Leid und verzweifeltem Weinen, die Hauptbedeutung dieser Karte.
8. Der Vogel, ein Symbol für ihren Verstand, ist gezähmt worden und bedeutet die Fähigkeit, die eigene Einstellung, Gedanken und Gedankengänge zu kontrollieren.

9. a) Schwerter
   b) Neue Hoffnung, die heilende Wirkung der Zeit
10. a) Es handelt sich um den Verlust von Rechten und Positionen.
    b) Es ist zu Rückschlägen gekommen, weil der Fragesteller sich überrumpeln ließ oder einfach zu feige war, für seine Rechte einzutreten.
11. a) Verlust von Geld und Liebe, auch von Genuss ist in der Neun der Kelche in umgekehrter Position eingetreten.
    b) Durch Verschwendung, Exzesse und Unersättlichkeit
12. Bei der umgekehrten Neun der Münzen sehen wir finanzielle und ganz allgemeine Verluste und auch den Verlust von Selbstvertrauen und dem Glauben an das eigene Wissen.
13. Das hätte durch Hören auf die innere Stimme verhindert werden können.

Lückentest zu den Zehnen

1. a) Kelche
   b) Münzen
2. a) Schwerter
   b) Stäbe
3. Stäbe
4. a) Probleme mit Wirbelsäule, Herz, Rücken, Knochen und Gliedmaßen
   b) Dies wurde dadurch verursacht, dass man sich zu viel aufgeladen hat, entweder geistig oder physisch, manchmal aber auch beides. Durch größere Vorsicht und den Abbau der Belastungen hätte dies vermieden werden können.
5. a) Die Situation hat sich verschlechtert.
   b) Der neue Einfluss ist die Selbstsucht eines anderen, der Forderungen stellt und manipuliert, so dass der Fragesteller eine Niederlage erleidet.
6. Die negativen Bedingungen schwächen sich ab. Das könnte durch Gebete oder eine Veränderung der Einstellung bewirkt worden sein.
7. a) Die beiden Symbole stehen für Schutz und versprechen den Fortbestand der gegenwärtigen Sicherheit und Harmonie.
   b) Beide Karten können für eine geschützte (Zehn der Kelche) beziehungsweise eine stabile Familie und finanzielle Sicherheit (Zehn der Münzen) stehen.

Die Bedeutung der Karten

Zuordnung
Bedeutung in richtiger Stellung

1. f 3. b 5. c 7. d
2. h 4. a 6. g 8. e

Bedeutung in umgekehrter Stellung

1. g 3. a 5. c 7. h
2. f 4. e 6. d 8. b

Richtig oder falsch

1. Falsch – Es ist die Zehn der Münzen.
2. Falsch – Es ist die Neun der Münzen.
3. Falsch – Das ist die Hauptbedeutung der Neun der Kelche.
4. Falsch – Es ist die Zehn der Kelche.
5. Falsch – Wenn die Karte umgekehrt fällt, sind wir unvorbereitet.
6. Falsch – Dies ist die Bedeutung der umgekehrten Karte.
7. Falsch – Das ist die Bedeutung für die umgekehrte Zehn der Schwerter.
8. Falsch – Das gilt für die Neun der Schwerter.

Aufgabe

Siehe Lektion 8.

Lektion 8: Aufgabe zu den Siebenen, Achten, Neunen und Zehnen

Da wir in dieser Aufgabe nur die Sieben, Acht, Neun und Zehn benutzen, werden wir auch hier die Zahlenbewertung und das Zählen der Satzkarten auslassen. Wir berücksichtigen aber erstmals das Abheben, damit Sie sich mit diesem Teil der Lesung Schritt für Schritt vertraut machen können.

SIGNIFIKATOR
Signifikatorkarte ist die Königin der Münzen. Wie deuten Sie diese Karte in ihrer wichtigen Funktion?

DAS ABHEBEN
1. Für die Vergangenheit liegt die umgekehrte Neun der Stäbe. Wie deuten Sie das?
2. Für die Gegenwart liegt die Sieben der Kelche. Wie deuten Sie das?
3. Für die Zukunft liegt die umgekehrte Acht der Schwerter. Wie deuten Sie das?

DIE AUSLEGUNG
1. Position 1 – Im Moment wird die Erfahrung der Zehn der Schwerter durchlebt. Was bedeutet das?
2. Position 2 – Hindernisse, die den Weg der Ratsuchenden kreuzen, werden bei der Sieben der Stäbe gesehen. Was bedeutet das?
3. Position 3 – Als Karte für die Vergangenheit liegt die umgekehrte Acht der Kelche.
   a) Was bedeutet das?
   b) Welche Motivation steht hinter der Frage der Ratsuchenden?
4. Position 4 – Die umgekehrte Acht der Stäbe. Was ist vor kurzem geschehen? Beschreiben Sie eine mögliche Situation.
5. Position 5 – Möglicherweise könnten die Kräfte, die bei der umgekehrten Zehn der Stäbe ausgedrückt wird, die Zukunft der Ratsuchenden negativ beeinflussen. Erläutern Sie das.
6. Position 6 – Nun erscheint die Sieben der Münzen – was bedeutet das?
7. Position 7 – Die umgekehrte Neun der Münzen sagt uns, was die Ratsuchende im Sinn hat. Um was handelt es sich?
8. Position 8 – Die Zehn der Kelche. Wie stehen die Freunde und Familie der Ratsuchenden zu ihr?
9. Position 9 – Hoffnungen werden mit der umgekehrten Neun der Schwerter ausgedrückt. Worauf weist das hin?
10. Position 10 – Die umgekehrte Sieben der Schwerter. Welches Endergebnis ist bezüglich der Frage zu erwarten?

Lösungen

SIGNIFIKATOR

Die Königin der Münzen lebt in gesicherten Umständen oder ist eine Frau, die eine Frage zu ihrer Sicherheit stellt. Da sie sich für die Münzen entschieden hat, könnte es dabei um eine finanzielle oder berufliche Angelegenheit gehen.

DAS ABHEBEN

1. Die umgekehrte Neun der Stäbe zeigt an, dass die Ratsuchende sich in der Vergangenheit mit widrigen Umständen konfrontiert sah, die sie nicht vorausgesehen hatte. Sie könnte gedacht haben, dass ein bestimmtes Problem hinter ihr läge. Doch dann tauchte es wieder auf, zu einem Zeitpunkt, als sie am wenigsten damit rechnete. Sie wurde überrumpelt und war nicht in der Lage, sich zu verteidigen. Sie ließ zu, dass die Situation sie beherrschte.
2. Die Sieben der Kelche in der Gegenwart zeigt, dass die Ratsuchende von Unsicherheit gequält wird. Ihre Gefühle vernebeln ihr Denken, ihre Gedankengänge sind daher verschwommen. Ihre Bedürfnisse scheinen vage und undefiniert zu sein. Man sollte sie davor warnen anzunehmen, dass sie das Problem jetzt im Griff habe, denn das könnte ein Trugschluss sein. Sie kann sich nicht entscheiden, was sie vom Leben will, und ist sich ihrer Prioritäten und Motive nicht sicher – aus diesem Grund trifft sie gar keine Entscheidung.
3. Die umgekehrte Acht der Schwerter für die Zukunft verrät uns, dass die Ratsuchende ihre gegenwärtige Unentschlossenheit überwinden und sich von ihren Ängsten befreien wird. Es wird vorwärts gehen.

DIE AUSLEGUNG

1. Die Zehn der Schwerter weist darauf hin, dass die Frage der Ratsuchenden etwas mit einem Fehlschlag oder Zusammenbruch zu tun hat.
2. Die Sieben der Stäbe beschreibt Auseinandersetzung und Konfrontation. Die Ratsuchende hat es im Augenblick mit widrigen Umständen zu tun, die einen Höhepunkt erreicht haben: Sie muss sich ihnen stellen. Sie besitzt Mut und Tapferkeit, was ihr dabei helfen dürfte, ihre Position zu verteidigen. Die Behinderungen sind in ihrem Fall Schwierigkeiten, denen sie sich stellen muss.
3. Die umgekehrte Acht der Kelche in der Vergangenheit (Position 3) bedeutet, dass
   a) gute Zeiten und günstige Bedingungen hinter der Ratsuchenden liegen und dass
   b) sie vielleicht wissen möchte, ob diese sorgenfreie Zeit irgendwann zurückkehren wird.
4. Die umgekehrte Acht der Stäbe beschreibt eine noch nicht lange zurückliegende Situation, die zu starkem Druck führte. Vielleicht wurde eine Angelegenheit zu stark forciert.

5. Die Ratsuchende könnte auch in Zukunft tyrannischem Verhalten und Widerstand ausgesetzt sein. Jemand könnte versuchen, sie weiter zu unterdrücken. Sie könnte durch Einmischung und Manipulation weiter negativ beeinflusst werden.
6. In der nahen Zukunft wird die Ratsuchende ernsthaft in sich gehen und sich umorientieren. Sie hat das Gefühl, dass in ihrem Leben etwas fehlt. Sie wird sich daher die Zeit nehmen, innezuhalten, über ihre Arbeit nachzudenken und sich fragen, ob sie so weiter machen soll. Es könnte sein, dass ihre Ziele sich geändert haben.
7. Die Ratsuchende ist verunsichert. Sie hat das Gefühl, in dieser Sache ihrer eigenen Intelligenz nicht trauen und sich daher nicht auf sich verlassen zu können. Sie denkt über Verluste nach.
8. Ihre Freunde und ihre Familie leisten Hilfestellung. Sie werden ihr zur Seite stehen und in dieser sehr unsicheren Lebensperiode Schutz und Sicherheit geben. Ein anderer Weg, diese Kartenplatzierung zu deuten, ist, dass ihre Freunde und die Familie sie in sicheren und zufriedenstellenden Umständen sehen.
Ich würde die erste Interpretation wählen, da der generelle Ton dieser Lesung mit Katastrophe und Konflikt zu tun hat. Es ist daher wahrscheinlicher, dass Freunde und Familie über ihre schwierige Lage Bescheid wissen und ihr Trost und Zuflucht bieten.
9. Die Zeit wird helfen, die Situation zu verbessern. Ihre Gefühle und neues Selbstvertrauen kehren zurück.
10. Die Ratsuchende wird in Zukunft durchaus in der Lage sein, mit neuen Situationen umzugehen; Jemand wird sich bei ihr entschuldigen. Sie wird ein positives Selbstbild entwickeln und dadurch sicherstellen, dass sie sich für einen konstruktiven Weg entscheidet. Möglicherweise wird sie positive, hilfreiche Ratschläge erhalten und sie auch befolgen. Wenn wir das Ergebnis mit der möglichen Zukunft vergleichen, sehen wir entgegengesetzte Karten. In solchen Fällen sollten Sie die Bedeutung der Karte für die mögliche Zukunft als Warnung vor Fußangeln ansehen. Angesichts der umgekehrten Zehn der Stäbe würden wir die Ratsuchende vor zukünftigen Manipulationen und unfairem Verhalten von seiten anderer warnen und ihr raten, auf die eigenen Pläne zu achten. Ihre Zukunft sieht erfreulicher aus, wenn wir uns an die Karte auf dem Abhebestapel erinnern, die umgekehrte Acht der Schwerter. Sie wird der Ratsuchenden befreiende Umstände bringen. Möglicherweise wird sie ihren Kopf frei bekommen und die Entscheidung treffen, sich selbst zu helfen bzw. professionelle Hilfe zu suchen (umgekehrte Sieben der Schwerter). Sie wird ihre Ängste besiegen und sich von der Einmischung anderer befreien. Es könnte ihr gelingen, die Unterdrückung abzuschütteln, die sich als Thema durch ihre ganze Lesung zieht (jeweils umgekehrte Acht, Neun und Zehn der Stäbe).

Die Bedeutung der Karten

Lektion 9: Regeln für die Deutung der Hofkarten

Wenn in einer Auslegung Hofkarten vorkommen, müssen Sie sich erkundigen, ob es bei der Frage des Ratsuchenden um andere Menschen geht. Vielleicht möchte er wissen, was eine oder mehrere Personen aus seinem Umfeld in der Zukunft tun werden. Eine andere Möglichkeit beim Erscheinen von Hofkarten ist, dass der Ratsuchende nach einer Situation zwischen ihm und jemand anderem fragt.

Er wird dann entweder bestätigen, dass es auch um andere geht, oder sagen, dass keine anderen Leute in der Lesung beteiligt sind und es im Wesentlichen nur ihn selbst betrifft.

Das ist der erste Schritt bei der Deutung von Hofkarten. Von dem Punkt an, da der Ratsuchende Ihre Nachfrage bejaht oder verneint hat, können Sie die Hofkarten richtig interpretieren.

Die Deutung bei Beteiligung anderer

Falls der Ratsuchende bestätigt hat, dass seine Frage nicht nur ihn selbst betrifft, interpretieren Sie die Hofkarten nach folgenden Kriterien:
- nach den Positionen, in die sie gefallen sind
- nach den Charaktereigenschaften, die diesen Karten zugeschrieben werden.

Die Position (zum Beispiel gegenwärtiger Einfluss, Hoffnungen und Ängste, Ergebnis) zeigt an, **wann** der oder die betreffende Person etwas mit der Frage des Ratsuchenden zu tun hatte. Durch die Beschreibung der Eigenschaften erfährt der Ratsuchende, **wer** die betreffende Person ist.

Eine Alternative zur Frage, ob andere beteiligt sind, ist, dass Sie sich erst mit der Hofkarte beschäftigen, wenn Sie bei der Deutung auf sie stoßen. Auch dann müssen Sie sich bei Ihrer Interpretation auf die Position der Karte und die mit ihr verbundenen Charaktereigenschaften stützen. Wenn Sie die Hofkarte in Bezug auf Persönlichkeit und Position lesen, fragen Sie den Ratsuchenden, ob er in der betreffenden Person Jemanden erkennt, der etwas mit seiner Frage zu tun hat, oder ob die Beschreibung auf ihn selbst zutrifft.

BEISPIEL 1

Die umgekehrte Königin der Münzen ist in die jüngere Vergangenheit einer Ratsuchenden gefallen.

Tarotleserin: »Geht es bei Ihrer Frage auch um andere Menschen?« oder »Bei Ihrer Frage scheint es auch um andere Menschen zu gehen. Stimmt das?«

Fragestellerin: »Ja, es geht auch um andere!«

Tarotleserin: »In die Position für Ihre jüngere Vergangenheit ist die Königin der Münzen gefallen. Sie steht für eine unsichere Frau, die von Ängsten und Selbstzweifeln zerrissen wird. Sind Sie diese Frau, oder handelt es sich um eine Frau aus Ihrem persönlichen Lebensumfeld?«

Meist wird eine kooperative Ratsuchende Ihnen dann mitteilen, ob Ihre Deutung auf ihr eigenes Verhalten in der jüngeren Vergangenheit passt oder eher auf das Verhalten von jemand anderem.
Sollte die Ratsuchende bei der Beantwortung Ihrer Frage nicht kooperativ sein – möglicherweise ist sie nervös, oder Ihre Frage bedrückt sie – können Sie sagen: »Vor kurzem hat eine unsichere Frau Einfluss auf Ihre Frage gehabt. Dabei könnte es sich um Sie selbst handeln, aber auch um eine andere Frau, die etwas mit Ihrer Frage zu tun hatte.« Setzen Sie die Deutung dann fort.

BEISPIEL 2

Der König der Kelche ist in der zweiten Position als Hilfe oder Hindernis zu deuten. Die Karte in dieser Position lesen wir immer so, als ob sie richtig liegen würde (vgl. hierzu: Bedeutung der verschiedenen Kartenpositionen, S. 29). Die Karte in Position 1 (gegenwärtiger Einfluss) muss ebenfalls berücksichtigt werden, da beide Positionen zusammengehören. Die Karte für den gegenwärtigen Einfluss ist die Zwei der Kelche. Sie deutet an, dass es bei der Frage um eine Gefühlsangelegenheit im weitesten Sinne geht. Im Augenblick geht es um eine Liebesbeziehung und das Teilen zwischen Menschen, die sich nahe stehen.

Tarotleserin: »In der Position für den gegenwärtigen Einfluss liegt die Zwei der Kelche. Das heißt, Sie stellen jetzt eine Frage, in der es um eine Beziehung geht oder darum, dass Sie mit jemand anderem etwas teilen. Die zweite Karte (in der Position für Hilfen oder Hindernisse) ist der König der Kelche. – Haben Sie sich nach einem Mann erkundigt, der reif und emotional ausgeglichen, freundlich und verständnisvoll ist und mit dem man gut reden kann? Beeinflusst er Ihre Frage?«

Fragestellerin: »Ja, es gibt einen Mann, auf den diese Beschreibung passt.«

Tarotleserin: »Da die Farbe der Kelche sowohl in der Position für Hilfen oder Hindernisse als auch in der Position für die Gegenwart auftaucht, gehe ich davon aus, dass Sie diesem Mann starke Gefühle entgegenbringen und er in Ihrem Leben eine hilfreiche Kraft darstellt.«

Falls die Auslegung beunruhigende Karten enthält, vor allem in der Position für den gegenwärtigen Einfluss, so könnte der König der Kelche ein Mann sein, dessen Charakter die Ratsuchende in Zweifel zieht, bei dem sie sich einfach nicht sicher ist. Sie könnte aber auch festgestellt haben, dass dieser Mann ihr Hindernisse und Widerstände in den Weg legt. Die Zukunftskarten verraten Ihnen dann, ob er zuverlässig und vertrauenswürdig ist.

Die Deutung, wenn es nur um den Ratsuchenden selbst geht

Wenn die Frage eines Ratsuchenden im Wesentlichen ihn selbst betrifft, müssen die Hofkarten als seine Charakterzüge gelesen werden. Beziehen Sie sich wieder auf die in den Hofkarten beschriebenen Persönlichkeiten und ihre jeweilige Position. Die Beschreibung der Eigenschaften bezieht sich dann auf die Persönlichkeit des Ratsuchenden, während die Position Aufschluss über den Zeitpunkt gibt, zu dem er diese Eigenschaften zum Tragen bringt.

Die Frage muss nicht unbedingt mit anderen zu tun haben. Die Situation, zu der gefragt wird, könnte zum Beispiel etwas mit dem Wissen des Ratsuchenden über sich selbst zu tun haben. So könnte er sich erkundigen, wie er sich in einer bestimmten Situation verhalten, welche Eigenschaften er für eine tiefere Selbsterkenntnis nutzen oder wie er am besten mit den Umständen umgehen sollte.

Andere Fragen, die nur den Fragenden selbst betreffen, könnten lauten: »Wie werde ich beruflich vorankommen?« – »Wie werden sich meine Investitionen auszahlen?« – »Was wird passieren, falls ich umziehe?« (Achten Sie bei der Frage auf den Zeitraum!)

BEISPIEL

Der umgekehrte Ritter der Münzen in der Vergangenheitsposition könnte als ein Mann – in diesem Fall als der Ratsuchende selbst – gedeutet werden, der leichtsinnig war und in der Vergangenheit in finanziellen Dingen unmoralisch gehandelt hat.

Auch der Ritter der Schwerter in der Position für die nahe Zukunft könnte für den Ratsuchenden stehen, aber verbunden mit einer Veränderung des Charakters oder der Einstellung. Diese Karte verrät uns, dass der Fragende in der nächsten Zeit willensstark, aggressiv und entscheidungsfreudig sein wird.

Der Bube der Münzen in der Position für die Einstellung des Ratsuchenden zeigt uns, dass er aufgeschlossen und lernwillig ist.

Natürlich könnten diese Hofkarten auch gemeinsam in einer einzigen Kartenauslegung auftauchen. Sie würden dann bezüglich der Frage noch immer für die Persönlichkeit des Ratsuchenden stehen, nicht für andere Menschen.

Falls der Ratsuchende verneint, dass es bei seiner Frage auch um andere geht, können Hofkarten in den Positionen für die Zukunft auf seine eigenen Persönlichkeits- oder Charakterzüge bezüglich mit der Frage hindeuten. Eine Hofkarte in einer Zukunftsposition kann allerdings auch anzeigen, dass es doch eine andere Person gibt, die zu den zukünftigen Umständen – von denen der Ratsuchende im Augenblick aber möglicherweise noch gar nichts weiß – beitragen wird.

Weitere Regeln für die Deutung der Hofkarten

- Die Buben können auch für Persönlichkeitszüge des Ratsuchenden stehen.
- Ritter können auf wichtige Ereignisse hinweisen.
- Buben können verschiedene Ereignisse und Umstände repräsentieren.
- Buben sind Boten in unserem Tarotdeck. Die Mitteilungen, die wir – mündlich oder schriftlich, formell oder spontan – erhalten, werden durch das Auftauchen der Buben angekündigt.
- Bei Lesungen, in denen es um Erziehungsfragen oder Familienangelegenheiten geht, stehen Buben für die Kinder. Aus der Beschreibung des betreffenden Buben können wir dann auf die Charaktereigenschaften des Kindes schließen, aber auch auf seine Lebensweise und seine beruflichen Möglichkeiten.

Beispiele zur Deutung der Hofkarten

- Eine Hofkarte in der zehnten Position zeigt an, dass eine durch sie beschriebene Person oder ein entsprechender Charakteraspekt des Ratsuchenden das Ergebnis bestimmen wird. Wann immer in der Position für das Ergebnis eine Hofkarte richtig oder umgekehrt erscheint, müssen Sie auch die folgende elfte Karte abheben.

BEISPIEL 1

Der umgekehrte Ritter der Schwerter in Position 10 würde anzeigen, dass ein Mann die Situation schnell und unerwartet verlässt. Sein Verschwinden oder seine ungerechten Drohungen könnten das Ergebnis für die Frage des Ratsuchenden sein. Eine in Position 10 fallende Hofkarte verrät uns also, dass die Frage durch einen Menschen ihren Abschluss finden wird.
Die nächstfolgende – elfte – Karte ist die umgekehrte Sechs der Stäbe. Sie sagt uns, was der oder die Betreffende tun wird. In diesem Fall wird der umgekehrt stehende Ritter der Schwerter den Ratsuchenden dazu bringen, sich minderwertig und unterlegen zu fühlen, oder ihm eine Niederlage zufügen, indem er sich statt für ihn für jemand anderen oder etwas anderes entscheidet.
Sollte auch die elfte Karte eine Hofkarte sein, müssen Sie so lange die jeweils nächste Karte abheben, bis Sie auf das angezeigte Ereignis stoßen.

BEISPIEL 2

Bei unserem zweiten Beispiel geht es um eine geschäftliche Lesung. In Position 10 liegt der Bube der Stäbe für das Endergebnis und für unerwartete gute Neuigkeiten, aber auch für Charaktereigenschaften, wie Tatkraft und Mut, die in der Zukunft verstärkt zum Tragen kommen werden.
Wie die Botschaft konkret aussehen oder was der Einsatz dieser Persönlichkeitszüge bringen wird, verrät uns die elfte Karte, die Sechs der Münzen. Sie zeigt an, dass der Ratsuchende verdiente Profite einfahren und durch Teilen ausgewogene, günstige finanzielle Verhältnisse erreichen wird.

Die Bedeutung der Karten

Lektion 10: **Die Hofkarten Buben und Ritter**

DIE BUBEN

Bei der Besprechung der Regeln für die Hofkarten haben wir festgestellt, dass die Buben für Menschen und ihren Charakter stehen können. Sie repräsentieren Persönlichkeitszüge, die wir entweder dem Ratsuchenden selbst zuschreiben oder Jemandem, um den es bei der Frage geht. Wenn es sich dabei um ein Kind handelt, so steht der Bube für dieses Kind – egal ob Junge oder Mädchen – und seine Charaktereigenschaften. Gleiches gilt bei Fragen im Zusammenhang mit der Familie. Bei Fragen, die auch andere Menschen betreffen – Kollegen, Verwandte usw.–, stehen die Buben für den Charakter oder Eigenschaften, die die Personen im Zusammenhang mit der Frage zeigen werden.

Wenn also beispielsweise ein Verein Gegenstand der Frage ist, so könnte der Bube der Stäbe bedeuten, dass der Ratsuchende oder ein anderes Vereinsmitglied nach der Devise »Volldampf voraus!« handelt. Dagegen würde der Bube der Schwerter bei einer Lesung im Zusammenhang mit der Arbeit und dem Kollegenkreis darauf hinweisen, dass diplomatisches Vorgehen, Anpassungsfähigkeit und Gesprächsbereitschaft erforderlich sind.

Die Buben können aber auch für Ereignisse stehen. Lesen Sie die Buben im Zusammenhang mit der gestellten Frage: Der Bube der Stäbe repräsentiert ein dynamisches, plötzliches Ereignis, der Bube der Kelche die Entwicklung einer Idee. Der Bube der Schwerter hat etwas mit Spionieren zu tun, und der Bube der Münzen steht für ein Ereignis aus dem Bereich von Schule und Bildung. Schließlich können die Buben auch eine Botschaft »bringen«. Ihr Satz zeigt dann die Art der Botschaft an: Der Bube der Stäbe steht für günstige Nachrichten, der Bube der Kelche für eine Eingebung. Beim Buben der Schwerter ist die Botschaft beunruhigend, beim Buben der Münzen neutral.

Bube der Stäbe

Der Bube der Stäbe besitzt die Eigenschaften, die für alle Stäbe-Hofkarten typisch sind: Enthusiasmus, Tatkraft, Persönlichkeit, Aufgeschlossenheit, Bereitschaft zum Wettbewerb, Freigebigkeit, Ehrgeiz und Mut. Dieser Bube geht Risiken ein, ist attraktiv und intelligent. Solche Menschen lieben das Rampenlicht und setzen ihre natürlichen Führungsqualitäten gern ein.

Die für die Feuerzeichen Widder, Löwe und Schütze charakteristischen Farben finden wir als Rot, Orange, Gelb und Gold in der Kleidung des Buben wieder. Da der Jugendliche zum Satz des Feuers gehört, ist er ehrgeizig, kann großen Mut und viel Energie an den Tag legen und sich als Führer bewähren. Beide, Kinder wie Erwachsene, können außerdem noch als konkurrenzbewusst, ehrgeizig, impulsiv, großzügig und innovativ beschrieben werden. Meist haben Sie das Bedürfnis, im Mittelpunkt der Aufmerksamkeit zu stehen. Um sich einen Platz im Rampenlicht zu sichern, schlagen sie die verschiedensten Wege ein: Manche profilieren sich im Sport, am Theater, in der Werbung, der Politik, im Verkauf, in Lehrberufen oder allgemein im Umgang mit Menschen.

Sollte dieser Bube etwas mit einer Nachricht zu tun haben, wäre diese dann ermutigend, wenn er in der richtigen Position steht. Falls er ein Ereignis repräsentiert, so heißt es, sich wagemutig und entschlossen in ein neues Vorhaben zu stürzen.

Umgekehrt: In dieser Stellung wird der Bube der Stäbe so ziemlich alles tun, um die Aufmerksamkeit auf sich zu ziehen. Sein Bedürfnis nach Liebe und Zuwendung kann zu schlechtem Benehmen und zerstörerischen Handlungen führen. Seine Geltungssucht treibt ihn dazu, sich unmoralischer Mittel zu bedienen. Er wird ein Prahlhans, macht aus jeder Mücke einen Elefanten, kann sehr eifersüchtig sein und wird reizbar und launisch, egal welches Alter er hat.

Wenn neben dem umgekehrten Buben der Stäbe ein ebenfalls umgekehrter Ritter oder König liegt und es bei der Frage um eine Liebesbeziehung geht, so könnte diese von einem Mann unglücklich beeinflusst werden. Bei Fragen zum emotionalen Bereich kann das durch die Karte angezeigte Ereignis bedeuten, dass ein Herz gebrochen wird. Neuigkeiten fallen meist unerfreulich und beunruhigend aus..

Bube der Kelche

In der besänftigenden und empfänglichen Natur dieses Buben kommt das astrologische Wasserelement von Krebs, Skorpion und Fischen zum Ausdruck. Es ist leicht, die Verbindung zu den emotionalen Konzepten herzustellen, für die die Hofkarten der Kelche stehen: Liebe und Gefühle fließen; die Betreffenden sind tröstend, anziehend und empfänglich.

Auch die Kleidung des Buben der Kelche spiegelt das Wasser wider, den Jugendlichen sehen wir in den Farben des Meeres, in Blau- und Grüntöne, gekleidet. Hinter ihm oder ihr fließt Wasser, ein Fisch taucht aus dem Kelch auf.

Bei Kindern und Erwachsenen bedeutet der Bube der Kelche – wie alle Hofkarten dieses Satzes – : Mitgefühl, Empfindsamkeit, Fantasie, Herzensgüte, Freundlichkeit, künstlerische Begabungen und Intuition. Künstlerische oder humanitäre Neigungen können durch die geeignete Ausbildung und viel Selbstdisziplin zum Beruf gemacht werden. Ermutigen Sie also zu Selbstdisziplin in der Ausbildung, damit sich dieses Talent entfalten kann. Der Bube der Kelche kann eine Idee, ein kreativer Gedanke oder ein Traum sein, über den der Ratsuchende nachdenkt, symbolisiert durch den Fisch, der aus dem Kelch aufsteigt.

Die Bedeutung der Karten

Dieser Bube kann eine Eingebung oder eine Botschaft aus dem eigenen Unterbewusstsein repräsentieren, aber auch die Anzeige einer Geburt oder Hochzeit oder eine wichtige Mitteilung, durch die die Kreativität angeregt wird.

Umgekehrt: Im Hinblick auf die Begabungen dieses Buben ist Disziplin erforderlich. Solche Menschen leben nicht selten in ihrer eigenen Welt und laufen vor der Wirklichkeit davon, indem sie zu Alkohol oder Drogen greifen, in Träume versinken oder auf andere Weise vor der Realität fliehen. Dieser Bube könnte zum Einsiedler werden, statt Freundschaften zu schließen und sich in das gesellschaftliche Leben einzufügen. Aus Angst, zurückgestoßen zu werden, werden diese Menschen mehr und mehr verunsichert und ziehen sich zurück. Sie können in eine Traumwelt abtauchen oder verschwenden ihre Zeit und werden verantwortungslos. Ihre Begabungen liegen brach. Die Karte kann für einen liebenswerten, aber sehr verwöhnten, schwachen Menschen stehen, der zu viel erwartet und zu wenig gibt.

Der umgekehrte Bube der Kelche bringt vielleicht intuitive Botschaften, die der Ratsuchende aber nicht beachtet.

Bube der Schwerter

Die anregenden Qualitäten und intellektuellen Eigenschaften der durch den Satz der Schwerter repräsentierten Luftzeichen Zwillinge, Waage und Wassermann werden bei den Hofkarten besonders hervorgehoben. Aktivitäten sind für diese Menschen aber genauso wichtig, und so widmen sie sich oft Spielen und Hobbys, bei denen rasches Denken ebenso gefragt ist wie körperliche Anstrengung und Geschicklichkeit. Asiatische Kampfsportarten zum Beispiel, Schlittschuhlaufen, Schwimmen und Gymnastik sind Tätigkeiten, bei denen Körper und Geist zusammenarbeiten müssen. In der dargestellten Szene weht ein starker Wind und die Vögel (Ideen) und Wolken am Himmel deuten auf unvorhersehbare, aufregende, sich verändernde Umstände hin. Der Wind wandert hierhin und dorthin, genau wie die Interessen, Ansichten und die Einstellungen dieses Buben.

Der Bube der Schwerter steht für diplomatisches Geschick, Anpassungsfähigkeit, Aufgewecktheit und Flexibilität. Er kann auf eine Laufbahn im Bereich der Kommunikation, Wissenschaft oder Technik hindeuten, aber auch auf eine sprachliche Begabung. Das betrifft nicht nur Fremdsprachen, sondern auch technische, wissenschaftliche, mathematische oder Computersprachen. Luft- und Raumfahrt, Akrobatik, Gymnastik sowie Tätigkeiten, die mit Reisen verbunden sind, werden mit dem Buben der Schwerter in Verbindung gebracht.

Die betreffenden Personen können durchaus zwei Beschäftigungen gleichzeitig nachgehen. Sie brauchen Aktivität, Herausforderungen und Veränderungen in ihrem Tagesablauf und lieben intellektuelle Spiele und Betätigungen. Sie sind immer auf der Suche nach neuen, stimulierenden Themen, durch die man etwas dazulernen kann. Sie langweilen sich schnell und neigen dazu, Projekte nicht zu Ende zu führen. Für ein Kind gilt: Es ist stark und wissbegierig, spricht und läuft früh.

Falls die Karte eine Botschaft repräsentiert, geht es um unerwartete Neuigkeiten, die etwas mit Spionieren zu tun haben. Der Bube der Schwerter wird mit dem Ereignis des Spionierens in Verbindung gebracht.

Umgekehrt: Bei dem umgekehrten Buben der Schwerter wird der Intellekt so schneidend, dass die betreffende Person grausam und überkritisch wird und zu Manipulationen, Sarkasmus, Zynismus, Argwohn und unberechtigten Vorwürfen neigt. In dieser Stellung wird der Bube ganz vom Verstand beherrscht – er glaubt nichts und zieht alles in Zweifel.

Die Karte weist auf Umstände hin, unter denen die wirkliche Persönlichkeit eines Menschen entlarvt wird oder eine Wahrheit ans Licht kommt. Dem Ratsuchenden könnten aber auch die Augen bezüglich eines anderen oder einer Situation geöffnet werden. Wankelmut, Verschlagenheit und Unberechenbarkeit können zu seinen Charaktereigenschaften gehören.

Der Bube der Schwerter weist in beiden Stellungen auf unerwartete, beunruhigende Neuigkeiten hin. Raten Sie dem Fragesteller, sich darauf vorzubereiten.

Bube der Münzen

Dieser Bube repräsentiert die Erdzeichen Stier, Jungfrau und Steinbock. Die Betreffenden sind erdverbunden und sachlich, sie lieben die Natur, glauben an Pflichten und die praktische, materielle Welt. Es sind ruhige, sehr nachdenkliche Menschen – stille Wasser gründen ja mitunter tief.

Besitz wird erarbeitet und geschätzt; die gesteckten Ziele sind realistisch, aber schwer zu verwirklichen. Der Bube der Münzen trägt typische Erdfarben: Braun- und Grüntöne. Die blühenden Blumen auf dem Feld symbolisieren die Freigebigkeit und die ungebrochene und ebenfalls typische Schaffenskraft der unter einem Erdzeichen Geborenen.

Auch Geduld, Aufgeschlossenheit und ein offenes Ohr für den Standpunkt anderer sind typisch. Weitere typische Eigenschaften sind Vorsicht und Behutsamkeit, verbunden mit Schüchternheit, Respekt vor Autorität, Anpassungsbereitschaft, Verantwortungsbewusstsein, Beharrlichkeit und Toleranz gegenüber allen Menschen. Der Bube der Münzen weist auf die Fähigkeit zum Studieren und Lernen hin. Die Karte repräsentiert Studierende jeden Alters bzw. ganz allgemein die Fähigkeit, aus Situationen zu lernen. Der Bube der Münzen ist davon überzeugt, dass man aus allem etwas lernen kann. Er zeigt informative Botschaften und Ereignisse, aus denen wir lernen können. Die betreffende Person tritt praktisch allen Situationen ohne Vorbehalte gegenüber.

Umgekehrt: Hier treffen wir auf Isolation (möglicherweise selbst herbeigeführt), Missverständnis, Leichtsinn, Extravaganz und Selbstmitleid. Weitere negative Charakterzüge sind die Unfähigkeit, von anderen oder aus persönlichen Erfahrungen und Fehlern zu lernen. Andere Merkmale, die die Situation des Ratsuchenden beschreiben, können Auflehnung sein, mangelnde Anpassungsbereitschaft, die Weigerung, Kompromisse einzugehen, und das Gefühl, allein gegen die ganze Welt zu stehen. Die Karte steht in dieser Lage außerdem für Lernprobleme oder Auflehnung der Kinder gegen die Eltern, gegen Schule und Behörden. Wichtige Botschaften werden missachtet oder ignoriert.

DIE RITTER

Die Ritter spielen beim Tarot eine sehr wichtige Rolle. Von allen Hofkarten haben sie den größten Einfluss, sie haben also eine ähnlich wichtige Position wie die Asse unter den Kleinen Arkana. Die Ritter sind einfacher zu interpretieren als die Buben, da sie gewöhnlich für junge Männer zwischen 18 und 35 stehen.

Es gibt allerdings auch Ausnahmen: Ein Sechzehnjähriger, der reif für sein Alter ist, wird ebenso als Ritter dargestellt, wie ein älterer Mann, der jung wirkt, voller Tatkraft ist und Veränderungen in seinem Leben vornimmt. Anders ausgedrückt: Der Ritter repräsentiert jung denkende oder handelnde Menschen.

Der Satz, zu dem der Ritter gehört, weist auf den Charakter oder die Persönlichkeit hin, den oder die der Ratsuchende oder ein anderer Beteiligter im Zusammenhang mit der gestellten Frage zum Vorschein bringt. Dies wird durch die Stellung des Ritters – richtig herum oder umgekehrt – verdeutlicht. Liegt zum Beispiel der umgekehrte Ritter der Schwerter bei der Lesung für eine Frau in der Plazierung für ihre Einstellung (bezüglich der gestellten Frage; Position 7), so bedeutet das nicht nur, dass sie sich gedanklich mit einem Mann beschäftigt, sondern sich auch über seine grausame und voreingenommene Handlungsweise gegen sie sorgt.

Erscheint der umgekehrte Ritter der Schwerter in der Position für die nahe Zukunft (Position 6), so könnte dieser Mann abrupt aus der Situation verschwinden, oder er kehrt bei der nächsten Gelegenheit die vorher erwähnten Eigenschaften (Grausamkeit, Vorurteile) im Zusammenhang mit der Frage heraus.

Ein anderes Beispiel: Wenn der Ritter der Stäbe als die kreuzende Karte in Position 2 (Hilfen oder Hindernisse) erscheint, könnte die Situation durch einen jungen Mann, der ehrgeizig, energiegeladen und optimistisch ist, verbessert werden. Man sollte sich also gegebenenfalls von dessen Enthusiasmus anstecken lassen. Die von ihm ausgehende Kraft und Energie ist auf jeden Fall von Vorteil.

Bei der Deutung der Ritter gibt es zwei Hauptkategorien: Die erste und wichtigere ist der Charakter des Ritters. Die zweite ist eine Chance oder ein folgenschweres Ereignis, die/das dem Ratsuchenden bevorsteht. Meist repräsentiert ein Ritter eine Person, die etwas mit der Frage zu tun hat, und ihren Charakter.

Ritter der Stäbe

Die feurigen Farben dieses Ritters symbolisieren seine Persönlichkeit und sein Temperament: Er ist wahrheitsliebend und impulsiv, freimütig und wettbewerbsfreudig, ehrgeizig und mutig. Wenn er einen Raum betritt, macht er Eindruck, denn er lässt die Welt immer wissen, dass er da ist! Er hat feste Überzeugungen, liebt hitzige Diskussionen und die Herausforderung des Gewinnens. Es ist gut möglich, dass man ihn gleichzeitig liebt und hasst, doch ignorieren kann man ihn und seine Begeisterung, seine Spontaneität und Lebensfreude nie. Der Ritter der Stäbe ist aufgeschlossen, humorvoll und warmherzig, er mag Gesellschaft und arbeitet vermutlich in einem Beruf, in dem er viel mit Menschen zu tun hat. Er ist ein Individualist und kreativer Denker, treibt aber auch gern Sport. Wenn es bei der Frage nicht um andere Menschen geht, kann der Ritter der Stäbe für eine sehr wichtige Angelegenheit stehen, die sich im Leben des Ratsuchenden herauskristallisiert.

Umgekehrt: Der Betreffende ist egoistisch, impulsiv, streit-, herrsch- und eifersüchtig, launisch und – nur, wenn noch andere Gewaltkarten vorhanden sind, die dies bestätigen – möglicherweise auch gewalttätig. Er kann mit harten Bandagen in Konkurrenzkämpfe gehen und es außerdem zu beleidigenden Wutanfällen kommen lassen.

Falls die Frage ein Ereignis betrifft, muss der Ratsuchende mit Berufsproblemen, unsicherer Arbeitsstelle, Unterbrechungen und unsicheren Verhältnissen rechnen.

Ritter der Kelche

Die Kleidung dieses Ritters spiegelt durch ihre Blautöne sein Wasserelement wider. Er ist passiver und zurückhaltender als der Ritter der Stäbe, eher von empfänglicher Natur. Da er außerdem gefühlsbetont und intuitiv ist, versenkt er sich gerne in philosophische oder psychologische Fragen. Er ist gern bereit, anderen zu helfen, und kann sich aufgrund seiner Empfindsamkeit gut auf ihre Bedürfnisse einstellen. Seine Sympathien gehören den Tieren, Pflanzen, der Natur oder weniger glücklichen, abhängigen Menschen. Er träumt von einem Utopia und möchte selbst etwas zur Verwirklichung seines Traums beitragen.

Ob nun in Gefühlsangelegenheiten oder in materiellen Dingen – er muss das tun, woran er glaubt. Der Ritter der Kelche ist empfindsam, idealistisch, verträumt, besorgt und liebevoll. Oft ist er ein Charmeur und weiß das auch. Gewöhnlich hat er etwas mit Musik zu tun, das heißt, er ist Musiker oder Tänzer oder braucht zumindest Musik in seiner Umgebung. Im Allgemeinen hat er also eine künstlerische Ader und interessiert sich für spirituelle Dinge. Die Karte zeigt auch Güte, Einfühlungsvermögen, Intelligenz und eine Neigung zur Romantik. Falls es bei der Frage um ein Ereignis geht, so ist dieses von starken Emotionen geprägt.

Umgekehrt: In dieser Stellung verliert der Ritter der Kelche seine Aufrichtigkeit völlig, täuscht sich selbst ebenso wie andere und lebt in einer Traumwelt. Er zieht seine Träume der Realität vor. Seine Güte, künstlerischen Begabungen und Sensibilität liegen brach und bleiben ungenutzt.

Er ist darüber hinaus emotional unreif und unzuverlässig. Man darf längst nicht alles glauben, was er sagt, denn er ist dafür bekannt, dass er seinem Gegenüber nach dem Mund redet (Schmeichelei), damit der Betreffende dann tut, was er will (Verführung).

Diese Karte repräsentiert einen Mann, der nicht bereit ist, sich der Wirklichkeit oder seiner Verantwortung – vor allem im emotionalen Bereich – zu stellen. Als Ereignis zeigt diese Karte Lügen und Täuschung an.

Ritter der Schwerter

Ein kräftiger junger Mann reitet angriffslustig durch einen bewölkten, vom Wind gepeitschen Himmel. Seine Ankunft in unserem Leben trifft uns fast so überraschend wie ein Blitz aus heiterem Himmel.

Der Ritter der Schwerter genießt intellektuelle Anregungen. Seine Nachforschungen und Neugier führen dazu, dass er sich für die verschiedensten Dinge interessiert. Wahrheit, Gerechtigkeit, Gleichheit, Humanität, und seine Überzeugungen sind wichtige Themen in seinem Leben. Er könnte sich sogar auf einem – persönlichen oder beruflichen – Kreuzzug befinden, bei dem er sich für einen dieser Werte einsetzt. Dieser Ritter lebt nach seinem Kopf, nicht nach seinem Herz. Er kann überzeugend, aber auch eigensinnig sein und nachdrücklich darauf bestehen, dass er weiß, was das Beste ist.

Damit er sich – sei es nun in der Liebe, Ausbildung, einer Freundschaft oder im Beruf – engagiert, braucht er geistige Anregungen. Er ist aggressiv, manchmal auch sarkastisch, zynisch oder rechthaberisch. Man findet ihn oft in Berufen, die interessant sind oder intellektuelle Herausforderungen bieten, also zum Beispiel als Rechtsanwalt, Polizist, Ingenieur oder im Bereich der Wirtschaft, Technologie oder Kommunikation.

Wenn die Karte für ein Ereignis steht, handelt es sich um eine unerwartete Situation oder einen Vorfall.

Umgekehrt: Die Ansichten dieses Ritters und die Kraft dahinter können dazu führen, dass er anmaßend und aufdringlich wird. Er kann grausam und vorurteilsbeladen, ungerecht und brutal werden – und zwar auf geistiger, verbaler oder auch körperlicher Ebene.

Solch ein Mann kann es bis zum Diktator bringen. Der umgekehrte Ritter der Schwerter kann eine Situation nur von seinem eigenen Standpunkt aus sehen, und der ist meist von Missverständnissen, Vor- und Fehlurteilen geprägt. Durch diese negativen Gedankengänge gelangt er zu falschen Entscheidungen und lässt sich dann leicht zu verletzenden, unvernünftigen Anschuldigungen und Drohungen hinreißen. Man muss außerdem mit Sarkasmus, Zynismus und Boshaftigkeit rechnen.

Richtig herum weist der Ritter der Schwerter manchmal auf Impulsivität hin. Er taucht im Leben unerwartet auf, oder es kommt zu einer Situation, mit der man nicht gerechnet hat. Andererseits kann er ebenso unvermittelt aus dem Leben des Ratsuchenden verschwinden. Diese Karte umgekehrt kann aber auch darauf hinweisen, dass eine Situation plötzlich aus dem Leben des Ratsuchenden verschwindet. Als Ereignis bedeutet es das nicht angekündigte Verlassen einer Situation.

Ritter der Münzen

Dieser Ritter ist ein praktischer, zuverlässiger, konservativer, hart arbeitender Mann. Er strebt nach Sicherheit in seinem Leben und verwendet viel Zeit, Ausdauer und Geduld darauf, seine materiellen Ziele zu erreichen.

Wenn andere ebenfalls Zeit oder Geld in Projekte stecken, ist er durchaus bereit, mit ihnen zu teilen. Er ist grundsätzlich defensiv eingestellt, in der Liebe besitzergreifend; Bindungen geht er nur mit Vorsicht und dann auf Dauer ein. Dieser Ritter misst das Leben vor allem an finanziellen Werten und dem gesunden Menschenverstand.

Er ist zuverlässig, innerlich gefestigt, vorsichtig und gewissenhaft. Er mag die Routine und die wesentlichen Bequemlichkeiten des Lebens. Ihn interessieren Besitz und Geldverdienen. Er ist eher stolz auf das, was er sich erarbeitet hat, als auf das, was er tut. Seine Berufswelt sind oft Industriekomplexe, Maschinen, Fabriken oder Autos. Er hat eine mathematische Begabung. Er ist nicht unbedingt redselig oder offen gefühlvoll, seine Taten sprechen lauter als seine Worte. Diese sind rücksichtsvoll und gut durchdacht, denn er ist loyal und verantwortungsbewusst.

Falls die Karte ein Ereignis repräsentiert, handelt es sich dabei um eine berufliche, finanzielle oder den Besitz betreffende Angelegenheit.

Umgekehrt: Der Ritter der Münzen kann sich, wenn es um Geld geht, als unmoralisch, berechnend und betrügerisch erweisen. Er hat jedes Maß in Bezug auf Geld verloren, intrigiert und wird gierig. Andererseits kann er auch auf Geldverschwendung hindeuten oder auf die Unfähigkeit, eine Arbeitsstelle zu behalten, Geld zu sparen oder etwas für seine eigene Sicherheit zu tun – also auf allgemeine Verantwortungslosigkeit. Als Ereignis steht er für Unbeständigkeit in Bezug auf Geld, Besitz oder Arbeit.

Die Bedeutung der Karten

BEISPIEL FÜR EINE DEUTUNG

Wir wollen uns nun einmal die möglichen Bedeutungen einer Hofkarte in den verschiedenen Positionen des Keltischen Kreuzes ansehen. Zur Vereinfachung können Sie hierzu auf die Darstellung Seite 31 zurückgreifen. Als Beispiel wählen wir den Buben der Stäbe, der für die Eigenschaften Tatkraft, Ehrgeiz und Enthusiasmus steht.

Wenn diese Karte in der Gegenwart (Position 1) liegt, setzt der Ratsuchende seine Tatkraft jetzt ein und stellt sich der Konkurrenz. Fällt sie dagegen in Position 2 (Hilfe) oder Hindernissen, könnte der Ratsuchende die Situation durch Tatkraft und Mut verbessern. In der Vergangenheit (Positionen 3 und 4) hat der Ratsuchende die Eigenschaften Energie und Enthusiasmus bereits zum Tragen gebracht. In den Zukunftspositionen (5, 6 und 10) bedeuten sie Begeisterungsfähigkeit und Antrieb.

Liegt die Karte bei der Einstellung des/der Ratsuchenden (Position 7), würde er oder sie diese Frage mit Enthusiasmus, Wettbewerbsfreudigkeit, Ehrgeiz und Abenteuerlust betrachten. Der Bube der Stäbe im Umfeld des Ratsuchenden (Position 8) drückt aus, dass andere ihn für aufgeschlossen und mutig halten. Wenn der Bube der Stäbe in der Position der Hoffnungen und Ängste (Position 9) erscheint, bedeutet dies, dass der Ratsuchende diese mutigen Eigenschaften von sich selbst erhofft.

Falls der Bube der Stäbe für ein Kind steht, das etwas mit der gestellten Frage zu tun hat, dann zeigt diese Karte in der Position der Einstellung (Position 7), dass der Ratsuchende über dieses Kind nachdenkt; in Position 8 hingegen, dass das Kind zur Umgebung des Ratsuchenden gehört. Die mit diesem Kind verbundenen Hoffnungen und Ängste sowie sein Charakter oder Benehmen kommen durch den Buben in Position 9 zum Ausdruck.

Fällt der Bube in die Vergangenheit des Ratsuchenden (Positionen 3 oder 4), wird der Charakter des Kindes so beschrieben, wie er in der Vergangenheit war. Und in den Zukunftspositionen (5, 6 und 10) verrät die Karte uns schließlich, wie sich das Kind verhalten wird.

Die Charakterzüge der anderen Hofkarten können Sie natürlich auf die gleiche Weise mit der Bedeutung der einzelnen Positionen kombinieren. Denken Sie daran, dass ein Bube oft für den Ratsuchenden selbst steht und für die Charaktereigenschaften, die er im Umgang mit der Frage zum Tragen bringt, weniger also für eine andere Person, die etwas mit der Frage zu tun hat.

Übungen zu Buben und Rittern

Lückentest zu den Buben

1. Man kann die Buben auf vier verschiedene Arten deuten, nämlich als
   a) ....
   b) ....
   c) ....
   d) ....
2. Welche dieser vier Möglichkeiten würden Sie bei Deutungen überwiegend benutzen? ....
3. Nennen Sie drei Charaktereigenschaften von Erwachsenen und Kindern, für die der Bube der Schwerter steht.
   a) ....
   b) ....
   c) ....
4. Nennen Sie drei Charaktereigenschaften für den Buben der Stäbe.
   a) ....
   b) ....
   c) ....
5. Nennen Sie drei Charaktereigenschaften von Erwachsenen und Kindern, für die der Bube der Münzen steht.
   a) ....
   b) ....
   c) ....
6. Nennen Sie drei Charaktereigenschaften von Erwachsenen und Kindern, für die der Bube der Kelche steht.
   a) ....
   b) ....
   c) ....
7. Aus den Buben können wir auch auf Interessen, Begabungen oder Berufsmöglichkeiten schließen. Der Bube der .... ist musikalisch begabt, künstlerisch interessiert und humanitär eingestellt; er liebt Tiere, Pflanzen und die Natur ganz allgemein. Oft ist er auch intuitiv. All diese Begabungen könnte er so weit entwickeln, dass er sie beruflich nutzen kann.
8. Der Bube der .... ist in jedem Alter zu hervorragenden Lernleistungen fähig. Er ist überzeugt, dass die Erfahrungen, die das Leben mit sich bringt, ständiges Weiterlernen erfordern.

Die Bedeutung der Karten

9. Dem Buben der .... werden vielfältige Interessen körperlicher wie geistiger Art zugeschrieben. Seine Begabungen reichen vom Journalismus bis zu Wissenschaft, Raumfahrt und allen technischen Gebieten.
10. Tatkräftig und enthusiastisch, verfügt dieser Bube über eine besonders breite Palette ausgeprägter Eigenschaften; außerdem besitzt er natürliche Führungsqualitäten. Es ist der Bube der ....
11. Der Bube der .... steht für überraschende, beunruhigende Neuigkeiten.
12. Der Bube der .... repräsentiert eine kreative Idee oder eine Botschaft aus dem eigenen Unterbewusstsein.
13. Der Bube der .... bringt Botschaften, aus denen wir etwas lernen können, oder nützliche Informationen.
14. Der Bube der .... bringt positive, ermutigende Neuigkeiten.
15. Der Bube der Schwerter wird mit dem besonderen Ereignis des .... in Verbindung gebracht.
16. Eine kreative Idee, die der Ratsuchende verfolgen möchte, ist das durch den Buben der .... angezeigte Ereignis.
17. Der Bube der Münzen steht für die Ereignisse: .... und ....
18. Die Farben
    a) .... und b) .... beim Buben der Kelche symbolisieren das Element c) ....
    d) Wie bringt man das mit den in diesem Satz gefundenen Charaktereigenschaften in Verbindung? ....
19. Der Bube der Stäbe trägt Feuerfarben, um die Funktion der Stäbe-Karten, nämlich ...., zu repräsentieren.
20. Der Bube der Schwerter trägt, wie auch die anderen Schwerter-Figuren, die Farben des Himmels: Weiß, Gelb, Malve und Azur. Der Wind, der durch die Szene bläst, steht für .... und ....
21. Auf dem Blumenfeld zu Füßen des Buben der Münzen ist alles ruhig und friedlich. Auch der Bube selbst ist heiter und gelassen. Er schätzt:
    a) .... b) .... und
    c) ....
    d) Inwiefern wird das durch die Farben, die er trägt, verstärkt? ....
22. Womit muss der Ratsuchende rechnen, wenn der Bube der Schwerter in der Position für die nahe Zukunft liegt (Position 6)? ....

23. In der Position für die mögliche Zukunft (Position 5) des Fragestellers weist der umgekehrte Bube der Münzen darauf hin, dass ....
24. In der Position für die jüngere Vergangenheit (Position 4) des Fragestellers zeigt der umgekehrte Bube der Kelche an, dass ....
25. Wenn der umgekehrte Bube der Stäbe bei der Vergangenheit und der Motivation (Position 3) des Ratsuchenden liegt, bedeutet das: ....
....

Lückentest zu den Rittern

1. Man kann die Tarot-Ritter vor allem auf zwei Arten deuten. Diese zwei Arten sind:
   a) .... und
   b) ....
2. Ritter stehen gewöhnlich für junge Männer im Alter von .... Jahren.
3. Dem Ritter der Kelche werden folgende Charaktereigenschaften zugeschrieben:
....
4. Wie könnten diese Charaktereigenschaften zu einer Verbesserung der gegenwärtigen Situation führen, wenn der Ritter der Kelche in Position 2 (Hilfen oder Hindernisse) fallen würde?
Gehen Sie davon aus, dass die Frage nur den Ratsuchenden selbst betrifft und niemand anders beteiligt ist. ....
5. Wie würden Sie den Ritter der Kelche in Position 2 (Hilfen oder Hindernisse) deuten, wenn jemand anders eine Frage zu diesem jungen Mann gestellt hätte (zum Beispiel eine Frau zu ihrem Ehemann, eine Mutter zu ihrem Sohn)?
....
6. Der Ritter der Münzen hat folgende Charaktereigenschaften: ....
....
7. Wie würden Sie das Auftauchen dieser Karte in den Positionen für die fernere oder die jüngere Vergangenheit deuten (Positionen 3 und 4)? ....
....
8. Was würde der umgekehrte Ritter der Münzen in der Position für Hoffnung und Ängste (Position 9) anzeigen? ....
9. Was tun Sie, die Tarotleserin, als Erstes, wenn der Ritter der Schwerter in der Position für das Ergebnis liegt (Position 10)? ....
10. a) Welche Charaktereigenschaften werden dem Ritter der Schwerter zugeschrieben, und für welches Ereignis steht er? ....
    b) Wie deuten wir ihn in Position 10? ....

11. Der umgekehrte Ritter der Stäbe kann folgende negative Charaktereigenschaften haben: ....
12. Welches Ereignis repräsentiert er in umgekehrter Stellung? ....
....
13. In Position 8 würde der Ritter der Stäbe in richtiger Stellung anzeigen, dass andere den Ratsuchenden charakterlich für .... halten.

Aufgaben zu den Buben:
Ordnen Sie die Begriffe bezüglich der richtig liegenden Karten einander zu.

Persönlichkeit

☐ 1. Bube der Stäbe ☐ 3. Bube der Schwerter
☐ 2. Bube der Kelche ☐ 4. Bube der Münzen

a) Rücksichtsvoll, gehorsam, vorsichtig
b) Aufgeschlossen, freundlich, ein Führer
c) Empfindsam, verträumt, mitfühlend
d) Intelligent, rege, gesprächig

Botschaft

☐ 1. Bube der Stäbe ☐ 3. Bube der Schwerter
☐ 2. Bube der Kelche ☐ 4. Bube der Münzen

a) Aufschlussreiche Mitteilung
b) Intuitive Mitteilung
c) Ermutigende Mitteilung
d) Bestürzende Mitteilung

Interessen

☐ 1. Bube der Stäbe ☐ 3. Bube der Schwerter
☐ 2. Bube der Kelche ☐ 4. Bube der Münzen

a) Bildung, Lernen
b) Bereich der Kommunikation; vielseitig
c) Begabt; humanitäre oder künstlerische Neigungen
d) Sport, Konkurrenzkämpfe

Ereignis
☐ 1. Bube der Stäbe ☐ 3. Bube der Schwerter
☐ 2. Bube der Kelche ☐ 4. Bube der Münzen

a) Überdenken einer kreativen Idee
b) Spionage, verdächtige Umstände
c) Sich wagemutig in Abenteuer stürzen
d) Lernen, Bildung

Kinder als Buben
☐ 1. Bube der Stäbe ☐ 3. Bube der Schwerter
☐ 2. Bube der Kelche ☐ 4. Bube der Münzen

a) Führt, leitet andere an, handelt
b) Debattiert; ist wissbegierig
c) Singt, tanzt und hängt Fantasien nach
d) Fleißiger Schüler, gewissenhaft und verantwortungsbewusst

Ordnen Sie nun die jeweiligen Begriffe bezüglich der umgekehrten Karten einander zu.

Persönlichkeit
☐ 1. Bube der Stäbe ☐ 3. Bube der Schwerter
☐ 2. Bube der Kelche ☐ 4. Bube der Münzen

a) Aufsässig; selbst herbeigeführte Isolation
b) Scharfe, sarkastische Äußerungen; rücksichtslose Taten
c) Übertrieben dramatisches, theatralisches Verhalten
d) Verwöhnt, faul, bequem

Charaktereigenschaften
☐ 1. Bube der Stäbe ☐ 3. Bube der Schwerter
☐ 2. Bube der Kelche ☐ 4. Bube der Münzen

a) Negative Leistungen; ungesundes Heischen nach Aufmerksamkeit
b) Lernprobleme, Schwierigkeiten mit Autoritäten
c) Verschwendung der Begabungen; Traumwelt oder Flucht vor der Realität
d) Verschlagen, wankelmütig, unberechenbar

Die Bedeutung der Karten

Botschaft
- ☐ 1. Bube der Stäbe
- ☐ 2. Bube der Kelche
- ☐ 3. Bube der Schwerter
- ☐ 4. Bube der Münzen

a) Herzzerreißende, beunruhigende Neuigkeiten
b) Wenig inspirierende, nicht ermutigende Botschaft
c) Bestürzende Neuigkeiten; Aufdecken von Falschheit
d) Missachtung lehrreicher Botschaften

Aufgaben zu den Rittern:
Ordnen Sie die Begriffe bezüglich der richtig liegenden Karten einander zu.

Berufsfelder
- ☐ 1. Hat etwas mit Schriftstellerei, Journalismus oder Kommunikation zu tun. Könnte auch Anwalt oder Polizist sein.
- ☐ 2. Verkäufer/in; wettbewerbsfreudige, abenteuerlustige, von Herausforderungen geprägte Berufe.
- ☐ 3. Arbeitet im mechanischen oder technischen Bereich oder mit Maschinen;. hat bei der Arbeit mit Geld zu tun.
- ☐ 4. Bringt sich bei seiner Arbeit gefühlsmäßig stark ein; hat oft mit humanitären Unternehmungen zu tun oder ist künstlerisch tätig.

a) Ritter der Stäbe   c) Ritter der Schwerter
b) Ritter der Kelche   d) Ritter der Münzen

Liebe
- ☐ 1. Dieser Ritter braucht intellektuelle Anregungen, um sich emotional zu engagieren. Er ist anderen gegenüber frei und gerecht.
- ☐ 2. Von Natur aus liebevoll und großzügig; idealistisch, romantisch und aufrichtig.
- ☐ 3. Drückt seine Gefühle durch gut durchdachte Handlungen aus. Als Liebhaber hingebungsvoll, aber besitzergreifend.
- ☐ 4. Bezieht die Menschen, die er liebt, in all seine Abenteuer ein. Ermutigender, warmherziger und großzügiger Liebhaber.

a) Ritter der Stäbe   c) Ritter der Schwerter
b) Ritter der Kelche   d) Ritter der Münzen

Fragen zu Rittern

Allgemeine Eigenschaften

❏ 1. Ist gern im Freien; robust, naturliebend, in Geldangelegenheiten gewitzt, hart arbeitend, beständig und ruhig.
❏ 2. Musikliebhaber; fühlt sich zum Wasser hingezogen, wenn er Trost oder Entspannung braucht; philosophisch, intuitiv, nachdenklich.
❏ 3. Sportlich, egozentrisch, liebenswürdig, voller Pioniergeist; ein Führer oder Reisender.
❏ 4. Eine ausgesprochene Leseratte, ein eifriger Kämpfer für Gerechtigkeit und Humanität, ein gewandter Gesprächs- und Diskussionspartner; glaubt an die Macht des Verstandes und an die der Psychologie; interessiert sich für Politik, Wirtschaft und Menschenrechte.

a) Ritter der Stäbe   b) Ritter der Kelche
c) Ritter der Schwerter   d) Ritter der Münzen

Ereignis

❏ 1. Ritter der Stäbe   ❏ 3. Ritter der Schwerter
❏ 2. Ritter der Kelche   ❏ 4. Ritter der Münzen

a) Ein Ereignis im Zusammenhang mit seinem Besitz oder einer finanziellen oder beruflichen Angelegenheit
b) Ein plötzliches, unerwartetes Ereignis
c) Ein Ereignis, das mit dem emotionalen Bereich zu tun hat
d) Ein dramatisches Abenteuer; ein wichtiges Ereignis

Zuordnung in umgekehrter Stellung

❏ 1. Eifersüchtig, streitsüchtig, möglicherweise gewalttätig
❏ 2. Täuscht sich selbst und andere; ein Verführer
❏ 3. Heftige, auf Vorurteilen beruhende Anschuldigungen, unvernünftige Drohungen
❏ 4. Schlechte Arbeitsmoral, Geldverschwendung; zu besitzergreifend.

a) Ritter der Stäbe
b) Ritter der Kelche
c) Ritter der Schwerter
d) Ritter der Münzen

Lösungen

LÜCKENTEST
Die Buben

1. a) Ein Kind oder dessen Charakter
   b) Die Charaktereigenschaften von jemandem, der etwas mit der Frage des Ratsuchenden zu tun hat, oder die Persönlichkeit des Ratsuchenden selbst, wie sie in der Frage zum Ausdruck kommt
   c) Botschaften
   d) Ereignisse
2. Menschen und ihre Persönlichkeitszüge
3. Der Bube der Schwerter kann folgende Charaktereigenschaften aufweisen: Klugheit, Intelligenz, Fähigkeit zur Kommunikation, Geschicklichkeit, diplomatisches Vorgehen, Anpassungsfähigkeit, Neugier und Flexibilität.
4. Charaktereigenschaften des Buben der Stäbe sind: Führungsqualitäten, Mut, Annahme von Konkurrenzkämpfen, Sportlichkeit, Ehrgeiz, Impulsivität, Großzügigkeit, Neuerung und das Bedürfnis nach Aufmerksamkeit. Er oder sie ist innovativ, tatkräftig, aufgeschlossen, freigiebig und eine echte Persönlichkeit.
5. Der Bube der Münzen ist verantwortungsbewusst, respektvoll, aufgeschlossen, geduldig, vorsichtig, behutsam, schüchtern, bereit, sich anzupassen; er respektiert Autorität.
6. Buben der Kelche sind verträumt, poetisch, romantisch, idealistisch, psychisch veranlagt, künstlerisch begabt, mitfühlend, voller Herzensgüte, freundlich, humanitär eingestellt, rücksichtsvoll.
7. Der Bube der Kelche
8. Der Bube der Münzen
9. Dem Buben der Schwerter
10. Der Bube der Stäbe
11. Der Bube der Schwerter
12. Der Bube der Kelche
13. Der Bube der Münzen
14. Der Bube der Stäbe
15. Spionieren
16. Den Buben der Kelche
17. a) Studieren
    b) Bildung, Lernen, Ausbildung

18. a) Blau
    b) Grün
    c) Wasser
    d) Die Wasserfarben Blau und Grün symbolisieren eine fließende Bewegung, die auf starke Emotionalität, Feinfühligkeit und Intuition hindeutet – innere Aspekte, mit denen wir fließen.
19. Verlangen, Tatkraft, Mut, Energie und Enthusiasmus – Eigenschaften, die uns anfeuern.
20. Der Wind steht für Aktivitäten, die Verstand, Körper und Taten dieses Buben stimulieren.
21. a) Stabilität
    b) Verantwortung
    c) Sachlichkeit, Realität oder Geld
    d) Seine Farben sind erdige Brauntöne und natürliche Grüntöne.
22. Erwarten Sie das Unerwartete: beunruhigende Neuigkeiten, unsichere Bedingungen. Weisen Sie den Ratsuchenden darauf hin, dass er auf diese Möglichkeit gefasst sein und dann nötigenfalls taktvoll und diplomatisch vorgehen muss. Es könnte auch sein, dass man ihn ausspioniert oder ihm Argwohn entgegenbringt (im privaten und beruflichen Bereich).
23. Dass der Fragesteller sich möglicherweise in der Zukunft missverstanden und isoliert vorkommen wird. Er könnte vor einer Autoritätsperson, einer Behörde oder auferlegten Regeln zurückschrecken. Da er sich zur Zeit beharrlich weigert, aus seinen früheren Fehlern zu lernen, könnte er sogar einen Fehler wiederholen, den er schon einmal begangen hat. Außerdem könnte er sich leichtsinnig oder verantwortungslos verhalten.
24. Dass er sich in der letzten Zeit sehr träge und uninspiriert gefühlt hat. Vielleicht hat er sich aufgrund seiner Lustlosigkeit dafür entschieden, in einer Traumwelt zu leben, statt sich der Realität zu stellen. Seine Begabungen sind verkümmert, es fehlt ihm an Inspiration.
25. Der Fragesteller war in der Vergangenheit launisch, verletzt und unausgeglichen. Sein überwältigendes Bedürfnis nach Liebe und Zuwendung führte zu schlechtem Benehmen und zerstörerischen Handlungen. Er war theatralisch und übertrieb maßlos, um Aufmerksamkeit zu erregen. Möglicherweise befürchtet er jetzt, dass er sich erneut so verhalten könnte. Besonders dieser letzte Punkt ist der eigentliche Grund für die Frage des Ratsuchenden.

Die Ritter

1. a) Als Persönlichkeit oder Charakter eines jungen Mannes, der etwas mit der Frage zu tun hat.
   b) Eine Gelegenheit oder ein wichtiges Ereignis, das im Leben des Ratsuchenden erscheinen wird.
2. 18 bis 35.
3. Er ist gefühlsbetont, liebevoll, empfindsam, idealistisch, verträumt, freundlich, intelligent und einfühlsam.
4. Er könnte die gegenwärtige Situation verbessern, indem er Eigenschaften wie Güte und Mitgefühl im Zusammenhang mit der Frage zum Tragen bringt.
5. Der Ritter ist ein junger Mann, der etwas mit der Frage zu tun hat. Er könnte der Ratsuchenden durch sein Einfühlungsvermögen, seine Empfindsamkeit und Freundlichkeit helfen.
6. Er ist zuverlässig, innerlich gefestigt, vorsichtig, gewissenhaft, materialistisch, loyal und verantwortungsbewusst.
7. Er hat diese Eigenschaften in der Vergangenheit gezeigt. Wenn die Karte in Position 4 (Vergangenheit/Motivation) gefallen ist, könnte der Ratsuchende aus dieser Vergangenheit heraus seine gegenwärtige Frage stellen.
8. Er selbst oder die Person, die eine Frage über ihn stellt, befürchtet, dass er/sie in Geldangelegenheiten leichtsinnig, unmoralisch oder betrügerisch ist. Es existieren Ängste vor finanzieller Unsicherheit und beruflicher Unstabilität.
9. Als Erstes legen Sie die nächste (die elfte) Karte auf den Tisch. Der Ritter steht nämlich für eine Person, die das Ergebnis der Frage beeinflusst oder bestimmt. Die folgende Karte zeigt dann, was er tun oder wie er die Zukunft des Ratsuchenden beeinflussen wird.
10. a) Er ist willensstark, überheblich, aggressiv, eigensinnig und rechthaberisch; er taucht plötzlich im Leben des Ratsuchenden auf.
    b) Das Ergebnis der Frage wird durch einen Mann mit diesen Charaktereigenschaften bestimmt werden. Die auf den Ritter der Schwerter folgende Karte zeigt dann, was er in der Zukunft tun oder wie er das Ergebnis der Situation beeinflussen wird.
11. Eifersüchtig, launisch, geltungsbedürftig, neigt zu Wutanfällen und geht mit harten Bandagen in Konkurrenzkämpfe.
12. Probleme im beruflichen Bereich.
13. Ehrgeizig, tatkräftig, aufgeschlossen, wettbewerbsfreudig, warmherzig; großzügig und ansehnlich.

Lösungen

Zuordnung der Buben
Bedeutung in richtiger Stellung

Persönlichkeit
| 1. b | 2. c | 3. d | 4. a |

Botschaft
| 1. c | 2. b | 3. d | 4. a |

Interessen
| 1. d | 2. c | 3. b | 4. a |

Ereignis
| 1. c | 2. a | 3. b | 4. d |

Kinder
| 1. a | 2. c | 3. b | 4. d |

Bedeutung in umgekehrter Stellung

Persönlichkeit
| 1. c | 2. d | 3. b | 4. a |

Charaktereigenschaften
| 1. a | 2. c | 3. d | 4. b |

Botschaft
| 1. a | 2. b | 3. c | 4. d |

Zuordnung der Ritter
Bedeutung in richtiger Stellung

Berufsfelder
| 1. c | 2. a | 3. d | 4. b |

Liebe
| 1. c | 2. b | 3. d | 4. a |

Allgemeine Eigenschaften
| 1. d | 2. b | 3. a | 4. c |

Ereignis
| 1. d | 2. c | 3. b | 4. a |

Bedeutung in umgekehrter Stellung
| 1. a | 2. b | 3. c | 4. d |

Aufgabe: siehe Lektion 12.

Die Bedeutung der Karten

Lektion 11: Die Hofkarten Königinnen und Könige

DIE KÖNIGINNEN

Die Königinnen repräsentieren Frauen, die älter als 18 Jahre sind. Sie stehen immer für Frauen oder für die Charaktereigenschaften, die die Ratsuchende im Hinblick auf die Frage zum Tragen bringt. Für weitere Interpretationen der Hofkarten siehe Lektion 1.

Königin der Stäbe

Diese Königin verkörpert alle drei Feuerzeichen, hat aber eine besondere Beziehung zum Löwen. Deshalb finden wir diese Tiere auch zu Füßen ihres Throns vor. Auch die schwarze Katze gehört zu dieser Tierfamilie. In der Astrologie unterscheidet man zwei Löwentypen: zunächst die wirklich löwenhaften, die gern im Mittelpunkt der Aufmerksamkeit stehen und herrschen – sie sind Königin oder König ihres persönlichen Dschungels, sei es in der Karriere, im privaten und gesellschaftlichen Leben. Die Katze Leo ist der zweite, ruhigere Typ, der auch Abenteuer und seine Unabhängigkeit liebt, dies aber auf subtilere Weise erreicht.

Das Gewand der Königin ist goldfarben und repräsentiert so das Tierkreiszeichen Löwe und DIE SONNE. Diese Farbe und die Sonnenblume, die die Königin in der Hand hält, deuten auf ein spirituelles Bewusstsein und ein offenes, mitleidsvolles Herz hin. Die Königin der Stäbe ist eine attraktive und majestätische, intelligente und ehrgeizige Frau – kein Wunder also, dass man ihr Aufmerksamkeit schenkt!

Wie alle Hofkarten der Stäbe, wirkt auch die Königin auf andere anziehend. Sie strahlt Aufrichtigkeit, Wärme und Kompetenz aus.

Die Königin der Stäbe ist eine glückliche, positive, sonnige Karte – wie die ihr selbst zugeschriebene Veranlagung. Da sie zum Satz der Stäbe gehört, können wir einen mutigen und abenteuerlustigen Geist und eine ehrgeizige, unternehmerische Natur erwarten.

Kreativ und mit starken Ideen, setzt sie sich für die Dinge ein, an die sie glaubt. Oft ist die Karriere ihre Motivation. Sie wird sich für soziale Angelegenheiten, für Politik, Theater spielen, Sport, Kreativität und inneres Wachstum durch Selbsterkenntnis engagieren.

Intensiv und mit Freude an allem beteiligt, was sie erschafft, nimmt sie auch an der Familie und dem häuslichen Entscheidungsprozess teil. Sie liebt die Natur, das Theater und ihre Unabhängigkeit, lernt gern und versucht, ihrer Persönlichkeit Ausdruck zu verleihen. Zuversichtlich und mit Weitblick erreicht sie meist ihre vielen Ziele.

Die Königin der Stäbe ist kreativ, einfallsreich, optimistisch und beliebt und kann nicht nur geben, sondern auch nehmen. Sie hat ein Gespür für Autorität und Macht und verfügt daher oft über großen Einfluss auf ihre Umgebung. Zu Hause, in der Familie, in Gruppen, Organisationen oder im Beruf ist sie meist die Anführerin. Sie weiß, wie man »Bären mit Honig fängt« und benutzt ihren weiblichen Charme und ihre Schönheit, um andere zu beeinflussen. Diese Frau liebt den gesunden Wettbewerb und tritt dem Leben abenteuerlustig gegenüber. Für Dinge, die ihr wichtig sind, engagiert sie sich besonders.

Umgekehrt: An der umgekehrten Königin der Stäbe fallen am meisten die mit ihrer schwarzen Katze verbundenen negativen Eigenschaften auf. Dieses Symbol bedeutet Verführung und Täuschung. Die Königin benutzt ihren Charme und ihr Sex-Appeal, um ihre Ziele um jeden Preis durchzusetzen. Sie kann jetzt eine rücksichtslose Konkurrentin sein, geltungsbedürftig und rachsüchtig. Aus Eifersucht, Gier und Neid greift sie andere verdeckt oder auch frontal an. Ihr ungezügelter Ehrgeiz kann sie auf einem Weg, der zu Zerstörung und Vernichtung führt, wie blind vorantreiben.

Wenn diese Eigenschaften weniger stark ausgeprägt sind, kann die umgekehrte KÖNIGIN DER STÄBE auch eine aufdringliche, engstirnige Frau sein, die ihre Ziele durch Lügen und andere unfeine Methoden erreicht.

Sie kann egoistisch sein, eine selbstsüchtige Manipuliererin, übertrieben ehrgeizig und sehr herrisch. Sie setzt ihre sexuelle Anziehungskraft geschickt ein, um andere zu beeinflussen, Informationen im eigenen Sinne zu verfälschen und Situationen auf die Spitze zu treiben. Auf diese Weise schafft sie ganz bewusst falsche Voraussetzungen. Ihre Leitsprüche sind »Ich zuerst!« und »Nur meine Meinung zählt!«

Königin der Kelche

Das Symbol des Wassers, die Farbe Blau und das Ufer, an das die Flut heranrollt, weisen auf die Heimat dieser Königin hin. Wasser nimmt die Form des Gefäßes an, in dem es sich befindet. Empfindsamkeit und Emotionalität der Königin sind so stark ausgeprägt, dass sie nicht selten ganz in ihrer Umgebung aufgeht und von ihr geformt wird. Sie übernimmt die Stimmung und die Gefühle anderer, leidet, wenn sie leiden und jubelt, wenn sie jubeln. Wenn man Beistand braucht, ist sie da; wenn Verständnis angebracht ist, spürt sie das intuitiv und reagiert entsprechend. Oft kann sie geradezu prophetische Voraussagen über die Menschen in ihrer Umgebung machen. Die Königin der Kelche schätzt Frieden und Harmonie. Im Gegensatz zur Königin der Stäbe, die auf Abenteuer aus ist und die aufregenden Seiten des Lebens genießt, schätzt diese Königin die Stille, um zu träumen, nachzudenken und sich ihren Fantasien hinzugeben. Ihre Umgebung ist mit Erinnerungsstücken an ihre Freunde und ihre Familie geschmückt, denn sie möchte diejenigen, die sie liebt, zumindest auf diese Weise immer um sich haben. Die Liebe spielt überhaupt eine große Rolle in ihrem Leben. Sie verwendet viel Zeit und Anstrengungen auf die

Bedürfnisse der Menschen, die ihr am Herzen liegen. Da sie emotional ist und intuitiv handelt, erahnt sie deren Gefühle, und es bereitet ihr dann große Befriedigung, ihnen die notwendige Unterstützung und den gewünschten Trost zu geben. Oft ist ihr Leben ganz darauf ausgerichtet, anderen zur Erfüllung zu verhelfen. Ihre eigenen Träume hingegen verschließt sie in ihrem Inneren, wo sie darauf warten, eines Tages vielleicht auch Wirklichkeit zu werden.

Wenn ihre Träume Ausdruck finden, so sind sie von kreativer Natur, sie finden in Kunst, Musik, Gedichten, Schriftstellerei oder anderen kreativen Bereichen ihren Niederschlag. Ihre Intuition und Empfindsamkeit für das Übersinnliche sind sehr ausgeprägt: Sie könnte gezielt versuchen, diesen starken, unbewussten Teil ihres Ichs zu entdecken. Sie interessiert sich für das Okkulte, die Psychologie, Philosophie, Religion und das Mystische.

Dem Meer gegenüber, ihren Thron an der Küste aufgestellt, verweilt sie am Rande einer mächtigen und fantasiereichen Tiefe. Sie kann in diese Kräfte jederzeit eintauchen.

Sie liebt ganz und hingebungsvoll. Ihre Liebe besänftigt und beruhigt mit einer warmen Welle der Zuneigung. Andererseits macht sie ihre ungeheure Empfindsamkeit Stimmungsschwankungen und scheinbaren Zurückweisungen gegenüber sehr verletzlich.

Wenn diese Frau sich in die Welt wagt, wird sie im Kontakt mit anderen leicht überempfindlich und seelisch verwundbar. Möglicherweise ist das der Grund dafür, dass sie sich in die Sicherheit ihres Zuhauses zurückzieht und ihr mitfühlendes Geben auf enge Freunde und Verwandte beschränkt. Sonst würde sie nämlich zu stark unter den Schwingungen leiden, die sie auffängt: Ihre Gefühle würden sich in ständiger Aufruhr befinden, wenn sie immer offen für andere Menschen wäre und stets auf sie reagieren müsste.

Umgekehrt: Die ausgeprägte Empfindsamkeit kann unerträglich werden. Die umgekehrte Königin der Kelche opfert sich für andere auf, wird unsicher oder emotional schwach, verbittert und verwundbar. Sie versucht, sich den Problemen, die ihre Emotionalität und ihr Bedürfnis nach Anerkennung ihr eingebracht haben, zu entziehen. Verwirrt und unentschlossen flieht sie in eine Welt voller Illusionen, unrealistischer Träume und Fantasterei. Vielleicht wird sie dort durch Alkohol oder Drogen festgehalten, oder ihre eigenen Ängste haben sie in diese enge, unrealistische Welt getrieben. Düstere Gedanken beeinträchtigen ihre Einfühlsamkeit, Träume ängstigen und verfolgen sie.

In ihren Tagträumen stellt sie sich die schlimmsten denkbaren Ereignisse vor. Es gelingt ihr nicht, zu vergessen und sich von ihrer unglücklichen Vergangenheit zu lösen. Wenn die umgekehrte Königin der Kelche erscheint, repräsentiert sie eine emotional unausgeglichene Frau. Ihr Urteil kann falsch, von Angst bestimmt und unrealistisch sein. Die Wirklichkeit entzieht sich ihr, und die Königin versucht auch aktiv, ihr zu entkommen. Ihre eigenen seelischen Probleme reißen sie mit in ein Wellenmeer des Auf und Ab, wo sie in emotionaler Verwirrung manchmal nahezu ertrinkt.

Sie sollte sich von ihrem Verstand, weniger von ihrem Herzen leiten lassen und sich Disziplin auferlegen. Die umgekehrte Königin der Kelche muss lernen, objektiv zu sein, statt in ihrem Leben in allem und jedem einen persönlichen Freund oder Feind zu sehen.

Königin der Schwerter

Die Gesichtszüge dieser Königin treten scharf hervor und deuten auf einen klaren Verstand und gut durchdachte Handlungen hin. Vögel, Wolken, der Luftgeist und Schmetterlinge symbolisieren die dem Element Luft zugeschriebenen, mächtigen geistigen Fähigkeiten. Der feste Griff, mit dem sie das Schwert hält, deutet darauf hin, dass sie diese Energien versteht und richtig einsetzt.

Das viktorianische Trauerarmband an ihrem Handgelenk erzählt uns von vergangenen Verletzungen, Verlusten und Leid. Die Königin der Schwerter ist stark, ihr ist die Qualität der Selbstbestimmung zugeschrieben. Die traditionelle Deutung dieser Königin verweist auf eine Frau, die unter Einsamkeit und dem Verlust geliebter Menschen litt. Sie wurde von ihren Sorgen verfolgt, und ihr Leben war voller Trauer.

Heute sehen wir die Königin der Schwerter aus einer anderen Perspektive: Das Alleinsein der Königin weist nicht auf Einsamkeit, sondern auf Unabhängigkeit hin: Eine Frau kann verheiratet oder anderweitig gebunden sein und doch von der Königin der Schwerter repräsentiert werden, was andeutet, dass sie im Rahmen dieser Beziehung selbständig, aber zum großen Teil allein sein wird. Sie regiert ihr Leben frei, individuell und autonom.

Da sie zum Satz der Schwerter gehört, ist ihr Intellekt ausgeprägt. Sie hat sehr feste Ansichten, ist analytisch und scharfsinnig. Ihre rasche, vielseitige Intelligenz benutzt sie, um gerechte und wohlüberlegte Entscheidungen zu treffen. Ihr Verstand herrscht über ihr Herz. Sie analysiert ihre Gefühle und hält sie unter Kontrolle. Den Menschen in ihrer Umgebung ist sie eine sanfte, aber bestimmte Ratgeberin. Ihre einzigartige Fähigkeit, beide Seiten einer Situation zu sehen, bringt ihr den Vorteil geistiger Klarheit und zutreffender Erkenntnisse.

Die Königin der Schwerter lernt gern und liebt intellektuelle Herausforderungen, sie interessiert sich für die Kräfte des Geistes und deren inneren Abläufe. Sie kann analysieren und definieren, andere anleiten und an Disziplin gewöhnen, sich konzentrieren und engagiert für ihre Ziele und Überzeugungen einsetzen. Sie will handeln, Erfahrungen sammeln, an Leistungen im Bereich der Bildung teilhaben und ihre persönliche Freiheit erlangen. Ihre Waffe auf dem Schlachtfeld des Lebens ist der Verstand. Er kann scharf, kritisch und analytisch sein.

Sie mag Schwierigkeiten, Rückschläge oder Probleme, die das Leben mit sich bringt, erlitten haben. Doch ihr Bild ist kraftvoll und zeigt, dass sie alle Hindernisse überwunden und sich über ihre Feinde erhoben hat – ob das nun andere Menschen waren oder ihr eigenes fühlendes, körperliches oder geistiges Ich.

Gerechtigkeit, Gleichheit, Befreiung, Menschlichkeit und Bildung – das sind die Dinge, für die sie sich einsetzt. Der gesamte Bereich der Kommunikation, vom öffentlichen Auftritt und dem Journalismus bis hin zu Technologie und Erziehung ist ein anderes Interessensgebiet, das dieser Königin zugeschrieben wird.

Die Bedeutung der Karten

Umgekehrt: Leid liebt Gesellschaft: Die umgekehrte Königin der Schwerter weiht uns in alle schlechten Nachrichten und allen Klatsch ein. Sie teilt anderen ihre Ansichten mit, auch wenn man sie nicht danach gefragt hat. Und diese sind grundsätzlich negativ, argwöhnisch und pessimistisch.

Ihr Markenzeichen ist die Hartnäckigkeit, mit der sie in der Vergangenheit lebt. Gewöhnlich wird sie von einer schmerzhaften Erinnerung verfolgt und ist einfach nicht bereit, diesen vergangenen Vorfall zu begraben. Sie zerrt ihre unglückliche Vergangenheit voller Verbitterung in die Gegenwart, trägt ihr Leid wie einen Schild zur Selbstverteidigung vor sich her und benutzt es als Entschuldigung dafür, sich nicht um inneres Wachstum bemühen zu müssen. So verdunkelt sie ihre eigene Gegenwart und vergiftet die Zukunft derjenigen, die unter ihren Einfluss und in ihren Herrschaftsbereich geraten.

In dieser Stellung wird ihr Siegesschwert zu einer Waffe, mit der sie Vergeltung und Rache übt. Weiterhin geistig aktiv, beschäftigt sie sich jetzt vor allem mit hinterlistigen Plänen. Ihre Wortwahl kann äußerst grausam sein, ihre Haltung vorurteilsbeladen und extrem unnachgiebig. Ihre Verteidigungsstrategie besteht nicht selten darin, dass sie anderen erbarmungslos Vorwürfe macht.

Die Qualen, die das Leben ihr bereitet hat, sind schlicht unerträglich geworden. Sie ist unglücklich und muss aller Welt zeigen, dass es ihr schlecht geht. Folglich läuft sie mit einer Leidensmiene herum. Ihre Ansichten sind meist einseitig und haben einen schlechten Informationshintergrund – man sollte ihnen nicht trauen.

Die Karte in dieser Lage ist mit Vorurteil, Selbstmitleid, Irreführung, Hinterlist und schlechten Entscheidungen behaftet.

Königin der Münzen

Die Königin der Münzen thront in einer Umgebung des fruchtbaren Überflusses und der Fülle. Auf dem Bild erscheint eine Waldlandschaft voller Pflanzen und Tiere – ein Hinweis darauf, dass die produktiven Energien dieser Frau reiche Ergebnisse bringen werden. Die Königin der Münzen steht mit der Natur im Zwiegespräch, ihr wurden Produktivität und Kreativität in die Wiege gelegt. In ihrem Wirkungsbereich gedeihen geschäftliche Angelegenheiten, ihr Geld und Besitz vermehren sich. Vorsichtig, konservativ, weise und praktisch, ist die Königin der Münzen vertrauenswürdig und emotional reif.

Da sie in der Farbe der Münzen herrscht, legt diese Königin Wert auf – vorzugsweise selbst geschaffene – Sicherheit und Stabilität. Wie die anderen Hofkarten der Münzen ist sie standhaft und ausdauernd, wenn es darum geht, die von ihr angestrebte finanzielle Unabhängigkeit zu erreichen.

Diese Frau ist oft fest angestellt und sieht in der Karriere ihr Ziel; sie ist bereit, für den Luxus, die Sicherheit und die persönliche Unabhängigkeit, die sie so sehr schätzt, hart zu arbeiten. Wichtig sind ihr der Besitz von Wertgegenständen und der Grundbesitz. Die erdverbundene Königin vertritt die für ihren Satz typische Hinwendung zu Finanzen und Beruf. Sie besitzt auch die realistischen, praktischen Eigenschaften, die den Münzen zugeordnet sind sowie die Fähigkeiten der Kreativität und die Liebe zur Natur.

Zu ihren Fähigkeiten gehört es auch, sich eine schöne Umgebung zu schaffen. Ihre Vorstellungen sind konstruktiv und gut durchdacht. Dieser Gestaltungswille kann sich allerdings auch auf die sie umgebenden Menschen beziehen. Gegenüber den Menschen, die sie liebt, kann sie folglich recht besitzergreifend sein. Doch andererseits ist sie bereit, viel Zeit, Energie und sogar Geld aufzuwenden, um anderen ebenfalls zur Sicherheit zu verhelfen.

Ihrer Meinung nach geht es im Leben vor allem um Verantwortung. Sie hat erkannt, dass sie die finanzielle Belohnung und einen guten Ruf, den sie so sehr verdient, erreichen wird, wenn sie diese Verantwortung übernimmt.

Die Königin der Münzen steht für eine Frau, die mit Hilfsbereitschaft, Vernunft und Fantasie viel leistet. Das Zuhause ist ihr wichtig, und sie bringt ihre Kreativität dort ebenso zum Tragen, wie im Geschäft, im Beruf und in der Familie.

Diese Königin muss allerdings lernen, Sicherheit in sich selbst zu schaffen, statt sich auf Komfort und Stabilität zu verlassen.

Umgekehrt: Die umgekehrte Königin der Münzen kann unsicher sein. Ihre Kreativität stagniert, sie verfügt über wenig finanzielle Macht oder Unabhängigkeit. Die Abhängigkeit von anderen, die Entscheidungen für sie selbst treffen sollen, hat sie in eine sehr bedenkliche, instabile Lage gebracht. Nun brütet sie vor sich hin, wird launisch und schiebt die Schuld für ihre Probleme auf andere. Sie weigert sich hartnäckig, die Verantwortung für ihr Leben und ihre Handlungen zu übernehmen, immer ist jemand anders an ihren Problemen schuld. Sie zieht es vor, ihr Leben für und durch andere zu leben und verlässt sich darauf, dass diese ihre Gedanken und Handlungen lenken.

Sie hat wenig Selbstvertrauen, kümmert sich nicht um ihr Aussehen oder ihr Zuhause und wirkt zurückhaltend und nicht vertrauenswürdig. Ihre Fähigkeiten liegen brach. Sie ist traurig und nachdenklich, willensschwach und schwankend. Sie steht dem Leben unschlüssig gegenüber.

DIE KÖNIGE

Die Könige repräsentieren reife Männer, die zur Ruhe gekommen sind und ihren Platz im Leben gefunden haben.

Für ihre Deutung gelten die gleichen Regeln wie bei den Königinnen: Sie stehen für Menschen oder Charaktereigenschaften.

Es gibt hier eine Ausnahme: Der umgekehrte König der Schwerter weist auf ein ungerechtes Ereignis hin, auf eine Entscheidung zum Nachteil des Ratsuchenden.

Die Bedeutung der Karten

König der Stäbe

Dieser König ist ein kreativer Mann voller Unternehmungsgeist, der immer eine herausfordernde Situation oder ein aufregendes, ehrgeiziges Ziel braucht. Er freut sich am gesunden Wettbewerb im geschäftlichen Bereich, in der Politik oder beim Sport. Er zieht die Aufmerksamkeit durch seine Diskussion auf sich, durch hitzige Debatten, durch sein Lachen, seine Späße und Scherze. Er hat seine ehrgeizigen Berufsziele erreicht und könnte sich jetzt einem Bereich zuwenden, in der andere seine Hilfe brauchen.

Im Grunde ein warmherziger und großzügiger Mensch, engagiert er sich jetzt für wohltätige und humanitäre Einrichtungen und setzt seine eindrucksvolle und wirkungsvolle Persönlichkeit dafür ein, zu helfen, Werbung zu machen, zu organisieren und Ziele zu verwirklichen.

Vielleicht war er früher zu ehrgeizig, zu sehr mit sich selbst beschäftigt. Nun, da er seine Ziele erreicht hat, verspürt er das Bedürfnis, etwas zu geben oder hilfsbereit zu sein, was anderen zugute kommt.

Für ihn ist das Leben eine Bühne, auf der er eine Hauptrolle spielen möchte. Als ehrgeiziger Selbstdarsteller arbeitet er am liebsten unabhängig, als sein eigener Chef.

Für diesen König steht über allem, dass das Leben gelebt und erfahren werden muss. Voller Freude und Erwartung stürzt er sich immer wieder in neue Unternehmungen und genießt die Aufregung des Dabeiseins und des Abenteuers. Er ist mutig und freundlich, hält sich gerne im Freien auf und mag die Gesellschaft von Menschen, sportliche Betätigung und Wettkämpfe. Er ist ein guter Ehemann und Familienmensch, engagiert sich in der Politik, der Gemeinde oder bei Vereinen. Beruflich nutzt er seine natürliche Entschlossenheit, sein Charisma und seinen Weitblick als Leiter, Manager oder Verwalter. Seine Charaktereigenschaften sind Ehrlichkeit, Großzügigkeit und Vertrauenswürdigkeit.

Umgekehrt: Der umgekehrte König der Stäbe hat seine freundlichen, großzügigen Qualitäten verloren. Seine einst offene, zum Teilen bereite Persönlichkeit kann jetzt von egoistischen, rechthaberischen Ansprüchen und gewinnsüchtigen Taktiken geprägt werden.

Ein solcher nur auf sein eigenes Wohl bedachter Mann hat sich durch seine Arroganz vielleicht sein »eigenes kleines Reich« geschaffen, aus dem alle Menschen, Orte und Dinge, die sich seinen herrschenden Regeln nicht anpassen wollen, ausgeschlossen werden. Er wird argwöhnisch und engt seine Welt auf selbstsüchtige Ziele und den eigenen Genuss ein.

»Ich will das alles sofort erledigt haben, und zwar so, wie es mir passt«, sagt der umgekehrte König der Stäbe. Antagonistisch eingestellt, ist er bereit zum Streiten, um seine Forderungen durchzusetzen.

Er kann launisch, streng, voreingenommen und engstirnig sein. Er ist streitsüchtig, überheblich, egoistisch; alles muss nach seinem Willen gehen.

König der Kelche

Der König der Kelche hat ein tiefes Verständnis für das Leben und dessen innere psychische und spirituelle Bedeutung. Er setzt seine große Intelligenz ein, um die Tiefen der Seele zu erforschen.
Bei allem, was dieser König tut, ist er immer vollkommen aufrichtig. Das Wasser, das wie in einer Welle durch die Karte fließt, steht für die emotionale Kraft dieses Königs. Daraus ergeben sich sinnvolle Handlungen.
Seine Position im Leben könnte im kreativen Bereich, zum Beispiel der Kunst liegen. Die Medizin, das Rechtswesen oder das Geschäftsleben sind Hauptgebiete seines Interesses. Seine Entschlossenheit und sein Mut verleihen ihm die emotionale Energie und Zielstrebigkeit, mit der er sehr starke Gefühle für die Dinge entwickelt, auf die er sich einlässt. Er besitzt enorme, unbewusste Kräfte der Intuition, Fantasie und Kreativität. Wenn man diesem König zum ersten Mal begegnet, kann man meist noch nicht hinter seine zwar leidenschaftliche, aber doch sehr beherrschte, ruhige und intellektuelle Selbstdarstellung blicken. Lernt man ihn aber näher kennen, werden seine intensiven Gefühle und seine Fürsorge für andere offensichtlich. Er sorgt sich aufrichtig um Menschen, die ihm nahe stehen, und um gesellschaftliche Belange. Dieser Teil seines Charakters erschließt sich anderen erst ganz allmählich, man zollt ihm schließlich aber Bewunderung und großen Respekt. Mit seinem Verantwortungsbewusstsein und seiner Fürsorge, seiner Aufrichtigkeit und seinem Mitgefühl ist der König der Kelche wie ein Schatz, der aus der Tiefe seines Elements, des Meeres, geborgen wurde.
Er interessiert sich für Kunst, Philosophie, Psychologie und Wissenschaft. Beruflich tritt er oft als Rechtsberater, ein ärztlicher Berater oder Ratgeber in anderen Fragen in Erscheinung.
Umgekehrt: Der umgekehrte König der Kelche ist emotional unreif. Da es ihm nie gelungen ist, mit seinen eigenen Gefühlen ins Reine zu kommen, kann er abwehrend, sarkastisch oder neurotisch wirken. Seine Sensibilität nimmt leicht überhand, und er versucht, seine Unruhe mit den verschiedensten Illusionen zu betäuben. Er belügt sich im Hinblick auf seine Gefühle und kann diese Selbsttäuschung noch durch den Genuss von Alkohol oder Drogen, durch sexuelle Eskapaden und sinnlose Unternehmungen verstärken.
Wenn die Karte umgekehrt fällt, ist der König der Kelche nicht mehr vertrauenswürdig, und seine Ratschläge können falsch sein. Seine Worte sind unaufrichtig und berechnend, um andere zu täuschen und zu beeinflussen und sich so einen Vorteil zu verschaffen. Emotionale Probleme, die im Unbewussten vergraben werden, können zu bedenklichen, ungesunden Abhängigkeiten führen. Er ist erschrocken und fühlt sich bedroht von seiner eigenen Empfindlichkeit. Er verbirgt deshalb seine Unsicherheit hinter einer Fassade von Kaltschnäuzigkeit. Ein anderes Anzeichen für Persönlichkeitsprobleme dieses Königs sind seine Schwäche und Wirkungslosigkeit, die er vielleicht durch äußere Feindseligkeit tarnt.

Die Bedeutung der Karten

König der Schwerter

Der König der Schwerter kennt die Einsamkeit und Sorge seiner Gemahlin, der Königin der Schwerter, nicht. Da dieser König zum Satz der Schwerter gehört, hat er geistige oder physische Schlachten ausgetragen. Das Leben hat ihm im privaten oder beruflichen Bereich schwere Zeiten beschert, die er überwunden hat. Aufgrund seiner Kämpfe kann er sich nun bei seinen Urteilen auf seine eigene, persönliche Erfahrung stützen.

Seit wir ihn als Ritter sahen, ist er gereift und hat manche seiner ehrgeizigen jugendlichen Ziele verwirklichen können. Er hat sich den Herausforderungen des Lebens gestellt, sie bestanden und dabei an Weisheit, Urteilskraft und Lebenserfahrung gewonnen.

Da er ein Entscheidungsträger ist, hört der König der Schwerter anderen gut zu und wägt alle Schlüsse, die er ziehen muss, sorgfältig gegeneinander ab. Dabei verbindet er Aufrichtigkeit mit Diplomatie, Unparteilichkeit mit Mitgefühl und gelangt so zu gerechten Urteilen. Bei einer Lesung steht er daher auch für eine gerechte Entscheidung, die über den Ratsuchenden gefällt wird.

Dieser König ist ein Fachmann, oft ein Anwalt, Arzt oder Lehrer. Er arbeitet womöglich in einem Beruf, in dem er Anerkennung für seine besonderen Talente erhält. Geeignet ist er auch für Verwaltungsaufgaben – als Spezialist. Oft hat er sich eine Position (im Berufsleben, zu Hause oder in der Gesellschaft) erobert, in der er die Entscheidungsgewalt hat oder als Schiedsrichter fungiert. Er ist von Natur aus intelligent und diskutiert über Themen von humanitärer, philosophischer oder globaler Bedeutung. Obwohl er sehr festgefasste Ansichten hat, ist er bereit, sich auch andere Standpunkte anzuhören, damit er sicher sein kann, dass alles gerecht zugeht.

Seine Güte drückt sich in seinen Taten und Handlungen aus. Der König der Schwerter glaubt an die Macht des gesprochenen oder geschriebenen Wortes. Seine Gefühle behält er allerdings für sich. Er spricht lieber über unpersönliche Dinge wie die Wirtschaft, die Politik oder den Zustand der Welt.

Umgekehrt: In diesem Fall bringt der König der Schwerter eine Entscheidung, die negative Auswirkungen auf den Ratsuchenden haben kann.

Dieser König ist voller Vorurteile und Bosheit und will um jeden Preis Vergeltung üben. Wehe dem unschuldigen Zuschauer, der sich seinen Zorn zuzieht: Der König handelt mit Rachsucht und versucht jeden, der sich ihm in den Weg stellt, zu vernichten.

Für den umgekehrten König der Schwerter kann die Welt wie ein einziges Schlachtfeld aussehen. Er ergreift sein Schwert und kämpft echte oder unechte Schlachten, die meist nur in seiner Einbildung existieren. Seine gewandte Klugheit wird nun zu unredlicher Träumerei. Er schmiedet Rachepläne, beschuldigt andere, intrigiert und zieht seine Anschuldigungen verbissen durch. Auch rechtliche Schwierigkeiten könnten durch den umgekehrten König der Schwerter ausgedrückt werden.

Der König der Schwerter verliert sein Gleichgewicht und taumelt in vorurteilsbeladenes Denken und ungerechte Ansichten. Seine ruhige Persönlichkeit wird kalt und rücksichtslos, seine Worte sind zynisch und voller Misstrauen.

König der Münzen

Wir finden den König der Münzen inmitten seines Besitzes und Wohlstandes. Seine harte Arbeit und die Ausdauer haben sich reichlich ausgezahlt. Jetzt hat er eine Phase seines Lebens erreicht, in der er über das, was er angesammelt hat, nachdenken kann. Er hat im finanziellen Bereich großen Erfolg gehabt, ob es nun um Investitionen, Kauf und Verkauf, Grundbesitz und Grundstücksgeschäfte, geschäftliche und landwirtschaftliche Unternehmungen ging. Das liegt nicht zuletzt daran, dass er sich ein Stück Land nur anzusehen braucht, um zu erkennen, welche riesigen Potenziale in seiner Tiefe schlummern. Er liebt die Erde und hat ein starkes Gefühl für die Natur. Wegen seiner engen Bindung zur Erde kann er den Reichtum der Natur zu einer guten Ernte führen.

Zu diesem König »spricht Geld«. Er hat ein Händchen dafür, es zu vermehren und vorteilhafte Geschäfte zu machen. Oft misst er andere ebenfalls an ihrem »finanziellen Wert«. Für den König der Münzen zählt, was man besitzt, nicht, wie man denkt.

Er kann aber nicht nur hervorragend mit Geld umgehen, sondern verfügt auch über sehr gute technische Fähigkeiten.

Da er ein praktischer König ist, glaubt er nur das, was seine Sinne ihm sagen. Er bezweifelt alles, was er nicht sehen, hören, berühren, schmecken oder riechen kann.

Oft kommt dieser Mann aus einem traditionellen, konservativen Milieu. Hinblick auf seine eigene Familie ist er besonders altmodisch. Sein Niedergang könnte sein, dass er gegenüber den ihm nahestehenden Menschen zu besitzergreifend ist. Hartnäckig verlangt er Respekt und Loyalität. Er verkündet lauthals seine Herkunft und ist stark mit seiner Vergangenheit verbunden. Er ist im Grunde ein vorsichtiger Mann, geht aber dann Risiken ein, wenn ein materieller Gewinn winkt.

Der Ritter der Münzen ist gereift und erfährt jetzt als König, dass sich die ernsten Bemühungen, sich zu etablieren und sein Einsatz im Beruf ausgezahlt haben. Seine Zuneigung und Liebe zeigt er noch immer durch Großzügigkeit.

Umgekehrt: Der umgekehrte König der Münzen kann eigensinnig und tyrannisch sein. Er kann völlig materialistisch eingestellt sein und ist unter Umständen bereit, für Geld alles zu tun. Er greift auch zu illegalen oder unmoralischen Mitteln, um sich Reichtum und eine gute

Die Bedeutung der Karten

Position zu verschaffen. Er lässt sich durch den Status und die gesellschaftliche Stellung anderer beeindrucken und hat bei dem Versuch, für sich selbst das gleiche Ansehen zu erringen, ein höchst übersteigertes Ego entwickelt. Man darf ihm bei Geldgeschäften nicht trauen. Auch wenn sein Geld nicht schmutzig ist – seine Methoden könnten es sein. In umgekehrter Position ist dieser König außerdem stur und unpraktisch. Er stellt extreme Erwartungen an die Menschen, die er liebt.

Unter seiner fanatischen, totalitären Herrschaft schlägt die konservative Grundhaltung in Diktatur um. Diese Karte zeigt entweder ein Arbeitstier oder einen nichtstuenden, faulen Mann. Er rackert sich vergeblich als Sklave seines eigenen Ansehens oder materieller Dinge ab. Bezüglich seiner Finanzen ist sein Ruf sehr schlecht, er ist hinterhältig und könnte auch ein Betrüger sein. Sein Geld benutzt er mitunter, um andere zu beeinflussen oder gar zu bestechen.

In umgekehrter Stellung liegt dem König der Münzen nur sein Besitz am Herzen. Dabei wird er wahrscheinlich Menschen, die er liebt, sowie auch seine eigenen geistigen, emotionalen und spirituellen Bedürfnisse ignorieren. Signifikant sind Sturheit und Unflexibilität.

Übungen zu Königinnen und Königen

Füllen Sie die Lücken im nachfolgenden Text aus.

1. Nennen Sie drei Haupteigenschaften der Königin und des Königs der Stäbe.
   a)..
   b) ....
   c)..

2. Die Königin und der König der Schwerter besitzen beide die folgenden wichtigen Eigenschaften .... ihres Satzes: ....
   a) ....
   b) ....
   c) ....

3. Die Königin und den König der Münzen kann man so beschreiben:
   a) ....
   b) ....
   c) ....

4. Die Königin und der König der Kelche besitzen die drei folgenden wichtigen Eigenschaften:
   a)..
   b) ....
   c)..

Übungen zu Königinnen und Königen

5. Der König der .... glaubt an Gerechtigkeit und Gleichheit und an die Macht des gesprochenen und geschriebenen Wortes.
6. Die Königin der .... zieht sich wegen ihrer Empfindsamkeit gegenüber ihrer Umgebung oft zurück.
7. Der König der .... ist überzeugt, dass es darauf ankommt, was man besitzt und wofür man arbeitet.
8. Die umgekehrte Königin der .... ist sehr herrisch und setzt ihre Attraktivität ein, um sich Vorteile zu verschaffen.
9. Dem umgekehrten König der .... bereitet es große Schwierigkeiten, sich seinen eigenen Gefühlen zu stellen.
10. Die umgekehrte Königin der .... zerrt ihre unglückliche Vergangenheit voller Verbitterung in die Gegenwart.
11. Für den König der .... ist das Leben eine Herausforderung, die ihm Spaß macht.
12. Die umgekehrte Königin der .... ist unsicher und zu sehr von anderen abhängig.
13. Dem umgekehrten König der Münzen ist
    a) .... wichtiger als alles andere.
    b) Er ist .... und
    c) manipuliert Geld mit .... Mitteln.
14. Die umgekehrte Königin der Kelche lebt lieber in
    a) .... voller
    b) ....
    c) .... Ängsten.
15. Die umgekehrte Königin der Stäbe ist .... und macht .... bewusst.
16. Der umgekehrte König der Schwerter ist
    a) .... und ....
    b) Er fällt .... Urteile und schiebt die Schuld auf andere.
17. Der König der Kelche interessiert sich für
    a) ....
    b) ....
    c) ....
18. Die Königin der Schwerter ist nicht einsam, sondern ....
    ....
19. Der umgekehrte König der Stäbe ist .... und
    .... – alles muss nach seinem Willen gehen.

Die Bedeutung der Karten

20. Die Königin der Münzen hält Zwiesprache mit
   a) ....
   b) und glaubt daran, ihre .... zu haben.

Aufgaben zu den Königinnen
Ordnen Sie die Begriffe bezüglich der richtig liegenden Karten einander zu.
- ☐ 1. Schätzt finanzielle Sicherheit und Unabhängigkeit; arbeitet daran, selbst die Grundlage ihrer Stabilität zu werden.
- ☐ 2. Attraktiv, beliebt, mit Führungsqualitäten
- ☐ 3. Sehr intelligent, entschlossen und scharfsichtig
- ☐ 4. Sentimental, empfindsam, intuitiv, voller Liebe

a) Königin der Stäbe   d) Königin der Schwerter
b) Königin der Kelche   c) Königin der Münzen

Ordnen Sie nun die jeweiligen Begriffe bezüglich der umgekehrten Karten einander zu.
- ☐ 1. Grausame Worte, ungerechte Urteile, Bitterkeit
- ☐ 2. Emotional verwundbar; angstvolle Vorstellung
- ☐ 3. Benutzt ihren Charme, um Vorteile zu erlangen.
- ☐ 4. Unstabil; psychische Unausgeglichenheit als Folge von Unsicherheit

a) Königin der Stäbe   d) Königin der Schwerter
b) Königin der Kelche   c) Königin der Münzen

Aufgaben zu den Königen
Ordnen Sie die Begriffe bezüglich der richtig liegenden Karten einander zu.
- ☐ 1. Aufrichtig; einfühlsamer Berater; fürsorglich
- ☐ 2. Angriffslustig, beliebt, genießt Ansehen; warmherzig
- ☐ 3. Entscheidungsträger, gerecht, intelligent und hoch moralisch;
- ☐ 4. Häuft finanzielle Sicherheiten, wertvolle Gegenstände und Besitz an

a) König der Stäbe   c) König der Schwerter
b) König der Kelche   d) König der Münzen

Lösungen

Machen Sie nun die Zuordnung bezüglich der umgekehrten Karten.
- 1. Streitsüchtig, selbstsüchtig, rechthaberisch
- 2. Emotional gestört und neurotisch
- 3. Nicht vertrauenswürdig, ein Spieler; benutzt sein Geld, um andere zu kaufen
- 4. Vorurteilsbeladenes Denken, ungerechte Urteile

a) König der Stäbe   c) König der Schwerter
b) König der Kelche   d) König der Münzen

Lösungen

Lückentest

1. a) Freundlich, liebt Menschen
   b) Ehrgeizig, kreativ, Führungsqualitäten
   c) Abenteuerlustig
2. a) Intelligenz
   b) Entschlussfreudigkeit
   c) Gerechtigkeitssinn
3. a) Auf Sicherheit bedacht
   b) Legt Wert auf Geld
   c) Liebt die Erde, die Natur
4. a) Empfindsamkeit
   b) Emotionalität
   c) Gefühlstiefe
5. König der Schwerter
6. Königin der Kelche
7. König der Münzen
8. Königin der Stäbe
9. König der Kelche
10. Königin der Schwerter
11. König der Stäbe
12. Königin der Münzen

13. a) Geld
    b) Eigensinnig
    c) Unmoralisch
14. a) Träumen oder Fantasien
    b) Illusionen
    c) düsteren Gedanken
15. Ehrgeizig und Karriere
16. a) rachsüchtig und boshaft
    b) unfair
17. a) Psychologie
    b) Philosophie
    c) Kunst
18. selbstständig und unabhängig
19. rechthaberisch und selbstsüchtig
20. a) der Natur
    b) Sicherheit

Zuordnung der Königinnen
Bedeutung in richtiger Stellung
1. c   3. d
2. a   4. b

Bedeutung in umgekehrter Stellung
1. c   3. a
2. b   4. d

Zuordnung der Könige
Bedeutung in richtiger Stellung
1. b   3. c
2. a   4. d

Bedeutung in umgekehrter Stellung
1. a   3. d
2. b   4. c

Aufgabe: Siehe Lektion 12.

Lektion 12: Aufgabe zu Buben, Rittern, Königinnen und Königen

Da wir die Kleinen Arkana einschließlich der Hofkarten benutzen, können wir mit dieser Aufgage Rückschlüsse aus dem Gesamtbild ziehen.

SIGNIFIKATOR
Signifikatorkarte – Königin der Kelche

DAS ABHEBEN
Vergangenheit – Bube der Stäbe
Gegenwart – Zehn der Kelche
Zukunft – Sieben der Münzen, umgekehrt

DIE AUSLEGUNG

Position 1 **Gegenwärtiger Einfluss** – Acht der Kelche, umgekehrt
Position 2 **Hilfen oder Hindernisse** – Ritter der Kelche
Position 3 **Vergangenheit, Motivation** – Ritter der Stäbe, umgekehrt
Position 4 **Jüngere Vergangenheit** – Sieben der Schwerter, umgekehrt
Position 5 **Mögliche Zukunft** – Zehn der Schwerter, umgekehrt
Position 6 **Nahe Zukunft** – Bube der Schwerter
Position 7 **Einstellung der Ratsuchenden** – Neun der Stäbe
Position 8 **Umfeld der Ratsuchenden** – König der Schwerter, umgekehrt
Position 9 **Hoffnungen und Ängste** – As der Kelche
Position 10 **Ergebnis** – Sechs der Kelche, umgekehrt

Wenn man sich die Auslegung ansieht, zeigen die ersten Beobachtungen den allgemeinen Trend der Lesung an.
1. a) Welches ist der am stärksten vertretene Satz in dieser Auslegung (inklusive der Signifikatorkarte):
   b) Was zeigt er an?
2. a) Welches ist der zweitstärkste Satz?
   b) Was zeigt er an?
3. a) Wie viele Hofkarten gibt es?
   b) Repräsentieren sie alle Menschen, die etwas mit der Frage zu tun haben? Welche Hofkarte bildet eine Ausnahme?
   c) Falls nicht, wofür stehen sie dann?

Die Bedeutung der Karten

4. Ein weiterer wichtiger Faktor in der Auslegung ist das Vorherrschen von umgekehrten Karten.
   a) Wie viele Karten liegen in der Auslegung umgekehrt, ohne den Abhebestapel?
   b) Worauf weist das hin?
5. a) Was zeigt die Gegenwart auf dem Abhebestapel an?
   b) Welche Erfahrung hat sie in der Vergangenheit im Zusammenhang mit der Frage gemacht?
   c) Ihre Zukunft wird durch die umgekehrte Sieben der Münzen repräsentiert. Was zeigt sie an?
6. Beschreiben Sie die Königin der Kelche.
7. Nach welchem Aspekt ihres Lebens fragt die Ratsuchende?
8. Was bedeutet die umgekehrte Acht der Kelche, wenn die Ratsuchende bestätigt hat, dass andere mit der Frage zu tun haben?
9. In Position 2 für Hilfen oder Hindernisse liegt der Ritter der Kelche. Er ist ein junger Mann. Welches sind seine Charaktereigenschaften?
10. Beachten Sie noch einmal die Position.
    a) Was könnte der junge Mann für die Ratsuchende bedeuten?
    Wenn in dieser Position eine Hofkarte liegt, ist es aber auch möglich, dass die Ratsuchende den Charakter eines Menschen oder sein Verhalten anzweifelt.
    b) Was könnte die Königin der Kelche angesichts der Position und des Charakters des Ritters der Kelche an ihm in Zweifel ziehen?
11. In der Vergangenheitsposition liegt der umgekehrte Ritter der Stäbe. Beschreiben Sie seinen Charakter. Wer könnte er sein?
12. Worauf deutet die in der Position für die jüngere Vergangenheit liegende umgekehrte Sieben der Schwerter bezüglich der Ratsuchenden hin?
13. In der Position für die mögliche Zukunft liegt die umgekehrte Zehn der Schwerter. Was könnte der Königin der Kelche die Zukunft bringen?
14. Der Bube der Schwerter steht für das nächste Ereignis.
    a) Was für ein Ereignis wird das sein?
    b) Auf welche Charaktereigenschaften sollte die Ratsuchende beim Umgang mit diesem Ereignis zurückgreifen?
    c) Worauf muss die Königin der Kelche vorbereitet sein?
15. Für die Einstellung der Königin steht die Neun der Stäbe. Wie ist ihre Einstellung folglich?
16. Worauf deutet der umgekehrte König der Schwerter in der Position für das Umfeld der Ratsuchenden hin?
17. In Position Hoffnungen und Ängste liegt das As der Kelche. Wie kann man das treffend deuten?
18. Was zeigt die umgekehrte Sechs der Kelche im Hinblick auf die Frage der Ratsuchenden für die Zukunft an?

Lösungen

Allgemeine Beobachtungen zur Beurteilung einer Lesung (ohne den Abhebestapel)
1. a) der Satz der Kelche
   b) geliebten Menschen oder eine emotionale Frage
2. a) der Satz der Schwerter
   b) Schwierigkeiten und mühevolle Umstände.
3. a) vier (ohne die Signifikatorkarte)
   b) Nein, die Hofkarten in dieser Auslegung repräsentieren nicht alle Menschen. Die meisten der Hofkarten sind andere Menschen, die Buben bilden jedoch die Ausnahme.
   c) Die Buben stehen für Botschaften oder für Charaktereigenschaften, die die Ratsuchende im Zusammenhang mit ihrer Frage zum Tragen bringen wird.
4. a) Es gibt sechs umgekehrte Karten.
   b) Auf Beunruhigendes zu der Frage. Zu bemerken ist, dass diese Karten gleichmäßig auf die Positionen für die Vergangenheit, die Gegenwart und die Zukunft verteilt sind.
5. a) Die Ratsuchende ist gegenwärtig im Hinblick auf eine Beziehung oder die Familienverhältnisse zufrieden. Wir verwenden hier die emotionalen Bedeutungen der Zehn der Kelche, weil die Ratsuchende die Königin dieses Satzes als Signifikatorkarte gewählt hat.
   b) Der Bube der Stäbe deutet darauf hin, dass sie in der Vergangenheit im Zusammenhang mit ihrer Frage dynamische und mutige Tatkraft erlebt hat. Diese Kräfte könnten ihre Beziehung in ihr Leben gebracht haben, wie Frühlingsgefühle oder eine Neugeburt. Der Bube kann aber auch ein Kind sein, das ihr am Herzen liegt. Ziehen Sie die Charaktereigenschaften zu Rate, um herauszufinden, wer der Bube ist.
   c) In der Zukunft könnte ihr eine Zeit der Seelenerforschung und Umorientierung bevorstehen. Vielleicht wird es auch zu Geldproblemen kommen.
6. Die Königin der Kelche ist eine empfindsame, emotionale, liebevolle Frau.
7. Sie fragt nach einem emotionalen Thema oder ist im Hinblick auf ihre Frage selbst empfindsam und emotional.
8. Genießen von geselligen Zeiten; ihr gegenwärtiges Leben ist voller Annehmlichkeiten.
9. Aufrichtigkeit und Empfindsamkeit.
10. a) Er könnte ihr helfen.
    b) Sie könnte seine emotionale Aufrichtigkeit und Absichten in Zweifel ziehen.
    Anmerkung: Die umgekehrte Acht der Kelche deutet darauf hin, dass die Ratsuchende im Augenblick keine Probleme hat. Das wird durch die Zehn der Kelche auf dem beim Abheben entstandenen Gegenwartsstapel bestätigt. Falls sie also die Absichten des Ritters der Kelche anzweifelt, dann jedenfalls nicht aufgrund ernster Beziehungsprobleme.
11. In der Vergangenheit wurde das Leben der Ratsuchenden durch einen Mann zwischen 18 und 35 beeinflusst, der streitsüchtig, eifersüchtig und sehr aggressiv war. Es könnte sich dabei um einen früheren Geliebten handeln. Da er in der Position für die Vergangen-

heit/Motivation der Ratsuchenden liegt, könnte diese unangenehme Erfahrung der Grund für ihre gegenwärtige Frage über den Ritter der Kelche und seinen Charakter sein. In ihrer Vergangenheit hat es einen schwierigen jungen Mann gegeben, mit dem sie sich gestritten hat. Ihre gegenwärtige Beunruhigung resultiert aus diesem früheren Konflikt.

12. Sie hat von unerwarteter Seite eine Entschuldigung oder ein Lob erhalten. Außerdem könnte sie vor kurzem beschlossen haben, ein positives Selbstbild zu entwickeln und sich selbst zu einem positiven, glücklichen und produktiven Leben zu verhelfen. Diese Annahme wird durch den Buben der Stäbe auf dem Abhebestapel für die Vergangenheit gestützt.
13. Die Königin der Kelche könnte feststellen, dass ihre Schwierigkeiten und ihre Beunruhigung nachlassen oder sogar ganz verschwinden.
14. a) Eine beunruhigende Botschaft, die überraschende Informationen enthält; ein Ereignis, das etwas mit Argwohn oder Spionieren zu tun hat. Die Ratsuchende könnte bald eine überraschende Botschaft von einem Dritten erhalten, durch die sie über bedenkliche Umstände im Zusammenhang mit ihrer Frage informiert wird. Sie könnte etwas von dem Ritter der Stäbe aus ihrer Vergangenheit oder auch etwas über ihn hören.
b) Anpassungsfähigkeit, Aufgewecktheit, diplomatisches Geschick und Offenheit in allen Formen der Kommunikation.
c) Sie muss auf diese beunruhigende Botschaft gefasst und vorbereitet sein, um dann kommunikativ und flexibel mit ihr umzugehen.
15. Sie ist abwehrbereit und wachsam; ihre Rechte dürfen nicht verletzt werden.
16. Der umgekehrte König der Schwerter in der Position für ihr Umfeld deutet darauf hin, dass ein vorurteilsbeladener Mann über 35 versucht, sie in dieser Sache zu beeinflussen. Sein Standpunkt ist unzutreffend und sehr einseitig. Die Fragende sollte seine Ratschläge nicht befolgen. Es wird eine Entscheidung getroffen werden, die negative Auswirkungen auf sie haben wird.
17. Als Hoffnung auf Verständnis für das eigene Ich und neues Fließen der Gefühle; Hoffen auf ein gutes Einvernehmen zwischen ihr und dem Ritter der Kelche. Die Hoffnungen richten sich auf die positiven Eigenschaften in ihrer neuen Liebe (nicht einer vergangenen Liebe).
18. Die umgekehrte Sechs der Kelche zeigt an, dass unsere Königin der Kelche es schwierig finden wird, ihre Vergangenheit loszulassen. Vielleicht wird die beunruhigende Botschaft in der nahen Zukunft (Bube der Schwerter) dazu führen, dass sie sich zu sehr mit unglücklichen Ereignissen der Vergangenheit beschäftigt. Der Ritter der Stäbe könnte zurückkehren und sie erneut beeinflussen, da die umgekehrte Sechs der Kelche ein unerwünschtes oder unerfreuliches Wiedersehen anzeigt. Sie muss ihren Argwohn und ihr übertrieben emotionales Verhalten zügeln und versuchen, eine ausgeglichene Perspektive zu bewahren. Die durch den umgekehrten Ritter der Stäbe angezeigten Schäden, die vergangene Beziehungen angerichtet haben, könnten bedeuten, dass sie ihre Vergangenheit abstreifen und in Zukunft besser in ihrem Leben »aufräumen« muss.

Diese Zukunftskarte ist interessant, denn sie bezieht sich auf ein Problem der Einstellung: ein Leben in der Vergangenheit und die Weigerung, sich davon zu lösen. Diese Einstellung kann die Ratsuchende aber ändern. Es wäre also denkbar, dass sie in der Zukunft das Unglück abwenden kann, indem sie ihre Einstellung ändert und es den Menschen oder Umständen aus der Vergangenheit nicht erlaubt, sie zu beherrschen.

Wenn wir uns die mögliche Zukunftskarte ansehen, um unsere Deutung zu bestätigen, finden wir Ermutigung. Die umgekehrte Zehn der Schwerter weist darauf hin, dass eine negative Situation sich bessert. Die Fragende könnte ihre Ansicht ändern und bei höheren Mächten Hilfe suchen. Auch hier wird also eine Veränderung der Einstellung angezeigt. Die Karte für die mögliche Zukunft bedeutet, dass noch Hoffnung besteht, und bestätigt damit unsere Auffassung, dass die umgekehrte Sechs der Kelche kein unveränderliches Schicksal ist.

Sie würden der Fragestellerin daher raten,

- mit beunruhigenden Neuigkeiten zu rechnen (Bube der Schwerter in der nahen Zukunft);
- sich klarzumachen, dass sie die Königin der Kelche ist, also zu übertriebener Emotionalität im Zusammenhang mit Herzensangelegenheiten neigt;
- anzuerkennen, dass sie in der Vergangenheit im emotionalen Bereich tatsächlich schwere Zeiten durchgemacht hat (umgekehrter Ritter der Stäbe);
- sich bewusst zu machen, dass der Ritter der Kelche in ihrem gegenwärtigen Leben einen ganz anderen Charakter hat als der umgekehrte Ritter der Stäbe aus ihrer Vergangenheit. Warnen Sie sie davor, ihre Zukunft mit dem Ritter der Kelche durch eine übertriebene Reaktion auf die bevorstehenden beunruhigenden Neuigkeiten aufs Spiel zu setzen. Raten Sie ihr, auf die Eigenschaften des Buben der Schwerter zurückzugreifen, also zu reden und flexibel zu bleiben. Falls sie sich nämlich nicht anpassen kann, wird es zu der Situation kommen, die die umgekehrte Sechs der Kelche anzeigt: Sie wird ihren vergangenen Liebeskummer mit dem gegenwärtigen jungen Ritter identifizieren und die Unterschiede zwischen den beiden Männern nicht sehen können.

Sie muss sich ändern, die Vergangenheit hinter sich lassen und für das Heute leben, sonst könnte sie genau die Zukunft heraufbeschwören, vor der sie Angst hat.

Die Zukunft liegt in ihrer Hand. Raten Sie ihr, nicht in der Vergangenheit zu leben, in der sie von »negativen« Männern (König der Schwerter und Ritter der Stäbe, beide umgekehrt) beherrscht wurde. Warnen Sie die Ratsuchende vor ihrer Neigung, dies zu tun, und erklären Sie ihr, dass sie ihre zukünftige Situation ganz allein bestimmen kann. Schlagen Sie ihr vor, selbst ihr bester Freund zu sein, so wie sie sich es erst vor kurzem geschworen hat.

Lektion 13: **Die Großen Arkana 0 – VII**

Kurz zur Erinnerung: Die Karten der Großen Arkana stehen für die spirituelle Bedeutung der Lektionen unseres Lebens. Es geht also hier weniger um konkrete Lebenssituationen, sondern um die psychischen und nicht offensichtlichen Einflüsse, die dahinterstehen.

Die wichtigsten Grundbegriffe

Breiten Sie die Großen Arkana vor sich aus. Wählen Sie zwei Karten – eine, die Ihnen besonders gut gefällt, und eine, die Sie nicht mögen. Vergleichen Sie die beiden Karten mit denen, für die Sie sich in Lektion 2 entschieden haben, und schlagen Sie dann die Bedeutung dieser zwei Trümpfe nach.

- Wenn eine Auslegung acht oder mehr Karten der Großen Arkana enthält, deutet das darauf hin, dass Schicksalsmächte oder wichtige psychische und spirituelle Kräfte den Ratsuchenden im Zusammenhang mit seiner Frage beeinflussen werden.
- Falls in beiden Positionen für die Vergangenheit (3 und 4) Karten der Großen Arkana erscheinen, ist es im Leben des Ratsuchenden zu einer schweren Krise gekommen, die mit seiner Frage zusammenhängt.
- Liegen die Karten in der richtigen Stellung, so hat er eine wichtige Lektion im Hinblick auf sein Ich gelernt. Stehen sie dagegen umgekehrt, so hat der Ratsuchende sich dagegen gesperrt, sich der Selbsterkenntnis oder Wirklichkeit zu stellen, die ihm die betreffende Angelegenheit hätte bringen können; das gilt allerdings nicht für die Karten DER TEUFEL und DER MOND. Warum das so ist, werden wir im weiteren Verlauf des Buches noch erfahren.
- Bei einer Häufung von Karten der Großen Arkana in den Gegenwartspositionen (1, 2, 7, 8 und 9) erfährt der Ratsuchende die größte Intensität und die psychischen Transformationen in der Gegenwart.
- Umgekehrt liegend weisen die Karten auf Schwierigkeiten beim Umgang mit den neuen Erkenntnissen über das Ich hin, während sie in richtiger Stellung darauf hindeuten, dass sie leichter zu verarbeiten sind.
- Wenn eine Gruppe der Großen Arkana in den Zukunftspositionen (5, 6 und 10) liegt, stehen die spirituellen und psychologischen Lektionen dem Ratsuchenden hingegen noch bevor. Sagen Sie ihm, dass die Zukunftskarten große Chancen für Veränderungen und Entwicklung ankündigen, falls er bereit ist, die Möglichkeiten zu nutzen, die das Schicksal ihm bieten wird. Die Zukunft liegt noch in der Hand des Ratsuchenden. Es liegt an ihm, sich den Möglichkeiten zu öffnen, an seine persönlichen Begabungen zu glauben und aus der bevorstehenden günstigen Situation das Beste zu machen. Ausnahmen von dieser Regel sind DER MOND und DER TEUFEL richtig herum; in diesem entscheidet der Ratsuchende sich dafür, seine künftigen Lebensumstände weiterhin der Selbstsucht (DER TEUFEL) und Täuschung (DER MOND) zu unterwerfen. Doch lassen Sie uns im Folgenden erst einmal eine der bedeutendsten Karten des Tarots betrachten: DER NARR.

Der Narr

Symbolik

Die Symbolik dieser Karte ist eine wahre Schatztruhe okkulter Bilder. Wenn Sie die richtige Symbolik dieser Deutung nicht kennen, können Sie leicht aufs Glatteis geraten. Natürlich wurden die verborgenen Darstellungen auf dieser ersten und sehr wichtigen Karte der Großen Arkana absichtlich so entworfen, dass man sie nicht ohne weiteres entschlüsseln kann. Die okkulten Tarotschulen schätzten die in den Großen Arkana enthaltenen Geheimnisse sehr. Damit diese Mysterien nicht entweiht wurden, legten diese Schulen eine »falsche Spur«. Die wahre Bedeutung einer Tarotkarte wird mit Bezeichnungen und Symbolen verschleiert, damit Uneingeweihte auf die falsche Fährte geraten.

Die Karte Der Narr ist ein typisches Beispiel dafür. Schon die Bezeichnung der Karte ist irreführend, und zwar so sehr, dass man daraus nur schließen kann, dass die Okkultisten etwas besonders Wichtiges verbergen wollten.

Wir haben es hier mit dem Schöpfer und seiner Energie, seiner Macht und seinen Möglichkeiten zu tun. Die Jugend des Narren repräsentiert diese Kraft und die Dynamik, mit der er sich auf die Reise des Lebens begibt.

Der junge Mann steht aber auch für die Abenteuer des Lebens: Von Wanderlust gepackt, bricht er auf, um die Welt zu entdecken. Mit seinen Habseligkeiten im Tuch strebt er nach der Einführung ins Leben, und zwar dadurch, dass er sich in dessen vielfältige Erfahrungen stürzt. Symbolisiert wird das durch die Unbekümmertheit, mit der er in die Schluchten der physischen Welt hinabsteigt.

Wussten Sie, dass Der Narr die Schöpferkraft symbolisiert, die das Universum leitet? Diese Karte ist die Gotteskarte im Tarot. Sie ist der Geist, der sich selbst erkennen will, indem er sich auf der irdischen Ebene manifestiert und nach Perfektion strebt. Kein Wunder, dass die Möglichkeiten des Narren so gewaltig sind — es geht um die Macht der Schöpfung!

Auf seiner Reise in die Welt der Materie begleiten den Narren einige Tiere. Viele Versionen der Karte zeigen eine Katze, entweder wild oder zahm, an seinen Fersen. Bei manchen Tarotversionen finden wir zu seinen Füßen ein Krokodil. Das Krokodil ist ein Tier, dessen Bauch den Boden berührt. Es steht nicht nur für die tierische oder sinnliche Welt, sondern auch für die Erde selbst, auf der Der Narr beginnt, seine Erfahrungen zu sammeln.

Beim Rider-Waite-Tarot wird Der Narr von einem weißen Hund begleitet, der für gleich zwei verschiedene Konzepte steht: Zum einen die tierischen oder sinnlichen Fähigkeiten, auf die wir uns in der irdischen Welt verlassen; zum anderen den bewussten Verstand, den wir benutzen, um das äußere Universum zu analysieren und zu definieren. Das Thema ist also das des Herren und seines getreuen Dieners. Wenn aber der kleine Hund, der den bewussten Verstand und die fünf Sinne symbolisiert, nur der freundliche Führer ist, wer ist dann der Herr? DER NARR muss für etwas Größeres stehen. Es ist die kreative Schöpferkraft, die so viel größer und gewaltiger ist als das, von dem wir Sterblichen uns gewöhnlich im Leben leiten und motivieren lassen.

Traditionell wird auf der Karte des NARREN eine weiße Sonne an einem gelben Himmel abgebildet. Der gelbe Himmel zeigt Erleuchtung oder Licht an. Die weiße Sonne ist nicht die, die wir am Himmel sehen; es ist eine besondere, reine Kraft weißen Lichtes, bekannt als »Weisheit, Einheit, Seligkeit und Eins-Sein«, übersetzt in Gott, unsere spirituelle Quelle. In vielen Büchern wird DER NARR als eine törichte, dumme Handlung gedeutet; manchmal ist auch von Wahnsinn die Rede. Für diese falsche Interpretation sind drei Erklärungen denkbar: Die Verfasser oder Kartenleser könnten Atheisten sein, die überzeugt sind, dass die dieser Karte zugeschriebene höchste Macht ein Irrglauben ist, also schlichtweg nicht existiert. Die Autoren könnten auch die wahre Bedeutung dieser Trumpfkarte nicht kennen und verlassen sich dann auf die scheinbar offensichtliche Deutung. Schließlich verbinden wir mit einem Narren nicht viele positive Eigenschaften. Die dritte Antwort könnte sein, daß die Autoren sehr wohl gewußt haben, was die Karte wirklich bedeutet, aber durch einen Eid, den sie gegenüber einer Geheimschule geleistet haben, die Verbreitung der wahren Bedeutung verhindern wollten.

Die Autorin des vorliegenden Buches ist nicht durch solch einen Eid gebunden. Die Einführungsdeutungen sind ehrlich und authentisch: Wir wollen schließlich tiefere Einsichten und Erkenntnisse gewinnen – nicht verhindern!

Bildwelt

DER NARR lässt sich mit folgenden Bildern beschreiben:
- Tom Sawyer und Huckleberry Finn wandern mit ihren wenigen Habseligkeiten auf der Suche nach Abenteuern am Mississippi entlang. Sie sind dabei, die Lektionen des Lebens aus erster Hand zu lernen.
- der verlorene Sohn, der dem Phänomen des Lebens nachläuft
- der unschuldige Parzival, der auf der Suche nach Erlösung alles Positive und Negative erfährt, das die Welt zu bieten hat
- der wandernde Prinz und Minnesänger; solche Menschen wurden von der Gemeinschaft verlacht, weil sich ihre Lebensweise von der normaler Menschen unterschied

DER NARR steht für uns für jene ganz besondere Fähigkeit in uns allen, die bei dem Gedanken an Abenteuer und die Aussicht auf neue Herausforderungen erwacht. Seine Jugend symbolisiert den Funken inspirativer Möglichkeiten, der in jedem von uns schlummert und darauf wartet, durch den Ruf des Schicksals geweckt und entfacht zu werden.

Deutung

In richtiger Stellung: DER NARR steht für eine wichtige Entscheidung und eine günstige Gelegenheit.

Der Ratsuchende wird beispielsweise vor die Wahl eines Lebensstils oder eine ähnlich wichtige Entscheidung gestellt. Diese Entscheidung ist ein bedeutsamer Schritt und wird dann einen Wechsel im Leben des Ratsuchenden bringen, wenn er sich entschließt, diese Herausforderung anzunehmen. Das Schlüsselwort ist »Chance«. Der Ratsuchende könnte die Chance haben, in einer neuen Umgebung eine andere Lebensweise anzunehmen. Günstige Umstände könnten sich bezüglich der »Chance seines Lebens« ergeben, die gerade in den Bereich fällt, der dem Ratsuchenden außerordentlich wichtig ist. DER NARR fordert uns auf, uns zu ändern, wieder von vorne anzufangen, einen Neubeginn zu wagen, reinen Tisch zu machen. In richtiger Stellung zeigt die Karte, dass es sich um eine gute oder positive Gelegenheit handelt und es sich lohnen könnte, dafür ein Risiko einzugehen. Raten Sie dem Fragesteller, seinem Herzenswunsch zu folgen und sich von den Bedürfnissen seiner Seele leiten zu lassen.

Umgekehrt: Diese Stellung weist auf eine törichte Entscheidung und egoistische Handlungen hin. Wenn DER NARR umgekehrt fällt, könnte der Ratsuchende eine schlechte Entscheidung treffen. Vielleicht werden seine Gedanken von anderen bestimmt, oder seine Ängste führen dazu, dass er sich für den falschen Weg entscheidet.

Raten Sie dem Fragenden, in sich zu gehen, wenn er sich mit dieser neuen Wahl oder Möglichkeit konfrontiert sieht. Will er sich wirklich von seinen Ängsten oder von jemand anderem beeinflussen lassen? Versuchen Sie, den Ratsuchenden dahin zu führen, dass er seine Prioritäten einer Überprüfung unterzieht und die wahren Ziele seines Lebens wiederentdeckt. Da sich ihm wahrscheinlich eine Möglichkeit von besonderer Bedeutung bietet, sollte der Fragende diese Chance nicht ungenutzt lassen. Die umgekehrte Karte deutet auf törichte, selbstsüchtige Handlungen hin. Der Ratsuchende ist oft in etwas verwickelt und weiß, dass er sich davon fern halten sollte. In seiner Naivität macht er jedoch einfach weiter, ohne die Konsequenzen zu bedenken. Die Folgen seiner Taten: Er gerät in Verlegenheit oder wird gedemütigt.

DER MAGIER

Symbolik

DER MAGIER verkörpert den Glauben an die Kraft des Verstandes und die Macht des positiven Denkens. Da er die Nummer I (1) trägt, ist diese Idee die wichtigste der Großen Arkana-Trümpfe. Sein Konzept ist das »Ich-bin-Prinzip« von »Ich bin das, was ich glaube zu sein«. Er symbolisiert die Vitalität des bewussten Verstandes, die der Schlüssel zu Kreativität und Erfolg ist. Unser geistiges Selbstbild – also die Art, wie wir uns selbst sehen – ist magisch, denn die richtige Anwendung dieser Vorstellung führt zu persönlichem Erfolg oder Misserfolg. Alle Magie stammt in Wirklichkeit allein aus unserer geistigen Programmierung und ist ein Produkt unserer Gedanken.

Die Bedeutung der Karten

Aus Selbstvertrauen, dem Glauben an uns selbst und unseren Begabungen kann eine bewusste, geistige Magie erwachsen, die der selbsterfüllenden Prophezeiung endet: Wir werden, was wir uns vorstellen zu sein.

Um das zu erreichen, müssen wir lernen, unseren bewussten Verstand mit der allmächtigen Kraft des Überbewusstseins zu verbinden. Durch sie können wir das grenzenlose Potenzial anzapfen, das im Trumpf des NARREN angedeutet wurde. DER MAGIER, der eine intelligente Seele ist, erinnert sich an seine Verbindung zur göttlichen Schöpferkraft (was durch das über seinem Kopf schwebende Unendlichkeitssymbol angezeigt wird) und ist sich der Quelle des unendlichen Potenzials bewusst, die nur darauf wartet, dass er sich ihr zuwendet und aus ihr schöpft.

Sein an beiden Enden zugespitzter Stab zeigt sowohl nach oben als auch nach unten. Damit steht DER MAGIER für die Materialisierung von geistigem Gut: Aus einer Idee werden Tatsachen, es entsteht etwas Konkretes. Auf der anderen Seite aber steht das Bewusstsein, dass die angezapfte kreative und schöpferische Kraft aus einer höheren Quelle als der eigenen, begrenzten Intelligenz stammt. Diese Tatsache ist dann auch das Faszinierende am MAGIER: Er schlägt eine Brücke zwischen Spiritualität und Realität, er ist Philosoph und Macher zugleich, er vereint, was vielen unvereinbar erscheint.

Die Karte wird von einer ernsten Stimmung durchdrungen. Wie DER NARR ist auch DER MAGIER ein junger Mann, doch seine Einstellung ist gereift, und er ist nicht mehr so unbekümmert. So trägt er das weiße Gewand des Eingeweihten, seine Absichten sind also lauter. Die rote Robe weist darauf hin, dass er nach ehrgeizigen Zielen in der Welt verlangt, denn Rot ist die Farbe der Leidenschaft oder des Begehrens. DER MAGIER verfolgt also konkrete Ziele.

Auf seiner Werkbank liegen die Geräte, die DER NARR noch in seinem Tuch trug: Der Stab steht für unseren Willen und unsere Begierden, der Kelch für unsere Empfindsamkeit und unsere Gefühle, das Schwert für unsere Gedanken und Taten. Die Münze schließlich symbolisiert unseren physischen Körper und seine materiellen Bedürfnisse, die für das Überleben erfüllt sein müssen.

Diese vier Geräte symbolisieren gemeinsam wiederum die vier Seiten des MAGIERS selbst und weisen darauf hin, dass es der vierfache Aspekt unserer eigenen Persönlichkeit sein wird, an der wir arbeiten müssen.

Bildwelt

DER MAGIER steht für folgende Konzepte:
- für den Lernenden, der sich mit einer Aufgabe abplagt
- für den Handwerker, der diszipliniert vorgeht, um Meister zu werden
- für den Berufstätigen, der seine Karriereziele aufgrund seiner Tüchtigkeit und seines Bemühens um Weiterentwicklung verwirklichen kann
- für den Forscher, der die Gesetzmäßigkeiten der Wirklichkeit erkennen will.

Er ist der Künstler, der nicht nur die kreative Begabung hat, originelle Ideen zu ersinnen, sondern auch die Fähigkeit, sie so realistisch zu planen und zu koordinieren, dass sie zur Vollendung kommen und ein sinnvolles Ganzes ergeben.

Der Narr hat auf seiner Wanderschaft das Leben erforscht, ist in seine Tiefen eingedrungen und hat seinen persönlichen Schlüssel zur Erfüllung gefunden. Jetzt ist die Zeit gekommen, die eigene Entscheidung dadurch zu bestätigen, dass man sich konzentriert bemüht, ein Meister zu werden.

Deutung

In richtiger Stellung: Der Magier steht für die Entwicklung und Durchführung einer ehrgeizigen, kreativen Idee oder eines Vorhabens.

Der Ratsuchende will eine großartige Idee verwirklichen. Er setzt sich also ein Ziel, das durch Hingabe und konzentrierte Anstrengungen erreicht werden kann. Die Umstände sind einmalig: Der Ratsuchende ist nicht nur ein kreativer Ideenfinder, sondern er besitzt auch die Begabung und die Fähigkeiten, diese Idee bis zum Ende durchzuführen.

Diese Karte kann natürlich auch Signifikatorkarte sein, wenn für einen Mann gelesen wird. Der Mann, der sich für den Magier entscheidet, ist eine ehrgeizig Person, der es vor allem um die erfolgreiche Verwirklichung ihrer Ziele geht. Er liebt Unabhängigkeit und Freiheit und strebt daher nach Selbständigkeit.

Wenn die Karten für eine Frau gelesen werden, kann Der Magier für einen Mann mit den eben aufgeführten Eigenschaften stehen, der sein Leben um das der Ratsuchenden herum aufbauen möchte. Er ist ein treuer aktiver Partner. Sowohl bei Männern als auch bei Frauen steht Der Magier für den Aufbau des Selbstvertrauens.

Beruflich könnte der Ratsuchende zum Beispiel Designer, Direktor, Manager, Leiter oder ein Spezialist sein, der seine Koordinationsfähigkeiten und Führungsqualitäten auf allen Ebenen anwendet – das kann im Beruf geschehen, im privaten Umfeld oder auch in Vereinen und Clubs, in denen der Fragende seine persönlichen Interessen verwirklicht.

Wenn es bei der Lesung um eine rechtliche Angelegenheit geht, kann es sich beim Ratsuchenden um einen Anwalt handeln, in einer medizinischen Lesung um einen Arzt. Außerdem kann er zum Beispiel auch Lehrer oder Berater sein.

Umgekehrt: Diese Stellung weist auf nicht verwirklichte Pläne und Ziele hin, auf gescheiterte Hoffnungen, Frustration und Resignation.

Die Karte steht jetzt vor allem für auf mangelhafte Planung und schlechte Durchführung. Das kann für den Ratsuchenden selbst gelten, aber auch für seine Situation oder für einen anderen Mann, der etwas mit der Frage zu tun hat. Außerdem könnte der Ratsuchende vorhaben, etwas Ungerechtes oder Unmoralisches zu tun.

Falls Der Magier für einen Mann steht, repräsentiert er unangenehme Eigenschaften. Der Betreffende intrigiert und versucht, jede Situation zu seinem Vorteil auszunutzen. Er hält seine Versprechen nicht und ist kein vertrauenswürdiger Charakter.

Die Bedeutung der Karten

Die Hohepriesterin

Symbolik

Es besteht ein gewaltiger Unterschied zwischen der Hohepriesterin und den vorangegangen Karten der Großen Arkana. Zunächst einmal hat sich die Farbgebung geändert. Die Hohepriesterin ist blau gekleidet – ein Hinweis auf eine empfängliche Grundhaltung– ganz anders als die extrovertierten, aggressiven männlichen Farben Rot und Gelb, die den Magier kennzeichnen.

Ihr gehören die Kräfte des weiblichen Reiches, die Welt des Unterbewusstseins und der Seele. In früherer Zeit brachte man diesen Energien Ehrfurcht entgegen, verstand sie aber kaum, denn sie wurden vor der Masse geheim gehalten. Nur die Eingeweihten konnten lernen, wie man diese Seiten und deren Energien entwickelt und beherrscht.

Dem Unterbewusstsein wird oft das Symbol Wasser zugeordnet, wegen seiner fließenden, reflektierenden Eigenschaften. Das Wasser spiegelt die Aufzeichnung unserer persönlichen Geschichte durch das Gedächtnis wider. Das Konzept des Fließens wird erkennbar, wenn wir uns klarmachen, dass der unbewusste Verstand sehr flexibel sein muss. Er nimmt zunächst alles auf, was eine Person jemals gedacht, erfahren, gefühlt, gewusst und gespürt hat. Dann verarbeitet er diese Erfahrungen zu einem dauerhaften Gedächtnismuster, in dem er sie filtert, ordnet und in ein geniales System integriert.

Auf der Karte der Hohepriesterin fließt das Wasser aus dem Gewand und steht hinter ihr als ein ruhiges, großes Meer. Das stille Gewässer steht für wichtige Eigenschaften des Unterbewusstseins. Dies sind die psychischen Kräfte der Telepathie, der Hellsichtigkeit und die Fähigkeit zur intuitiven Kommunikation in der Sprache der universellen Symbole. Durch das Unterbewusstsein können wir uns telepathisch auf andere einstellen, über unsere symbolische Traumsprache erlangen wir Einblick in tieferliegende Verhältnisse und können sogar zukünftige Ereignisse vorhersagen.

Die Hohepriesterin trägt die Nummer II (2). Deshalb sehen wir zwei Wasserquellen, die für das persönliche und das universelle Unterbewusstsein stehen. Die beiden Schleier auf der Karte deuten auf zwei Aspekte des Unterbewusstseins hin: das psychische Vermögen, das uns auf geheimnisvolle Weise mit der Vergangenheit, Gegenwart und Zukunft verbindet, und das unterbewusste Vermögen, über den Prozess des persönlichen Dramas unseres eigenen Lebens nachzudenken.

Auch die Monde stellen ein Doppelsymbol dar – einer schmückt in Form einer Krone den Kopf der Hohepriesterin, der andere liegt zu ihren Füßen. Sie stehen für Veränderungen, Fluktuation und Zyklen.

Die wechselnde Folge des Mondes von Voll-, Halb-, Neumond und dunkler Mondnacht deutet an, dass Die Hohepriesterin auch für Verborgenes und Unsichtbares steht.

Die Hohepriesterin

Bildwelt

Eine schöne, ruhige Frau richtet ihr Leben still und intelligent, im Einklang mit dem System ihrer eigenen, persönlichen Überzeugungen ein.

- sie ist das Medium, das in die Vergangenheit und die Zukunft blicken kann
- sie ist die Freundin oder Psychologin, die uns aufmerksam zuhört und uns dann ein Spiegelbild unserer Probleme zeigt
- sie steht für die antiken Vestalinnen, die sicher hinter klösterlichen Tempelmauern lebten und tugendhaft und rein blieben. Im Einklang mit der psychischen Welt konnten die Priesterinnen alle Prophezeiungen empfangen
- sie ist die Seele, die am Tag vor uns verschleiert bleibt, uns aber nachts heranwinkt und unser Leben mit dem Reichtum der Träume und Symbole erfüllt; die hingebungsvolle, spirituelle Frau, gereinigt, ergeben und pflichtbewusst
- sie steht für die unterbewussten Kräfte in jedem von uns, die darauf warten, entwickelt und verfeinert zu werden.

Deutung

In richtiger Stellung: DIE HOHEPRIESTERIN steht ganz allgemein für Dinge, die der Sicht verborgen sind.

Die gestellte Frage wird durch verschleierte oder verborgene Kräfte beeinflusst. DIE HOHEPRIESTERIN bedeutet in einer Lesung oft, dass der Ratsuchende im Hinblick auf seine Frage unsicher ist. Das Bedürfnis des Ratsuchenden ist, etwas über die Zukunft zu erfahren oder mehr Information im Zusammenhang mit der Frage zu erhalten.

Die Monde auf der Karte kündigen eine Veränderung an, von der der Ratsuchende möglicherweise noch gar nichts ahnt. Sie symbolisieren meist geheime, versteckte Mächte, die die Frage beeinflussen, auch wenn der Ratsuchende versichert, alle relevanten Faktoren, die mit der Frage zu tun haben, zu kennen. Das Auftauchen der HOHEPRIESTERIN bedeutet also, dass nicht alle Aspekte der Frage bekannt sind.

DIE HOHEPRIESTERIN kann auch auf eine intuitive oder psychische Kraft innerhalb der Lesung hindeuten. Der Ratsuchende könnte nach einem Traum oder einem Gefühl im Zusammenhang mit einer wichtigen Angelegenheit fragen.

Diese Karte kann außerdem darauf hinweisen, dass die Frage mit hohen Idealen und Taten auf spiritueller Ebene angegangen wird. Der Ratsuchende sollte sich bei seinen Handlungen von seinen persönlichen, moralischen und ethischen Prinzipien leiten lassen.

Fällt die Karte in die Position für das Ergebnis, so zeigt DIE HOHEPRIESTERIN eine bevorstehende geheime, günstige Veränderung an. Raten Sie dem Fragesteller, rechtschaffen zu sein, und ermutigen Sie ihn, sich bei dieser Angelegenheit strikt an seine innere Überzeugung zu halten. Auch DIE HOHEPRIESTERIN kann als weibliche Signifikatorkarte gewählt werden. Eine Frau, die sich für diese Karte entscheidet, verfügt über eine gute Intuition und einen spirituellen Sinn für das Leben. Dies lässt sich entweder auf eine religiöse Erziehung zurück-

Die Bedeutung der Karten

führen, oder es hat sich natürlich und unabhängig in der Seele dieser Frau entwickelt. Sie respektiert die persönlichen Rechte anderer, behält ihre Überzeugungen für sich und zieht es vor, durch ihre Handlungen zu leben, statt zu predigen. Der Schlüssel zu ihrem inneren Frieden und ihrer Harmonie liegt darin, dass sie ihrem eigenen Wertesystem treu bleibt. Sie ist glücklich, wenn sie mit ihrem Wesen in Einklang steht und sich mit ihrem intuitiven Bewusstsein im Gleichklang befindet. Da sie von Natur aus Idealistin ist, ist ihre Erwartung an sich und andere hoch. Insgeheim ist sie enttäuscht, wenn andere Menschen ihren Erwartungen nicht gerecht werden. In einer Auslegung kann DIE HOHEPRIESTERIN für die Ratsuchende selbst stehen, aber auch für eine andere Frau mit den aufgeführten Eigenschaften, die etwas mit der gestellten Frage zu tun hat.

Umgekehrt: Eine Kluft zwischen Wertesystem und Handlungsweise führt zu Unglück. Eine unerwartete, negative Veränderung deutet sich an.

Die umgekehrte HOHEPRIESTERIN weist darauf hin, dass das Leben und das persönliche Wertesystem nicht in Einklang stehen. Das schlägt sich oft darin nieder, dass die Ratsuchende für jemanden Kompromisse eingeht, eine sehr wichtige persönliche, ethische Überzeugung opfert und dies eventuell für Umstände tut, die die Frage betreffen. Die Fragestellerin befindet sich dann in der unangenehmen Lage, zu viele Kompromisse eingegangen zu sein, statt sich konstruktiv mit dem Problem auseinanderzusetzen. Sie ist untätig geblieben und könnte dadurch rachsüchtig und verbittert geworden sein.

DIE HERRSCHERIN

Symbolik
DIE HERRSCHERIN personifiziert Fruchtbarkeit, Wachstum und Anziehungskraft. Sie findet große Freude, wenn sie Liebe gibt oder erhält. Sie wird durch die Planetenherrschaft der Venus bestimmt, die ihr zugeordnet ist, und eine grünliche Farbe, die für Wachstum und die Natur steht.

Da sie weiblich ist, repräsentiert sie das Unterbewusstsein, allerdings in anderer Hinsicht als ihre Vorgängerin, DIE HOHEPRIESTERIN. Zur HERRSCHERIN gehört die Vorstellungskraft des Unterbewusstseins, wo Ideen und Eindrücke entstehen, sich festsetzen und schließlich das Bild oder die Programmierung erzeugen, nach der wir uns unser Wesen vorstellen. Diese Programmierung bringt die Umstände von Anziehung oder Abstoßung hervor: Liebe oder Gleichgültigkeit, Schönheit des Lebens oder Unfruchtbarkeit. Für DIE HERRSCHERIN steckt das Leben voller Reichtümer. Sie hat das Geheimnis des Gebens und Nehmens, der Leidenschaft und Zärtlichkeit entdeckt und profitiert dabei von dem nie versiegenden Schatz des Brunnens der Liebe.

Die Herrscherin

Das nummerische Konzept ist III (3) und bedeutet Vermehrung, Fortpflanzung und Gründung. DIE HERRSCHERIN befindet sich in einer Reifeperiode. In ihrer inneren Welt wird eine Idee oder Unternehmung genährt und organisiert. Dort wächst sie beständig und wird stark, bis sie sich schließlich materialisiert. Der HERRSCHERIN-Trumpf ist das Bild eines jeden Projektes in der Phase der inneren Organisation und des Wachstums vor seiner Realisierung in der Wirklichkeit.

Bildwelt

- DIE HERRSCHERIN ist die chinesische Fruchtbarkeitsgöttin Kuan-yin; die römische Göttin Venus, die für Liebe, Fruchtbarkeit und den Frühling steht
- sie ist derjenige Aspekt in jedem von uns, der auf die Schönheit eines Kunstwerkes reagiert, der Widerhall, den eine große Sinfonie tief in unserer Seele hervorruft
- sie verkörpert den Instinkt, der emotional auf die Geburt eines Kindes reagiert, das warme Gefühl, das uns durchdringt, wenn wir ein Neugeborenes im Arm halten oder an einer Hochzeit teilnehmen
- sie ist das Herz, mit dem wir das Leben berühren und durch das das Leben uns anrührt.

Deutung

In richtiger Stellung: DIE HERRSCHERIN steht für Wachstum; die Fähigkeit, Liebe zu geben und anzunehmen.
Die Hauptbedeutung der HERRSCHERIN-Trumpfkarte ist Wachstum und Entwicklung im Hinblick auf jedes Vorhaben, nach dem der Ratsuchende fragt.
Die Macht der HERRSCHERIN liegt in ihrer Fähigkeit, zu organisieren, zu herrschen und Ziele zu erreichen, indem sie mit viel Liebe und klaren Vorstellungen operiert.
Die Karte verweist auf Zeiten emotionalen und finanziellen Wohlergehens, die Freude an der Zuneigung und Liebe der Familie; die Fähigkeit schließlich, Liebe zu geben und zu nehmen.
Sie kann aber auch eine Hochzeitskarte sein. Heirat ist eines ihrer Hauptattribute, da sie die Nummer Drei, das Konzept des Wachstums, mit der Idee der Liebe verbindet. Daraus entsteht eine emotionale Beziehung, die schließlich in die eheliche Vereinigung mündet. DIE HERRSCHERIN repräsentiert auch Mutterschaft oder die Mutter.
DIE HERRSCHERIN kann als weibliche Signifikatorkarte gewählt werden. Einer Frau, die sich für DIE HERRSCHERIN entscheidet, liegt daran, ihre psychischen, geistigen, spirituellen, emotionalen und finanziellen Potenziale auszuschöpfen. Solch eine Frau möchte aus sich und ihrer Begabungen etwas machen, denn wenn sie dies erreicht, ist es für sie der Schlüssel zur Zufriedenheit. Sie könnte sich um Mutterschaft, Ehe- und Familienangelegenheiten sorgen. Außerdem werden dieser Großen Arkana-Karte Talente im künstlerischen, dekorierenden, entwerfenden und kreativen Bereich zugeschrieben.
Umgekehrt: In dieser Stellung ist Stillstand die Hauptbedeutung dieser Karte. Der Ratsuchende hat Schwierigkeiten, die gewünschten Umstände zu erwirken.

Die Macht der Liebe, ohne die kein Glück denkbar ist, wurde entstellt und zurückgewiesen. Das schmerzhafte Ergebnis der blockierten Gefühle sind Frustration, Ärger und psychische Probleme.

Die umgekehrte HERRSCHERIN kann für eine emotional kranke Frau stehen. Sie fühlt sich ungeliebt und isoliert von ihrer eigenen fühlenden Natur, unfähig, eine Verbindung zu ihrem mütterlichen, liebenden und gebendem Instinkt herzustellen. Sie könnte auch Probleme haben, schwanger zu werden. Es kann zu einer Zurückweisung in der Ehe kommen, die vielleicht zu Untreue und letztlich zur Scheidung führt. Zurückgehaltene Wut kann sich in Depressionen oder gesundheitlichen Problemen niederschlagen.

DER HERRSCHER

Symbolik

Der HERRSCHER-Trumpf steht für die reale oder physische Welt. Diese Karte trägt die Nummer IV (4) und weist auf das materialisierte Universum von Substanz und Struktur hin. DER HERRSCHER ist das Prinzip der Wirklichkeit und zeigt an, dass Ideen und Ziele Form annehmen.

Die Trumpfkarte enthält viele Symbole, die darauf hinweisen, dass etwas Wirklichkeit geworden ist. Sie wird vom ersten Tierkreiszeichen, dem Widder, regiert, was auf den Frühling hindeutet – die Jahreszeit, in der alles wächst: Im Bereich der äußeren Welt werden Handlungen wieder aufgenommen.

Die Rückkehr in der Tarotserie zu einer männlichen Figur symbolisiert die Organisation materieller Dinge durch den bewussten Verstand. Die maskuline Figur, DER MAGIER, ist aber jetzt gereift und zeigt an, dass der Plan oder das Ziel des Ratsuchenden sich der Vollendung nähert.

Rot, die beim HERRSCHER-Trumpf dominierende Farbe, steht für Energie, Leidenschaft, und Aktivität – nach außen gerichtete Eigenschaften, die zeigen, dass der Ratsuchende intensiv auf sein Ziel oder Ergebnis hingearbeitet hat und es schließlich erreicht hat.

Die Berge im Hintergrund des Trumpfes deuten eine feste Struktur an und verweisen wieder auf den Zusammenhang der Karte mit der Materie.

Bildwelt

DER HERRSCHER erscheint uns zum Beispiel in folgenden Gestalten:
- ein König, Anführer, hochrangiger Politiker oder General
- der römische Gott Mars, der Krieger, der in seinem Leben gekämpft und gesiegt hat
- der ägyptische Gott Mentu, ein falkenköpfiger Kriegsgott
- der Teil in jedem von uns, der aufrecht steht und sein Schicksal selbst in die Hand nimmt.

Deutung

In richtiger Stellung: DER HERRSCHER steht hier für die Verwirklichung von Plänen, das Erreichen von Zielen.

Bei einer Tarotlesung weist DER HERRSCHER auf die Niederlegung oder Verwirklichung der Ziele und Pläne des Ratsuchenden hin.

Erfolgreiches Management und effiziente Verwaltung sind die Qualitäten, die den Ratsuchenden in seinem Privat- oder Berufsleben kennzeichnen könnten.

Diese Trumpfkarte verkörpert das Denkvermögen. Während DIE HERRSCHERIN die Macht der Liebe repräsentiert und DIE HOHEPRIESTERIN die Kräfte des Unterbewusstseins, steht DER HERRSCHER für die Beobachtung der äußeren Welt, ihre Analyse und Schlussfolgerungen in logischer, praktischer Manier. Wenn Sie mit dieser Karte aus den Großen Arkana in einer Auslegung zu tun haben, empfehlen Sie dem Ratsuchenden, seinen Verstand und seine analytischen Fähigkeiten einzusetzen und auf diese Eigenschaften fest zu vertrauen, um effektiv mit der Situation umzugehen.

DER HERRSCHER kann als Signifikatorkarte gewählt werden, wenn man für einen Mann liest. Die Wahl dieses Trumpfes bedeutet Führungsqualitäten, emotionale Reife, Kontrolle, Verantwortungsbewusstsein, Selbstsicherheit und Unabhängigkeit. Er repräsentiert einen Selfmademan oder einen Mann, der Selbständigkeit anstrebt.

DER HERRSCHER repräsentiert das Vaterprinzip und deutet eine Autoritätsfigur an, möglicherweise einen Chef, Beamten, Ehemann oder Vater. Er personifiziert die Verantwortung der Vaterschaft, die auch die Funktionen der Anleitung, des Kontrollierens und das Fällen von Entscheidungen beinhaltet. Er ist stolz auf das, was er aus seinem Leben gemacht hat und ist nun damit beschäftigt, seinen Erfolg zu lenken und zu verwalten. Die sitzende Stellung deutet auf sein Besitz- und Herrscherrecht hin, jetzt, nachdem die Mühen beendet sind. In dieser Situation ist es zu Stabilität gekommen.

Umgekehrt: In dieser Stellung steht die Karte für Pläne, die im Sande verlaufen.

Der umgekehrte Herrscher weist auf Tatenlosigkeit und das Scheitern von Plänen hin. Eine Unternehmung wird sich nicht in die Tat umsetzen lassen. Dem Ratsuchenden fehlt die Fähigkeit, eine Situation erfolgreich zu planen oder sie selbst in die Hand zu nehmen.

Der umgekehrte Herrscher kann auch einen Mann verkörpern, der nicht in der Lage ist, mit Autorität umzugehen. Dabei kann es sich um die Beziehung zu den Eltern handeln, um die Verantwortung, die der Fragende als Ehemann oder Vater trägt, oder um Probleme mit dem Selbstvertrauen, die zu ernsten emotionalen Schwierigkeiten führen. Die Stabilität des Sitzenden ist in der umgekehrten Stellung der Unsicherheit gewichen.

Da er abhängig und unrealistisch ist, tendiert der Ratsuchende oder ein anderer Mann, der mit der gestellten Frage zu tun hat, dazu, vor einer Realität zu flüchten, mit der er nicht fertig wird. Die Charaktereigenschaften des umgekehrten Herrschers sind unvernünftiges Verhalten, mangelnde Ausdauer, Desorganisation und Inkompetenz. Er könnte auch Alkohol- oder andere Suchtprobleme haben.

Die Bedeutung der Karten

DER HIEROPHANT

Symbolik

DER HIEROPHANT trägt das Gewand eines heiligen Mannes und hat die regierende Sitzposition eines hohen kirchlichen Würdenträgers eingenommen. Er steht für die üblichen Lehren und Praktiken unter den Gläubigen. Wir sollen wie die knienden Mönche bedingungslos glauben und die traditionellen Worte und Gesetze des HIEROPHANTEN akzeptieren als all das, was wir wissen müssen.

Hier haben die Tarotschüler wieder eine mysteriöse blinde Spur geschaffen, die wir entschlüsseln müssen. Es wäre einfach, diese Karte, so wie sie ist, anzunehmen und zu unterlassen, nach einer tieferen Bedeutung zu suchen. Doch DER HIEROPHANT repräsentiert auch den Lehrer in uns, jene innere Eingebung oder Anleitung, die wir immer wieder erhalten, wenn wir ruhig werden, zuhören und empfangen.

Das Gewand des HIEROPHANTEN hat die rotorange Farbe, die dem Tierkreiszeichen Stier zugeschrieben wird. Die Kombination dieses Zeichens mit der Bedeutung des HIEROPHANTEN bringt einige Erkenntnisse, die uns zum Nachdenken anregen. Der Stier hat etwas mit der Stimme und einer starken, materialistischen Bindung an irdische Besitztümer zu tun. Die Frage ist also: Akzeptieren wir den orthodoxen, äußeren Schmuck der Kirche und ihre Predigten als das Wort Gottes als die für die bedingungslos glaubende Gemeinde bestimmte Tradition, oder reisen wir in unser Inneres, um über unsere Intuition mit dem dort wohnenden spirituellen Wesen zu kommunizieren und Gott in uns zu entdecken?

Das Wort »Hierophant« wird als »Hohepriester« interpretiert; er steht für spirituelle Autorität und religiöse Orientierung. Seine Herrschaft wird durch die kunstvolle Krone und das Zepter, die er trägt, angezeigt. Beide enthalten drei waagerechte Querbalken und darüber ein viertes, kleineres Symbol. Zusammen stellen sie die vier Welten oder Schöpfungsebenen dar, über die man in der HERRSCHER-Trumpfkarte die Kontrolle erlangt hat.

Zahlenmäßig bedeutet die Nummer V (5) Veränderungen und Wechsel. Bei dieser Karte wendet sich unsere Aufmerksamkeit der inneren, spirituellen Welt zu und setzt sie an die Stelle des dominierenden Verstandes und der äußeren Welt, die dem Herrscher zugeschrieben werden.

Der rechte kniende Mönch trägt Lilien, um anzuzeigen, dass er durch seinen persönlichen Idealismus vor die Füße des HIEROPHANTEN gelangt ist. Auf dem Gewand des linken dagegen sind Rosen abgebildet. Das bedeutet, dass seine Nächstenliebe ihn vor den Thron seines Lehrers gebracht hat – zur weiteren Belehrung und Ausbildung. DER HIEROPHANT repräsentiert einen Lehrer oder einen Papst, Guru, Priester, Pfarrer oder Rabbiner. Er personifiziert aber auch den spirituellen Lehrer in unserem Inneren, den wir als höheres Ich, Gewissen oder Schutzengel betrachten. Die Kräfte, die genutzt werden, um mit dieser Quelle des

Rates in Kontakt zu treten, sind die Intuition und die unterbewusste Macht der HOHE-PRIESTERIN (symbolisiert durch den silbernen Schlüssel). Das führt zur Erschließung des Überbewusstseins (symbolisiert durch den goldenen Schlüssel).
(*Anmerkung:* Bei manchen Decks kann man die Farben Silber und Gold schlecht erkennen.)

Bildwelt

DER HIEROPHANT erscheint uns in folgenden Gestalten:
- als Papst der römisch-katholischen Kirche, als Priester, als Guru, Rabbiner, als Prediger und Geistlicher
- als »Pontiff« oder die Brücke zwischen Gott und den Menschen
- als Seele in jeder Person von außergewöhnlich spiritueller Natur
- als der intuitive Teil in uns allen, der die innere, wesentliche Bedeutung und den Wert unserer äußeren Erfahrungen erfasst.

Deutung

In richtiger Stellung: DER HIEROPHANT vertritt eine konservative Auffassung gegenüber der Frage.
DER HIEROPHANT kann für die Anwendung einer traditionellen Standardmethode oder eines traditionellen Verlaufes stehen. Gleichzeitig kann er auch intuitive Anleitung im Zusammenhang mit der Frage bedeuten. Falls die Auslegung darauf hindeutet, dass die Frage eine berufliche, familiäre oder gesundheitliche Angelegenheit oder materielle Dinge betrifft, zeigt DER HIEROPHANT an, dass die Sache auf traditionelle Weise angegangen wird. Er kann zum Beispiel eine konservative Erziehung oder ein entsprechendes Familienleben repräsentieren.
In der Ehe erscheint diese Karte für eine orthodoxe, gesetzlich abgesegnete Verbindung, bei der Ehefrau und Ehemann die klassischen Rollen erfüllen.
Der Ratsuchende könnte für eine große Firma oder eine Organisation mit einer langfristigen Zielsetzung arbeiten; er könnte eine Ausbildung an einer renommierten Einrichtung absolvieren, an der streng auf die Einhaltung von Regeln und Richtlinien geachtet wird. Bei Gesundheitsfragen steht DER HIEROPHANT für eine konservative Standardbehandlung.
Wenn die Auslegung auf eine Angelegenheit von spiritueller Bedeutung hinweist, kann DER HIEROPHANT der innere Lehrer des Fragenden sein oder sein intuitives Ich, das die Situation beeinflusst und lenkt. Der Fragesteller sollte dann auf diesen inneren oder spirituellen Ratgeber hören und seinen Rat befolgen.
In vielen Lesungen steht die Karte aber auch für einen Lehrer von nicht unbedingt spiritueller Natur, der mit der Frage auf irgendeine Weise in Verbindung steht.
Umgekehrt: Hier handelt es sich um eine andere, ungewöhnliche, originelle Art, mit einer Angelegenheit oder Situation umzugehen. Der umgekehrte HIEROPHANT bewirkt das Gegenteil der Grundbedeutung. Die Qualitäten der Einzigartigkeit, des Außergewöhnlichen, der

Die Bedeutung der Karten

Unabhängigkeit und des Experimentierens erscheinen jetzt in Bezug auf die Frage. Wenn es um praktische Dinge geht, repräsentiert der umgekehrte HIEROPHANT eine neue, in keiner Weise traditionelle oder irreguläre Einstellung. Bei Ehelesungen stoßen wir beiespielsweise auf Verbindungen ohne Trauschein oder stellen außergewöhnliche Umstände rund um die Beziehung fest.

Medizinisch könnte der Ratsuchende von ungewöhnlichen, modernen Heilverfahren, die sich womöglich noch im experimentellen Stadium befinden, profitieren.

Die berufliche Situation des Ratsuchenden könnte einzigartig sein, eine Ausbildung erfolgt nach einer besonders fortschrittlichen Methode.

In spirituellen Angelegenheiten deutet der umgekehrte HIEROPHANT darauf hin, dass der Fragende die angebotenen Ratschläge seines höheren Selbsts nicht befolgt.

DIE LIEBENDEN

Symbolik

In der LIEBENDEN-Trumpfkarte finden wir drei deutliche Charaktere vor, die jeweils verschiedene Funktionen des menschlichen Bewusstseins repräsentieren.

Die männliche Figur personifiziert den bewussten Verstand mit seiner Denk- und Konzentrationskraft. Der Mann richtet seine Aufmerksamkeit auf die Frau, Symbol für das Unterbewusstsein. Die Frau wiederum, die die unterbewusste, instinktive, intuitive und emotionale Komponente verkörpert, konzentriert sich auf den am Himmel schwebenden Engel. Sie ist in der Lage, mit dem Erzengel (Raphael) in Kontakt zu treten. Durch ihre Kräfte erreichen wir andere spirituelle Zustände. Der Erzengel Raphael, dem Heilkräfte zugeschrieben werden, erteilt den beiden Menschen seinen Segen der Ausgeglichenheit, der Gesundheit und Harmonie. Es handelt sich dabei um das Zusammenwirken der drei Elemente für die Dreiheit in Jedem von uns. Wir besitzen einen bewussten, geistigen Aspekt, durch den wir die Welt, die uns die fünf Sinne vermittelt, analysieren. Wir haben ein Unterbewusstsein, in dem unsere Erinnerungen bewahrt werden und das uns durch seine große Empfindsamkeit in eine Welt voller Symbole bringt. Es gibt uns Wissen über die Vergangenheit, die Gegenwart und die Zukunft sowie die Wahrnehmung innerer, unsichtbarer Bereiche. Raphael, das dritte Mitglied in dieser Dreiheit von Geisteskraft, repräsentiert das spirituelle oder Überbewusstsein, die Verbindung zu der Macht und dem Pulsieren der göttlichen Schöpferkraft in uns selbst. Auf der persönlichen Ebene steht Raphael für den Kontakt mit der Seele durch eine (vom Mann verkörperte) bewusste Entscheidung, die weiblichen oder unterbewussten Kräfte der Zeit, veränderte Zustände, die Meditation; und er steht für Reise durch die Dimensionen. Die Nacktheit des Mannes und der Frau symbolisiert Ehrlichkeit in der Beziehung.

Bildwelt

Bei den LIEBENDEN handelt es sich um Adam und Eva im Paradies, die klassische biblische Konfrontation des Menschen, der die Wahl hat, der Versuchung zu erliegen oder die richtigen Entscheidungen zu treffen.

DIE LIEBENDEN repräsentieren eine Ehe zwischen zwei Menschen im Angesicht Gottes.

Auf metaphysischer Ebene können sie als Beginn einer geheimnisvollen alchimistischen Ehe betrachtet werden, als Verbindung zwischen den beiden Teilen des eigenen Ichs oder zwischen zwei Menschen, die dann bei der Karte »Mäßigkeit« vollendet wird. Beim Engel handelt es sich um den Erzengel Raphael, der unseren Verstand und unsere Gefühle, unser kleines und größeres Selbst heilt, miteinander verknüpft und ins Gleichgewicht bringt. DIE LIEBENDEN sind die Verbindung von Anima und Animus.

Deutung

In richtiger Stellung: DIE LIEBENDEN stehen für eine richtige Entscheidung.

Der Ratsuchende wird vor eine Entscheidung gestellt. Um die richtige Wahl treffen zu können, muss er wissen, wer er ist und was er wirklich braucht und begehrt, um persönliche Erfüllung zu erreichen. Diese Trumpfkarte steht für eine ehrliche, ausgeglichene Beziehung, meist Ehe oder Partnerschaft.

DIE LIEBENDEN ist wegen der dem Erzengel Raphael zugeschriebenen Heilkräfte eine hervorragende Gesundheitskarte.

Da die Karte dem Tierkreiszeichen Zwillinge zugeordnet wird, verweist sie auf den Verstand oder Intellekt. Nummerisch ist die Zahl der Karte die Balance und Harmonie der VI (6). Wenn diese beiden Konzepte von Geist und Ausgeglichenheit miteinander kombiniert werden, gelangen wir zu geistiger oder psychischer Ganzheit mit einer harmonischen Integration der bewussten, unterbewussten und spirituellen Natur. Auf einer eher praktischen Ebene finden wir das Glück, das die Verschmelzung der emotionalen und intellektuellen Aspekte des Ichs bringen kann.

Umgekehrt: In dieser Stelle weist die Karte auf eine falsche Entscheidung und auf Unausgewogenheit hin.

Der Ratsuchende hat den Kontakt zu einem seiner inneren Aspekte verloren. Vielleicht hat er nur Intellekt und kein Gefühl, oder umgekehrt. Diese Unausgewogenheit führt zu falschen Entscheidungen, weil der Ratsuchende nicht in der Lage ist, seine wahren Bedürfnisse zu erkennen. Möglicherweise gibt es unwillkommene Vorschläge oder Unterbrechungen durch andere Menschen, die zu einer Störung beim Planen und bei Entscheidungsprozessen führen. Einmischung von Eltern oder Schwiegereltern, von Kindern oder anderen kann Reibereien innerhalb einer Beziehung heraufbeschwören. Die Unfähigkeit zu ehrlicher Kommunikation kann Konflikte in einer wackeligen Romanze, der Ehe oder Partnerschaft auslösen.

Schlechte Gesundheit könnte ein Problem sein; vielleicht gibt es auch Probleme beim Heilungsprozess.

Die Bedeutung der Karten

Der Wagen

Symbolik

Ein blonder Mann steht stark und triumphierend in der WAGEN-Karte der Großen Arkana. Wir begegnen ihm hier zum ersten Mal. Er weist darauf hin, dass der bewusste Verstand sich mit den Kräften des Unterbewusstsein verbunden hat, so dass es zu einer Vereinigung mit dem Überbewusstseins gekommen ist. Als Manifestation der Bedeutung der Karte DIE LIEBENDEN übt er jetzt Kontrolle über das äußere Reich der Sinne aus, das bei einigen Tarotversionen durch die Sphinxen, bei anderen durch Pferde repräsentiert wird.

Da der Wagenlenker seine emotionalen und geistigen Eigenschaften ins Gleichgewicht gebracht hat, kann er seine Stimmungsschwankungen kontrollieren, so dass er von deren negativen und positiven Auswirkungen nicht berührt wird. Diese wichtige Kontrolle durch Gleichgewicht ist gewöhnlich zweifach symbolisiert: Eines der Tiere ist schwarz für die negative Seite, das andere weiß für die positive; und eine der Mondsicheln auf seinen Schultern hat ein lächelndes Gesicht, während die andere finster dreinblickt. Der Wagenlenker selbst sitzt in der Mitte seines Gefährts, wo er die widerstreitenden Kräfte ausbalanciert und in Einklang bringt.

Als der Wagenlenker seine Initiation erlebte (Karte DIE LIEBENDEN), wurde ihm große Macht verliehen. Die Karte bedeutet einen Sieg durch Ausgewogenheit, denn der nun Eingeweihte hätte sich ja auch dafür entscheiden können, die durch DIE LIEBENDEN symbolisierten Kräfte zu seinem persönlichen Vorteil einzusetzen, und sich dadurch in dem Egoismus, Materialismus und Glanz verfangen können, für die die Stadt im Hintergrund der Karte steht. Diese Versuchungen sind eingemauert und zurückgelassen worden. Der spirituelle Teil des Ichs hat ihnen erfolgreich widerstanden, und er bleibt unbeirrbar bei der Entfaltung seiner inneren Natur.

Dieser Karte wird der Krebs zugeordnet, in der Astrologie das emotionale Zeichen der Seele. DER WAGEN besagt, dass das innere Ich des Eingeweihten die Zügel ergreift und die Richtung, in die der Ratsuchende sich nun wenden will, bestimmt. Er hat das »Gefährt« für seinen weiteren Weg gefunden.

Die Zahl SiebenVII (7) ist die Zahl des Sieges und der Entfaltung der Seele. Eine wichtige Prüfung des Lebens wurde bestanden. Der Ratsuchende siegt nun im Leben durch die ausgewogene Anwendung seiner eigenen Kräfte und Mittel und richtet sich dabei nach dem Willen seiner Seele. Der Baldachin über dem Kopf des Wagenlenkers ist voller Sterne und wird von vier Balken gestützt, die die Struktur umschließen und verstärken. Die Form des Wagens selbst ist ein Würfel und zeigt eine Verbindung zum HERRSCHER-Trumpf an. Die WAGEN-Karte bedeutet, dass wir auf der Ebene der Realität und in unserem physischem Körper die Meisterschaft erlangt haben.

Bildwelt

DER WAGEN steht für folgende Gestalten und Ideen:

- den Gott Shiva in seinem von fünf Rössern – die für unsere fünf Sinne stehen – gezogenen Wagen. Er hat die vollständige Kontrolle über seine Schützlinge und erinnert uns an unsere Macht zu herrschen und das Diktat des Reichs der Sinne zu überwinden
- Apollo, den Sonnengott, der in seinem Herrscherwagen durch den Himmel zieht
- Ezechiels Feuerwagen, der die Menschheit zur Gotteskraft bringt
- einen Teil aller Menschen, die ihre persönliche Macht und Göttlichkeit erkennen, um sich selbst und damit auch ihr Leben zu beherrschen.

Deutung

In richtiger Stellung: DER WAGEN steht für Herrschaft, den Sieg des Geistes über die Materie, für die Kontrolle der emotionalen Natur und der Begierden.
Durch das Zusammenfügen von Selbstbeherrschung, Gleichgewicht und Disziplin wurden Probleme und Schwierigkeiten siegreich überwunden.
Die emotionale Natur wurde jetzt mit dem Verstand und dem Intellekt in Einklang gebracht, so dass das Leben des Ratsuchenden beständiger ist und von Stimmungsschwankungen und äußeren Umständen nicht mehr so stark beeinflusst wird. Da Der Wagenlenker in der Mitte seines Gefährts sitzt, wird auch das Prinzip des »Findens der eigenen Mitte« repräsentiert. Halten Sie inne, um über Ihre Gefühle nachzudenken, befragen Sie die Empfindsamkeit Ihrer Gedanken, fragen Sie sich: »Bin ich wirklich die Person, die ich nach außen zeige, oder bin ich im Inneren ganz anders?« Die Sphinxen oder Pferde werden durch eine unsichtbare Form der Kontrolle gelenkt, denn auf dem Bild sind keine Zügel zu sehen. Diese okkulte Quelle ist die Geistes- und Urteilskraft in Verbindung mit Liebe, Empfindsamkeit und Gnade gegenüber anderen.
DER WAGEN ist die Karte der kontrollierten Gewohnheiten und steht für die erfolgreiche Beherrschung negativer geistiger Einstellungen, emotionaler Überempfindlichkeit, von Wut, Depressionen oder physisch-psychischer Abhängigkeit von Essen, Alkohol, Drogen usw. Das Hauptthema der Karte ist die Überwindung und das Meistern von Schwierigkeiten; sie weist uns auch gleich den richtigen Weg dorthin: Wir müssen das eigene »Gefährt« finden oder eine geeignete Ausdrucksform für unsere Persönlichkeit.
Umgekehrt: In dieser Stellung steht die Karte für Verlust der Selbstbeherrschung und Niederlage.
In der umgekehrten Karte des WAGENS sind unser Verstand außer Kontrolle und unsere Emotionen aus dem Gleichgewicht geraten. Der Fragende hat seine Ziele aus den Augen verloren und ist vom Wege abgekommen.
Wenn Gewohnheiten oder Abhängigkeiten das Thema der Lesung sind, steht der umgekehrte WAGEN für einen Rückfall, für die Rückkehr zu negativen emotionalen Gewohnheiten, zu Drogen, Zigaretten oder übermäßigem Essen. Der Ratsuchende wird von einer schlechten

geistigen und emotionalen Einstellung beherrscht und schafft damit unvorsichtige, leichtsinnige und selbstzerstörerische Umstände.
Weisen Sie ihn dann darauf hin, dass er mehr Disziplin aufbringen sollte und einem ernsthaften Blick auf sein selbstzerstörerischen Verhalten werfen sollte.
Der umgekehrte WAGEN repräsentiert auch einen Fehlschlag oder eine Niederlage, die möglicherweise durch den Verlust der Selbstbeherrschung oder mangelnde Ausdauer bedingt sind.

Übungen zu den Großen Arkana 0 – VII

Vervollständigen Sie bitte den nachfolgenden Text.

1. Die Hauptfunktion des HERRSCHERS ist .... Er ist der führende Teil unserer Persönlichkeit, mit der wir nach außen in die physische Welt blicken.
2. Die wichtigste Macht der HERRSCHERIN beruht vor allem auf ...., der Kraft der Harmonie und der Anziehung.
3. DIE HOHEPRIESTERIN steht für die Geheimnisse und Mächte, die uns durch den .... Verstand zugänglich werden.
4. DER NARR ist das .... oder der göttliche Aspekt unseres Bewusstseins.
5. Der intuitive, innere Wächter oder Lehrer wird durch die Karte .... repräsentiert.
6. DER MAGIER verbessert und bringt sie ins Gleichgewicht, die vier Teilen seiner ....
7. Die .... erhebt sich in der Karte des WAGENS und beginnt, die Richtung des Wagens und seines Lenkers zu bestimmen.
8. a) Der Erzengel .... auf der Karte DIE LIEBENDEN symbolisiert
   b) die .... Kraft Gottes.

Ordnen Sie die Begriffe der beiden nachfolgenden Listen einander zu.

Legen Sie die Trumpfkarten mit den Nummern 0 – VII vor sich auf den Tisch, und ordnen Sie den einzelnen Karten jeweils die richtige Bedeutung zu.

Bedeutung in richtiger Stellung

- ☐ 1. DER NARR
- ☐ 2. DER MAGIER
- ☐ 3. DIE HOHEPRIESTERIN
- ☐ 4. DIE HERRSCHERIN
- ☐ 5. DER HERRSCHER
- ☐ 6. DER HIEROPHANT
- ☐ 7. DIE LIEBENDEN
- ☐ 8. DER WAGEN

Übungen zu den Großen Arkana 0 – VII

a) Verborgene Kräfte
b) Verwirklichung von Plänen
c) Eine günstige Gelegenheit
d) Anpassung oder Intuition
e) Eine Entscheidung treffen
f) Kreative Schöpferkraft
g) Sieg durch Gleichgewicht
h) Wachstum und Liebe

Bedeutung in umgekehrter Stellung

- [ ] 1. Der Narr
- [ ] 2. Der Magier
- [ ] 3. Die Hohepriesterin
- [ ] 4. Die Herrscherin
- [ ] 5. Der Herrscher
- [ ] 6. Der Hierophant
- [ ] 7. Die Liebenden
- [ ] 8. Der Wagen

a) Einmischung in den Entscheidungsprozess
b) Originalität oder Nichtbeachtung der inneren Stimme
c) Kein Wachstum; Probleme bei der Liebe
d) Missbrauchte, fehlgeleitete Macht
e) Verlust des emotionalen Gleichgewichts
f) Kluft zwischen den eigenen spirituellen Überzeugungen und den Handlungen
g) Pläne verlaufen im Sande
h) Leichtsinnige Handlungen

Ordnen Sie den einzelnen Karten jeweils die richtige Charakterisierung zu.

- [ ] 1. Der Narr
- [ ] 2. Der Magier
- [ ] 3. Die Hohepriesterin
- [ ] 4. Die Herrscherin
- [ ] 5. Der Herrscher
- [ ] 6. Der Hierophant
- [ ] 7. Die Liebenden
- [ ] 8. Der Wagen

a) Der Lehrer
b) Der Krieger
c) Die Mutter
d) Der treue Mann
e) Die spirituell eingeweihte Frau
f) Das spirituelle Ich
g) Der Vater
h) Ein psychisch ausgeglichener Mensch

Die Bedeutung der Karten

Richtig oder falsch (r/f)?
Bedeutung in richtiger Stellung

- ☐ 1. Die Trumpfkarte DER HERRSCHER steht für verkörperte Form und Struktur.
- ☐ 2. Die Karte DIE HERRSCHERIN zeigt den Sieg des Geistes über die Materie.
- ☐ 3. Die LIEBENDEN stehen für die drei Formen des menschlichen Bewusstseins.
- ☐ 4. DER HIEROPHANT repräsentiert riesige Potenziale und Chancen.
- ☐ 5. Der WAGEN weist auf verborgene, geheime Dinge hin.
- ☐ 6. Die HOHEPRIESTERIN repräsentiert die Kräfte des unterbewussten Verstandes.
- ☐ 7. DER MAGIER steht für den bewussten Verstand.
- ☐ 8. Der NARR verkörpert unsere emotionale, liebende Seite.

Bedeutung in umgekehrter Stellung

- ☐ 1. DIE LIEBENDEN umgekehrt deuten auf psychische Unausgeglichenheit hin.
- ☐ 2. Der umgekehrte HIEROPHANT schlägt vor, mit dem Verstand die Materie zu nutzen.
- ☐ 3. Die umgekehrte HERRSCHERIN kann einen wütenden, frustrierten Menschen repräsentieren.
- ☐ 4. Die umgekehrte HOHEPRIESTERIN zeigt an, dass sich eine Situation nicht verwirklichen lässt oder reifen wird.
- ☐ 5. Der umgekehrte WAGEN bedeutet emotionale Unausgeglichenheit und birgt zügellose Tendenzen.
- ☐ 6. Der umgekehrte MAGIER zeigt, dass jemand seine Versprechen brechen oder nicht in der Lage sein könnte, seine Pläne tatsächlich durchzuführen.
- ☐ 7. Der umgekehrte NARR steht für jemanden, der sich weigert, auf seine innere Stimme zu hören.
- ☐ 8. Der umgekehrte HERRSCHER kann einen unreifen, unvernünftigen Mann repräsentieren.

Lösungen

Lückentest

1. Verstand	4. Überbewusstsein	7. Seele
2. der Liebe	5. DER HIEROPHANT	8. a) Raphael
3. unterbewussten	6. Persönlichkeit	b) heilende

Zuordnung
Bedeutung in richtiger Stellung
1. c   2. f   3. a   4. h   5. b   6. d   7. e   8. g

Bedeutung in umgekehrter Stellung
1. h   2. d   3. f   4. c   5. g   6. b   7. a   8. e

Charakterisierung
1. f   2. d   3. e   4. c   5. g   6. a   7. h   8. b

Richtig oder falsch?
Bedeutung in richtiger Stellung
1. Richtig
2. Falsch – DER WAGEN lässt den Verstand die Materie nutzen.
3. Richtig – das Bewusstsein wird durch den Mann repräsentiert, das Unterbewusstsein durch die Frau und das Überbewusstsein durch Raphael, den Vertreter des spirituellen Bewusstseins.
4. Falsch – DER NARR repräsentiert riesige Potenziale.
5. Falsch – DIE HOHEPRIESTERIN ist die Trumpfkarte, die mit der Bewachung von Geheimnissen gleichgestellt wird.
6. Richtig
7. Richtig
8. Falsch – unsere emotionale, liebende Seite wird durch die Trumpfkarte DIE HERRSCHERIN verkörpert.

Bedeutung in umgekehrter Stellung
1. Richtig
2. Falsch – der umgekehrte HIEROPHANT ist die Karte, die den Nonkonformismus repräsentiert oder die Weigerung, auf die innere Stimme zu hören.
3. Richtig
4. Falsch – für eine Situation, die nicht reift, steht der umgekehrte HERRSCHER.
5. Richtig
6. Richtig
7. Falsch – DER HIEROPHANT weigert sich, auf die innere Stimme zu hören. Der umgekehrte NARR hingegen trifft selbstsüchtige, falsche Entscheidungen.
8. Richtig

Die Bedeutung der Karten

Aufgabe zu den Großen Arkana O – VII

Eine Lesung für eine junge Frau mit den Großen Arkana Karten O – VII
Legen Sie die folgende Kartenkombination aus.

SIGNIFIKATOR
Signifikatorkarte ist DIE HOHEPRIESTERIN.

DAS ABHEBEN
1. Die Königin der Stäbe verrät uns, was die Ratsuchende in der Vergangenheit erlebt hat. Worum handelt es sich?
2. Zur Zeit werden ihre Lebensumstände durch die Sieben der Münzen bestimmt. Was bedeutet das?
3. Die Zukunft bringt ihr die Kräfte des MAGIERS. Wie deuten Sie das?

DIE AUSLEGUNG

Position 1   **Gegenwärtiger Einfluss** – Vier der Kelche
Position 2   **Hilfe oder Hindernisse** – Acht der Schwerter
Position 3   **Vergangenheit, Motivation** – Die umgekehrte HERRSCHERIN
Position 4   **Jüngere Vergangenheit** – DER HIEROPHANT
Position 5   **Mögliche Zukunft** – Die umgekehrten LIEBENDEN
Position 6   **Nahe Zukunft** – Acht der Stäbe
Position 7   **Einstellung der Ratsuchenden** – Der umgekehrte HERRSCHER
Position 8   **Umfeld der Ratsuchenden** – DER WAGEN
Position 9   **Hoffnungen und Ängste** – umgekehrte Sieben der Kelche
Position 10   **Ergebnis** – DER NARR

Wenn bei einer Lesung sehr viele Karten der Großen Arkana auftauchen, kann die Deuterin von ihrer Kraft überwältigt werden. Dann sind echte, kritische Lebenskräfte am Werk. Sie müssen Geduld haben und jeweils die Hauptbedeutungen dieser Trümpfe verwenden, dann wird Ihre Lesung erfolgreich sein.
In dieser Lesung gibt es sechs Karten der Großen Arkana, nicht mit eingeschlossen DIE HOHEPRIESTERIN als Signifikatorkarte und DER MAGIER auf dem Abhebestapel für die Zukunft. Die vielen Trumpfkarten der Großen Arkana zeigen, dass starke und wichtige spirituelle und psychische Kräfte die Frage beeinflussen.
DIE HOHEPRIESTERIN als gewählte Signifikatorkarte verrät uns, dass diese Frau folgende Eigenschaften hat: Spiritualität, Reinheit, psychische Ausgeglichenheit und starke philoso-

phische Überzeugungen. Die Wahl der HOHEPRIESTERIN zeigt, dass die Ratsuchende etwas über die unbekannte, noch verhüllte Zukunft erfahren möchte. Ihre Frage hat enorme Konsequenzen, was die vielen Karten der Großen Arkana zeigen; ihre spezifische Frage betrifft die berufliche Laufbahn.

Der Zahlentrend einschließlich der Signifikatorkarte ergibt die Zahl 9 und charakterisiert die Lesung in zweierlei Hinsicht: Einerseits will man etwas erreichen und andererseits verfügt man über das Selbstvertrauen im Hinblick auf den Abschluss eines Zyklus.

1. Auf welche Aspekte weist die Vier der Kelche in der Gegenwartsposition hin?
2. Die Acht der Schwerter ist ein Hindernis. Erklären Sie das.
3. Die Ratsuchende hat die umgekehrte HERRSCHERIN in der Vergangenheit erfahren. Was bedeutet das?:
4. Was verrät uns DER HIEROPHANT in der Position für die jüngere Vergangenheit?
5. Was der Ratsuchenden die mögliche Zukunft bringen könnte, zeigt uns die Karte in Position 5. Erläutern Sie das.
6. Was wird sich bald ereignen?
7. Wie offenbart sich ihre Einstellung?
8. Wie sehen andere sie?
9. Erläutern Sie, warum ihre Hoffnungen durch die umgekehrte Sieben der Kelche offenbart werden.
10. In der Position für das Ergebnis liegt DER NARR. Was hält die Zukunft für sie bereit?

Lösungen

Lesung für eine junge Frau mit den Großen Arkana 0 – VII.

DAS ABHEBEN

1. Die Königin der Stäbe in der Vergangenheit verrät uns, dass die Ratsuchende dem Leben mutig gegenübergetreten ist und dabei die positiven Seiten ihrer Persönlichkeit genutzt hat. Tatkraft und Freundlichkeit haben ihr geholfen, ihre Ziele zu erreichen; ihre Handlungen wurden von Ehrlichkeit bestimmt. Diese Frau könnte in einem Beruf gearbeitet haben, bei dem sie viel mit Menschen zu tun hatte; dabei hat sie möglicherweise eine Führungsposition bekleidet.
2. Zur Zeit durchlebt sie eine Phase der Neuorientierung, die etwas mit ihrem Beruf (Stäbe) und ihrer finanziellen Situation (Münzen) zu tun haben könnte. Sie hat Erfolge erzielt, scheint sich aber auf schmerzhafte Weise bewusst zu sein, dass etwas fehlt oder unvollständig ist, was die gegenwärtigen Umstände negativ beeinflusst.
3. DER MAGIER auf dem Zukunftsstapel bedeutet, dass es ein genaues Ziel oder einen Plan gibt, das bzw. den sie ausführen wird. Es könnte auch sein, dass ein ehrgeiziger junger Mann, DER MAGIER, ihr auf dem Weg in diese neue Richtung helfen wird.

DIE AUSLEGUNG

1. Die Vier der Kelche weist darauf hin, dass ihr im Augenblick Zeit zugestanden wird, um sich zurückzuziehen, über ihr Leben nachzudenken und es neu zu bewerten. Sie hat sich im Hinblick auf Gefühlsangelegenheiten zurückgezogen.
2. Es handelt sich offensichtlich um eine Hinderniskarte. Die Ratsuchende könnte durch ihre eigene Unentschlossenheit und Zwiespältigkeit behindert werden, aber auch durch die Einmischung anderer Menschen und durch Situationen. Möglicherweise fühlt sie sich in ihrer Position und ihren gegenwärtigen Verpflichtungen gefangen.
3. In der Vergangenheit gefühlsbetont und frustriert, hatte die Ratsuchende Probleme, mit der Liebe und der Mutterschaft fertig zu werden. Sie ließ es zu, dass ihre Kreativität durch ihre zerstörerische Emotionalität stark eingeschränkt wurde, und könnte eine Zeit lang an einer Gemütskrankheit gelitten haben. Durch die vergangenen beunruhigenden emotionalen Vorfälle könnte sie erneut Opfer ihrer eigenen überemotionalen Programmierung werden.
4. DER HIEROPHANT in der jüngeren Vergangenheit verrät uns, dass sie im Zusammenhang mit der Frage den Erwartungen, die an sie gestellt waren, entsprochen hat. In diesem Fall handelt es sich um ihre Karriere. Sie könnte andere aus- oder sich selbst weitergebildet haben. Vielleicht hat sie sich außerdem beruhigt und ist in sich gegangen, um ihr höheres Selbst um Rat zu fragen.
5. Die umgekehrte Karte der LIEBENDEN sagt uns, dass die Ratsuchende befürchtet, die falsche Entscheidung zu treffen oder dass man sich in ihre zukünftigen Entscheidungen Zukunft einmischen könnte. Es könnte aber auch zu emotionaler und/oder geistiger Unausgeglichenheit kommen. (Denken Sie an ihre Geschichte, die umgekehrte Herrscherin in der Vergangenheit.) Bei ihren Beziehungen und der Kommunikation mit anderen könnten Schwierigkeiten auftreten. Beachten Sie, dass diese Einmischung jetzt passiert, wie durch die Acht der Schwerter in Position 2 angezeigt wird.
6. Die Acht der Stäbe für die nahe Zukunft zeigt uns, dass sich schon sehr bald Türen zu neuen beruflichen Zielen öffnen könnten. Sie könnte in ihrer gegenwärtigen Karriere Fortschritte machen; das betrifft vor allem den erfolgreichen Abschluss eines Projekts, das bereits in Reichweite ist. Sagen Sie ihr, dass sie mit einem raschen beruflichen Aufstieg rechnen kann. Dies wird auch durch die Zukunftskarte, den MAGIER, auf dem Abhebestapel bestätigt. Außerdem könnte sie bald auf eine Reise gehen.
7. Der umgekehrte HERRSCHER weist darauf hin, dass ihre Einstellung zur Zeit emotional, unvernünftig und unreif sein könnte. Vielleicht ist sie überzeugt, dass ihre beruflichen Träume sich nicht verwirklichen werden. Raten Sie ihr, vernünftiger und logischer über sich selbst nachzudenken, und deuten Sie an, dass sie sehr bald aufgerufen wird, ihre Führungsqualitäten zu nutzen, ihr Leben in Ordnung zu bringen und ihr Organisationstalent anzuwenden; ausgedrückt wird das durch die Acht der Stäbe und den MAGIER auf dem Abhebestapel. Ihre Gedanken könnten durch einen unlogischen, unklugen Mann beeinflusst werden.

8. Die Menschen in ihrem Umfeld sehen sie als den Trumpf DER WAGEN, als eine Frau, die der Richtung ihrer Seele folgt und die auch viel Disziplin und Willenskraft aufbringt. Sie betrachten sie als erfolgreich, besonders da sie ihr Privat- und Berufsleben in Einklang gebracht hat. Sie sehen sie als jemanden, der den eigenen emotionalen, selbstzerstörerischen Krieg gewonnen hat, mit dem er in der Vergangenheit so aktiv beschäftigt war.
9. Sie hofft, dass sich eine zufriedenstellende, klar ersichtliche Richtung herauskristallisieren wird, so dass sie weiter Fortschritte machen kann.
10. Die Karte des NARREN bedeutet, dass sich eine große Chance im Zusammenhang mit ihrer zukünftigen Karrieremöglichkeit ergeben könnte. Sie wird ihre Unentschlossenheit überwinden und diese neue Möglichkeit mit beiden Händen ergreifen. Raten Sie ihr, das weitere Vorgehen auf die Wünsche ihres Herzens und ihrer Seele auszurichten. Weisen Sie darauf hin, dass andere versuchen könnten, Einfluss auf ihre Entscheidung zu nehmen, das neue Vorhaben weiter zu verfolgen. Letzteres wird ja duch die umgekehrten LIEBENDEN in der Position der möglichen Zukunft vorgeschlagen. Sagen Sie ihr, dass ihr neues Berufsziel mehr beinhalten könnte, als sie sich vorstellen kann. Sie muss in ihren Entscheidungsprozess unbedingt langfristige Ziele mit einbeziehen.

Die Bedeutung der Karten

Lektion 14: **Die Großen Arkana VIII – XIV**

Kraft

Symbolik
Eine schöne, weiß gekleidete Frau steht in der Natur und streichelt ruhig einen roten Löwen. In unserer achten (VIII) Karte der Großen Arkana treffen wir auf das Thema der Zunahme okkulter Kraft. Die verborgenen Energien in der menschlichen Natur sind von Dualität geprägt und können jetzt durch die Kräfte der Geduld und des Verstandes freigesetzt werden.

Diese Trumpfkarte der Kraft illustriert die okkulte Maxime »Erkenne dich selbst!« Die abgebildete Frau ist sich bewusst, dass sie an einer spirituellen Quelle Anteil hat; das wird durch ihr reines, weißes Kleid und das Unendlichkeitssymbol über ihrem Kopf ausgedrückt. Sie benutzt die Kraft ihres Verstandes, um den Löwen – ihre eigene Begierde – im Zaum zu halten. Ihr Verhalten und ihre Einstellung werden nicht mehr durch ihren unterbewussten Zorn und ihre Phobien bestimmt. Was wir hier tatsächlich sehen, ist die Tarotversion der Psychoanalyse. Wenn wir in die Erinnerungen eintauchen, die unsere Verhaltensmuster beeinflussen, bekommen wir ein genaues Bild von dem unterbewussten, selbstzerstörerischen Verhalten, das unser Leben auseinanderreißen kann. Verständnis hat uns die Macht gegeben, unterbewusste Instinkte, für die der Löwe steht, zu beherrschen. Damit haben wir den ersten und wichtigsten Schritt zur Selbsterkenntnis geleistet. Von dieser Meisterschaft ausgehend, erweitern wir unser Bewusstsein auf die metaphysische Ebene.

Kraft ist die Löwenkarte des Tarots, das astrologische Zeichen der Liebe und der Ausrichtung unseres Willens nach den Kriterien der Intelligenz. Eine geduldige Fürsorge, angewandt in einer positiven, disziplinierten, respektvollen Weise, trägt zur Selbstliebe und Selbsterziehung des Ratsuchenden bei. Die Macht, durch die die Frau den Löwen zähmt, erwächst nicht aus ihrer ureigenen Kraft, sondern aus der Liebe Gottes.

Bildwelt
Die Idee der Kraft wird durch folgende Bilder illustriert:
- die Göttin Venus, die ihre Anmut einsetzt, um das Biest in uns zu zähmen
- die magische Frau, die ihre Ziele durch liebevolle Kraft und Spiritualität erreicht
- der beherrschte, disziplinierte und geläuterte unterbewusste Verstand
- die Hindugöttin Kumari, die die spirituelle, prophetische Frau personifiziert
- der Teil von uns, der verständnisvoll, vergebend und selbsterziehend ist, und der dem Ich Liebe und Respekt entgegenbringt.

Deutung

In richtiger Stellung: Die Karte KRAFT steht für Selbst-Verständnis, Geduld, Pflege des Ichs; Einsatz spiritueller Liebe.

Diese KRAFT-Trumpfkarte demonstriert die Anwendung der Macht der Liebe und des Verstehens. Der Ratsuchende könnte oder wird diese Eigenschaften anwenden, um den Gegenstand der Frage erfolgreich zu handhaben.

Eine Analyse und das Verständnis für das Ich helfen, unsere Ängste und Komplexe in einem großen Gesamtrahmen zu stehen und sie so zu beherrschen. Der Ratsuchende könnte eine Wachstumsphase durchleben, in der er durch eine eigene oder professionelle Analyse gesunde Selbstachtung und Selbstannahme erlangt. Diese Karte verweist auf das Erreichen von Zielen durch Güte.

Umgekehrt: In dieser Stellung steht die Karte für Selbstsucht, fehlende Selbstliebe, nicht genug Verständnis für das eigene Ich.

Umgekehrt kann die Trumpfkarte KRAFT auf bedenkliche psychische Probleme hinweisen. Das Verhalten des Ratsuchenden könnte in unterbewussten, unkontrollierten Ängsten begründet sein; eine mögliche Ausprägung sind zornige, gewalttätige Handlungen. Wenn diese Karte bei einer Lesung auftaucht, muss der Ratsuchende sich davor hüten, die Situation zu forcieren, da dies zu großer Unruhe, die bis zum Jähzorn ausarten kann, führen könnte.

Die bedauerlichen Folgen für einen Menschen, der sich selbst nicht mag und Beziehungen zerstört, sind – absichtliche oder ungewollte – Missverständnisse, permanente Unruhe oder Kämpfe und Hass.

DER EREMIT

Symbolik

Allein auf einem Berggipfel steht ein weiser Pilger. Er hält einen Stab und trägt eine Lampe, die von einem sechseckigen Stern beleuchtet ist. Er hat eine innere Reise hinter sich. Standhaft ist er bei seinem Ziel geblieben, spirituelle Erleuchtung zu erlangen.

Seine Weisheit, das Kennzeichen des Eremiten, hat er dadurch gewonnen, dass er all die gegensätzlichen (schwarz-weißen) Teile seiner Natur ins Gleichgewicht gebracht hat. Damit schuf er ein neutrales Grau. Auf der Grundlage seiner objektiven, unvoreingenommenen Sichtweise wenden sich seine Gedanken nun dem Himmel zu. Seine innere Entwicklung schreitet immer schneller voran.

Die Jungfrau ist das Zeichen des Einzelgängers und des Dienstes am Menschen. Dieses Sternzeichen zeigt, wie der Ratsuchende ein Eingeweihter wurde und seine Weisheit einsetzen wird. Dass DER EREMIT endlich den Gipfel seiner Entwicklung erreicht hat, zeigt sein nummerischer Wert IX (9).

Bildwelt

DER EREMIT wird durch folgende Bilder illustriert:
- der Heilige, der Guru, der Mystiker
- der Weise, der zum mystischen Gipfel des Wissens gereist ist und dem Erleuchtung zuteil wurde
- der Heiler, der Dienende oder Berater, der uns durch sein Beispiel bescheidenes, selbstloses Geben vorlebt
- Hermes, der Lehrer, der uns durch seine kundige Unterweisung in das Reich des Spirituellen führt
- der Zauberer Merlin, der Hüter von okkulten Geheimnissen und Wahrheiten
- der Teil in allen von uns, die Gott persönlich erfahren haben und ein Lichtstrahl für alle werden, die noch auf dem Weg dorthin sind.

Deutung

In richtiger Stellung: Die Karte DER EREMIT steht für innere Anleitung und weisen Rat von anderen.

Voraussetzung hierfür ist eine Grunddisposition: DER EREMIT hat sich in Ruhe, Stille und Askese zurückgezogen, um den Dingen auf den Grund zu gehen, um sich einen Spiegel vorzuhalten und dadurch geistig und seelisch zu reifen.

Die Trumpfkarte DER EREMIT zeigt, dass der Fragesteller nunmehr Reife und Unabhängigkeit erlangt hat sowie seine Entscheidungen weise und zuversichtlich ausführt. Er ist von Fremdeinflüssen autonom.

Ermutigen Sie den Ratsuchenden, weiterhin auf sein inneres Urteil in der Sache zu vertrauen. Stärken Sie ihn in der Gewissheit und dem Mut, zu der Überzeugung zu stehen, dass er seine Gedanken bis zur Verwirklichung realisieren kann.

Wenn die EREMIT-Karte nicht für die eigene Weisheit des Fragestellers steht, so repräsentiert sie Rat oder Führung durch eine zuverlässige Quelle. Vielleicht erhält der Fragende Rat von einem Arzt oder Kaufmann, einem Lehrer oder Rechtsexperten. Ein spiritueller oder religiöser Lehrer könnte ihm Unterweisung anbieten. Anregungen können auch von einem Mentor kommen.

In einer medizinischen Lesung steht DER EREMIT für das sorgfältige Befolgen ärztlicher Anweisungen.

Umgekehrt: Umgekehrt deutet die EREMIT-Trumpfkarte darauf hin, dass Ratschläge missachtet werden, die unbedingt beachtet werden sollten. Der Fragende akzeptiert die eigene Überzeugung nicht, oder er vertraut seinem eigenen Urteil nicht, bereut diese Entscheidung aber später. Empfehlen Sie ihm, auf seine innere Stimme zu hören oder sich auf die Weisheit eines Beraters zu verlassen.

Es könnte aber auch sein, dass ein unverantwortlicher und unreifer Ratsuchender sich weigert, für seine Taten geradezustehen.

Rad des Schicksals

Symbolik

Beim RAD des SCHICKSALS handelt es sich wieder um eine Karte, die leicht in die Irre führt. Das Rad, das ziellos aus dem Himmel auf uns zu stürzen scheint, könnte man auf den ersten Blick als eine Art kosmisches Roulette verstehen! Bei manchen Tarotversionen ist eine Gestalt abgebildet, die zur Spitze des Rads hinaufgehoben wird, während eine andere Gestalt hilflos von ihm herunterstürzt. Aus diesen dramatischen Darstellungen könnten wir schließen, dass das Leben ein einziges, großes, unkontrollierbares Glücksspiel sei. Somit wären wir der Gnade des Zufalls ausgesetzt, Glück und Schicksal würden irgendwie unsere Zukunft bestimmen.

Wenn man nur die Oberfläche einer Situation sieht, scheint die Verteilung der Vor- und Nachteile im Leben tatsächlich von der rein zufälligen Drehung des Schicksalsrades abzuhängen.

Doch wir haben bei unserer Beschäftigung mit den Karten der Großen Arkana gelernt, tiefer in die Bedeutung des Trumpfes einzutauchen, um seine wahre Natur zu erkennen. Zum RAD des SCHICKSALS sind wir durch den Bewusstseinszustand des Eremiten gelangt. Ihn hat aber keine Glückssträhne auf den spirituellen Gipfel gebracht. Seine Errungenschaft ist eher als Lohn für die erlittenen Mühen zu verstehen. Nur so konnte er es verdienen, als Eingeweihter das Wirken des Kosmos zu schauen.

Die mystischen Buchstaben und Symbole, mit denen das Rad geschmückt ist, weisen auf geheime universelle Gesetze hin, die der Eingeweihte in seinem nunmehr geläuterten Zustand zum ersten Mal richtig verstehen kann.

Dem RAD des SCHICKSALS wird der Planet Jupiter, der große »Glücksstern« der Astrologie, zugeordnet. Das verbindet sich wunderbar mit der glückhaften Wendung der Ereignisse. Die Nummer X (10) bedeutet das Ende eines Zyklus' und den bevorstehenden Beginn eines neuen.

Bildwelt

Das RAD des SCHICKSALS wird durch folgende Bilder illustriert:
- das Rad des Lebens und des Todes der chinesischen Mythologie, das die Seelen erklimmen und von dem sie dann wieder hinabgeschickt werden, damit ihnen erneut Form verliehen wird
- der Kreislauf unseres Lebens, der vom Himmel zur Erde oder vom Anfang zum Ende reicht und eine komplette Umdrehung schafft
- das Große Rad der Zeit – das Ende eines Zeitzyklus und die Auflösung aller Phänomene, die später in anderer Form erneut aufleben.

Die Bedeutung der Karten

Deutung

In richtiger Stellung: Diese Karte steht für einen Zyklus von Belohnung, Möglichkeit und glücklichen Umständen. Der Ratsuchende sieht sich günstigen Umständen gegenüber. Die Karte weist auf eine Veränderung zum Besseren hin, Wachstum und Ausdehnung, vielleicht in eine ganz neue Richtung. Das RAD des SCHICKSALS steht für eine vorteilhafte Wendung der Ereignisse. Empfehlen Sie dem Ratsuchenden, jetzt das Fundament für seinen Erfolg zu legen. Die Karte kann auch einen neuen Anfang in Form einer erweiterten, positiveren Lebensweise repräsentieren. Manchmal muss man kalkulierte Risiken eingehen, um die sich bietenden Möglichkeiten voll ausnutzen zu können. Wenn diese Karte erscheint, sind die Erfolgschancen groß.

Umgekehrt: In dieser Stellung kommen Verzögerungen, Hindernisse, erneut auftretende Probleme zum Ausdruck.

Erscheint das umgekehrte RAD des SCHICKSALS, so beginnt ein bereits abgeschlossener Zyklus wieder von vorn. Es zeigt dann einen Rückfall in etwas, von dem der Ratsuchende dachte, es sei abgeschlossen. Er muss sich also erneut damit befassen. Man hat dann das Gefühl, dass die ganze harte Arbeit kaum Fortschritte bringt, dass man immer wieder mit dem Kopf gegen eine Wand läuft.

Es gibt Komplikationen und Verzögerungen. Der Ratsuchende kann vorläufig keine günstigen Umstände erwarten.

Das umgekehrte RAD des SCHICKSALS kann auch für die Wiederholung eines Fehlers stehen oder für die Unfähigkeit, eine sich bietende Chance zu erkennen.

Der richtige Zeitpunkt wird verpasst: Man ist zum Beispiel auf eine Gelegenheit vorbereitet, die dann ausbleibt oder unvorbereitet auf eine, die eintritt.

GERECHTIGKEIT

Symbolik

Die GERECHTIGKEIT wird als eine scharfsichtige, ausgeglichene Frau dargestellt. Ihre Erkenntnisse und Entscheidungen sind untadelig, denn sie sieht mit den Augen des Universums. Die Gesetze, für die die GERECHTIGKEIT steht, sind kosmischen Ursprungs. Daher sind ihre Urteile unparteiisch und absolut gerecht. Hier kommt das Prinzip von Ursache und Wirkung unfehlbar zum Tragen. Gerechtigkeit wird nicht nach einem irdischen, sondern nach einem himmlischen Gesetzbuch ausgeübt.

Das dieser Trumpfkarte zugeordnete Tierkreiszeichen Waage beinhaltet das Konzept der Balance und des Ausgleichs. Die GERECHTIGKEIT sitzt mit ihrer Waage und ihrem zweischneidigen Schwert zwischen den Pfeilern der Gnade und der Strenge, denn sie hat die Macht, Urteile zu fällen und die Fähigkeit, Handlungen abzuwägen. Da ihre Autorität auf höheren Gesetzen beruht, können ihre Entscheidungen von einem persönlichen, irdischen Standpunkt aus ungerecht oder unausgewogen wirken. Doch ihre spirituelle Herrschaft und ihre nach kosmischen Kriterien unparteiischen Urteile werden sich als richtig und wahr erweisen, denn sie können vor der Zeit bestehen.

Die Nummer dieser GERECHTIGKEITS-Karte, XI (11), weist auf die Eins (I) des MAGIERS hin, ebenbürtig mit der Frau, die durch die doppelte Eins (II) personifiziert wird. Eine Frau mit ihrer unterbewussten Kraft hat jetzt die gleiche Ebene erreicht, wie die des männlichen Gegenparts mit seinem bewussten Verstand. Das Unterbewusstsein erscheint stark und gereinigt. Damit hat es eine gleichermaßen herrschende Position neben dem bewussten Intellekt eingenommen.

Eine Kombination entgegengesetzter Farben, die dennoch auf harmonische Weise miteinander verbunden sind, illustriert das Konzept der Ausgeglichenheit und des erfolgreichen Abschlusses durch die Neutralisierung schädlicher Kräfte.

Bildwelt

GERECHTIGKEIT wird durch folgende Bilder illustriert:
- die starke, unabhängige, befreite Frau, die als Gleichberechtigte neben Männern und anderen Frauen steht
- das Gesetz des Karmas, das unvoreingenommen den Lohn für gerechte Taten austeilt
- der göttliche Richter und Minderer, der in der verschwenderischen Fülle des Lebens ein Gleichgewicht herstellt
- die Zerstörerin, die Manifestation der Hindugöttin Kali
- die siegreiche Kriegsgöttin, mächtig und stark
- ein Aspekt des Erzengels Michael, der diejenigen, die den spirituellen Pfad gehen wollen, eingehend prüft
- die ägyptische Göttin Maat, die Hüterin der Wahrheit, die die Herzen der Toten wiegt und über ihre Taten richtet
- der Teil von uns allen, der zum ehrenhaften Handeln fähig ist.

Deutung

In richtiger Stellung: Die Karte GERECHTIGKEIT steht für Aktivität, Gleichgewicht, positive Entscheidung. Man bekommt, was man verdient.

Die Hauptbedeutung der Karte ist Aktivität, vor allem im Hinblick auf Gleichgewicht im Leben. Der Ratsuchende könnte beginnen, sein Leben zu stabilisieren, indem er Beruf und Freizeit, Ruhe und Bewegung, sich selbst und anderen, Herz und Verstand oder Spiritualität sowie materiellen Dingen dieselbe Zeit zugesteht.

Ein innerer Ansporn hilft dem Ratsuchenden auf der Suche nach Wachstum und Veränderung, in seinem Streben nach Gerechtigkeit und seinem Bedürfnis nach Verwirklichung der eigenen Ziele.

Die Bedeutung der Karten

Man bekommt, was man verdient, erntet, was man gesät hat. Auch ein fairer Ausgang in juristischen Angelegenheiten ist eine Bedeutung, die mit dieser Karte in Verbindung gebracht wird. Die GERECHTIGKEIT ist auch eine allgemeine Bildungskarte, sie steht also für Aus- oder Weiterbildung (manchmal in einem bisher unterentwickelten Bereich im Leben des Ratsuchenden).

Umgekehrt: In dieser Stellung steht die Karte für Ungerechtigkeit und Ungleichgewicht.

Die umgekehrte GERECHTIGKEIT-Karte kann auch ein Fehlurteil bedeuten. Er wird unfair und voreingenommen behandelt. Seine Rechte werden verletzt. Der Ratsuchende bekommt nicht das, was er verdient. Falls es bei der Lesung um eine rechtliche Sache geht, sollten Sie ihm raten, sie nicht weiter zu verfolgen, da das Ergebnis eines Prozesses vermutlich ungünstig für ihn ausfallen wird.

Lernschwierigkeiten, die als mögliches Problem im schulischen Bereich beschrieben werden (von Lernstörungen bis zu Auseinandersetzungen zwischen Lehrern und Studenten), sind eine zusätzliche Eigenschaft der umgekehrten GERECHTIGKEIT-Trumpfkarte.

Anmaßung, Unbeugsamkeit, Erbarmungslosigkeit und Behaftung mit Vorurteilen sind die negativen Eigenschaften einer Person oder einer Situation, mit der man sich konfrontiert sieht. Im Leben des Ratsuchenden besteht kein Gleichgewicht zwischen Fühlen und Denken, Geben und Nehmen, Arbeit und Freizeit. Er ignoriert seinen inneren Ansporn zu Handlung, Wachstum und Veränderung.

DER GEHÄNGTE

Symbolik
DER GEHÄNGTE gehört zu den besonders irreführenden Karten der Großen Arkana. In vergangenen Zeiten war er bekannt als »Der Ertrunkene«. Zur Zeit erlebt er im Tarot eine Verjüngung als »Der Hängende«.

Die herrschende kosmische Kraft ist Neptun, der Planet der Illusion oder Erleuchtung, der uns anbietet, uns aus der Sackgasse zu führen, in die diese falsche Spur des Tarots uns zunächst bringt.

Zu »hängen« heißt, etwas aufzugeben, abzutreten oder zu opfern, wobei man oft etwas Geringeres gegen etwas Größeres eintauscht. Mystisch gesehen bedeutet das, dass unsere egoistischen Begierden umgedreht werden und dass uns unser Vertrauen in die eigene Klugheit durch die Kämpfe des Lebens führen wird.

Dem dargestellten Mann auf der Karte scheint es gleichgültig zu sein, was andere von seiner Wahl und Prioritätensetzung halten. Diese unterscheidet sich jetzt stark von den Ansichten anderer: Sie ist auf spirituelle Entfaltung und Näherung an das Wissen Gottes ausgerichtet. Der Gesichtsausdruck und der Heiligenschein, der den Kopf des Charakters umschließt, zeigen uns, dass er nicht leidet. Er ist erleichtert, erfreut, weil er sich dafür entschieden hat, sich nicht mehr zu sorgen. Er wird aufhören, das Leben und den Tod überlisten zu wollen. Sein Leben liegt nun in der Hand der höheren Macht; seine Leidenschaft und sein Handeln, die durch die rote Farbe seiner Hose symbolisiert werden, sind gestillt. Sein Unterbewusstsein, das durch das blaue Obergewand repräsentiert wird, ist von der Last der Erinnerungen befreit. Handeln, Leidenschaft, Begierden, Erinnerungen, das Ich und der Intellekt, verkörpert durch die gelben Schuhe, sind unwichtig geworden. Das Sein des GEHÄNGTEN wird allein durch seine Spiritualität bestimmt.

Die Karte trägt die Nummer XII (12), in der die Eins (I) des bewussten Verstandes des MAGIERS mit der Zwei (II) des weiblichen Unterbewusstsein-Prinzips kombiniert wird. Beide geben ihre fundamentalen Prinzipien auf, um den Weg freizumachen für die völlige Hingabe zum Geist. Samadhi ist das durch diese Karte angezeigte meditative Ziel, in dem das Unterbewusstsein und der bewusste Verstand in der Vorbereitung auf die Vereinigung mit dem Göttlichen ins Reine gekommen sind.

Durch das Seil, das unsere direkte Linie und Unterstützung zum und durch den Kosmos repräsentiert, hängt DER GEHÄNGTE von einem lebenden Baum herab, ein Symbol für das Leben im Geist.

Bildwelt

DER GEHÄNGTE wird durch folgende Bilder illustriert:

- Christus am Kreuz, der weiß, dass seine Kreuzigung der Menschheit Licht und Rettung bringen wird
- der Guru im Zustand des Samadhi, in dem er zur Erleuchtung gelangt
- der Meergott Neptun, der in die Tiefen des spirituellen Meeres hinabtaucht
- der Mystiker, der ein Leben des völligen Verzichts führt und alles opfert, um die ultimative Vereinigung mit dem Göttlichen zu erreichen
- die »Auslöschung des Ichs«, in Indien ein unverzichtbarer Schritt zum Erreichen des Nirvanas
- unsere angeborene Spiritualität, die wir dadurch entdecken, dass wir unser Ich opfern und unser Dasein dem Willen Gottes unterstellen.

Deutung

In richtiger Stellung: DER GEHÄNGTE steht für Verzicht, Opfer, Änderung der Prioritäten. Ein Opfer zu bringen, bedeutet gewöhnlich, etwas oder Jemanden aufzugeben, das oder der uns teuer ist. In manchen Fällen symbolisiert DER GEHÄNGTE tatsächlich dieses schwierige Loslassen. Etwas zu opfern, kann aber auch bedeuten, zu verzichten, um Besseres zu erlangen. Beide Deutungen sind anwendbar. Wenn in der Lesung problematische Karten vorkommen, trifft die erste Bedeutung zu. Wenn dagegen andere Karten wohlwollender sind, sollte die zweite Bedeutung angewendet werden.

Die Bedeutung der Karten

Auf spiritueller Ebene ist das Opfer ein hingebungsvoller Dienst, Verehrung und ein Geschenk an den Schöpfer. Der Ratsuchende sollte seine Probleme in die Hand der höheren Macht legen und darauf vertrauen, dass die Situation auf die »vorbestimmte« Weise gelöst wird.

Eine weitere grundlegende Bedeutung dieser Karte ist Umkehrung. Der Ratsuchende trifft auf eine Veränderung oder Neuordnung der Wertvorstellungen, Prioritäten oder des Glaubenssystems. Die Aussichten des Ratsuchenden könnten sich grundlegend ändern. Wenn er auf dem Land lebt und es bei der Lesung um einen Umzug oder Ortswechsel geht, könnte er bald in die Stadt umziehen. Sollte er hingegen einen ruhigen Bürojob haben und nach Veränderungen im beruflichen Bereich fragen, so steht DER GEHÄNGTE für eine Arbeit ganz anderer Art, vielleicht eine aktive, reisende Position.

Es kann sich auch um eine Umkehr in den Lebensprioritäten handeln, bei der der Ratsuchende beispielsweise nicht mehr zuerst an andere denkt, sondern seine eigenen Bedürfnisse an die erste Stelle setzt oder umgekehrt.

Auch Verunsicherung, Abneigung oder ein In-der-Luft-Hängen im Zusammenhang mit einer bestimmten Situation können eine Deutung des GEHÄNGTEN sein, wenn er mit negativen Karten erscheint.

Umgekehrt: Materialismus, Stolz, Geltungsbedürfnis und Selbstsucht sind »Komplexe«, die den Ratsuchenden daran hindern, irgendeine andere Ansicht außer der eigenen zu akzeptieren. Unbeweglichkeit und Engstirnigkeit schaffen die Unfähigkeit, loszulassen und alles in Gottes Hand zu legen.

Eine egozentrische Grundhaltung und das Beharren darauf, dass alles nach dem eigenen Willen gehen muss, verhindern verbesserte Umstände.

TOD

Symbolik

Diese berüchtigte und erschreckende Trumpfkarte verkörpert alles »Schlechte«, das man dem Kartenlegen andichtet. Die ihrem äußeren Anschein nach »unglückliche« Arkana-Karte kommt uns unheilvoll vor und scheint unser Wohlergehen und unsere Psyche als Ganzes zu bedrohen. Inzwischen wissen wir, dass beim Tarot der Schein oft trügt. Gerade bei dieser oft sträflich missverstandenen Karte sehen nämlich die Umstände für den Ratsuchenden oft keineswegs negativ aus.

Der TOD ist die Skorpion-Karte des Tarotdecks. Daher müssen wir besonders tief hinter das Äußere dieser Karte blicken, denn der Skorpion ist das Zeichen der okkulten Geheimnisse und verborgenen Aktivitäten. Im Kreis des Horoskops herrscht der Skorpion tatsächlich über Tod und Wiedergeburt. Das Geheimnis liegt in dem Wissen, dass wir uns durchaus von der emotionalen und geistigen Bindung an unseren Körper (der durch das Skelett symbolisiert wird) lösen und trotzdem noch auf der Erde verweilen können. Wenn diese Karte für den physischen Tod stünde, würde sich auch das Skelett in einem Zustand des Zerfalls befinden. Das ist aber nicht der Fall.

Das weiße Pferd repräsentiert das Ich unserer körperlichen Begierden, das uns auch schon im weißen Hund des Narren und im roten Löwen der Karte KRAFT begegnet ist. Und dieses Ich befindet sich nun in einem Zustand völliger Reinheit. Genau dadurch werden Wiedergeburt oder Transformation gefördert. Das ist es, was diese Karte in Wahrheit ankündigt. Der Sonnenaufgang verweist auf eine neue Morgendämmerung. Die scharfe Biegung des Flusses zeigt, dass die Richtung unseres Lebens willentlich geändert wird, und zwar auf jene dem Tod ähnliche Metamorphose zu, die bei Jedem von uns möglich ist.

Die Zahl Eins (I) des bewussten Verstandes wird hier mit der Zahl Drei (III) kombiniert, deren Konzept Wachstum und Imagination ist und so die Nummer XIII (13) ergibt. Unsere Vorstellungskraft hat sich so erweitert, dass wir unsere eigene Transfiguration spirituell erkennen können.

Das schwarze Banner mit der in voller Blüte stehenden weißen Rose deutet darauf hin, dass wir an einen Abgrund gelangt sind und nun die Wahl haben, unsere Vergangenheit abzustreifen und unsere bisherige Existenz auszulöschen. Dann nehmen wir die Position der Reinheit an, die uns zu einem neu erschaffenen Glanz führt, bereit für die spirituelle Sonne und die himmlischen Wasser.

Bildwelt

Der TOD wird durch die folgenden Bilder illustriert:
- der ägyptische Gott Chaos, auch bekannt als Nun oder Nu, der das Konzept des Urmeeres, aus dem aller Samen des Lebens hervorkam, repräsentiert
- Saturn in Gestalt des Sensenmannes, der alles sichtbare Wachstum wegschneidet
- jeder Mensch, der eine neue Freiheit und Befreiung erfährt, weil er die Unsterblichkeit der Seele erkennt.

Deutung

In richtiger Stellung: Die Karte steht für eine willkommene Veränderung, neue Anfänge, emotionales Wachstum und Transformation.

Die Trumpfkarte der TOD ist in einer Lesung als außerordentlich positiv zu bewerten, denn sie verkündet eine befreiende Veränderung zum Guten. Ein ganz neues Leben beginnt, ein neuer Zyklus fängt an, unsere Hoffnungen werden erfüllt.

Ein Umzug kann angedeutet sein, privater oder beruflicher Natur. Es kann sich aber auch um einen »Umzug« in der Einstellung des Ratsuchenden handeln: Die Vergangenheit wurde zurückgelassen. In emotionaler Hinsicht ist dies eine herausragende Karte der Großen Arkana, denn sie verkündet die Transformation im Gefühlsbereich. Alte emotionale Programme

Die Bedeutung der Karten

hören auf, dem Ratsuchenden im Weg zu stehen. Er ist jetzt frei von einer zerstörerischen, neurotischen, zu sentimentalen Natur. Eine stilles, gesundes Lieben nimmt den Platz der unglücklichen Vergangenheit ein.

Umgekehrt: In dieser Stellung steht die Karte für unterlassene Aktivitäten. Ein Stillstand, ein toter Punkt oder eine zum Stillstand gekommene Position bringen den Ratsuchenden in eine vorübergehende Sackgasse. Auch das wird aufhören, bald wird Bewegung in die Sache kommen.

MÄSSIGKEIT

Symbolik

Auf dieser Karte begegnet uns der zweite Erzengel des Tarotdecks, Michael. »Einer, der wie Gott ist« oder »gottähnlich« sind die Bezeichnungen, die mit ihm in Verbindung gebracht werden. Tatsächlich wird uns die in der TOD-Trumpfkarte angekündigte Transformation die gottähnlichen Eigenschaften verleihen, die Michael repräsentiert: Das Unglück wird weggespült, das reine Licht der Wahrheit setzt sich durch.

Der astrologische Herrscher über MÄSSIGKEIT ist der Schütze, das Zeichen des in die Höhe zielenden Schützen mit seinem Pfeil und Bogen. Diese Konstellation deutet auf hohe Ideale aus religiösen und spirituellen Visionen hin. Für den Eingeweihten sind diese philosophischen Konzepte keine abstrakten Unbekannten mehr, denn er hat den Sieg davongetragen, hin zu einer anderen Phase des Gleichgewichts, zum Maßhalten und zur Annäherung zwischen der physischen Welt und dem Leben im Geiste. Diese äußerst geschickte Balance wird erreicht durch eine feste und in richtige Bahnen gelenkte Zielrichtung, repräsentiert durch die Nummer 1 (I), verbunden mit der inneren Vision oder dem Bewusstsein des Geistes, die hinter allen Formen von Materie liegt und der die Bedeutung der Nummer IV (4) zugeordnet ist. Beides wird damit zur XIV (14). Michaels Gewand ist das weiße Kleid der Tugend, mit einem Dreieck innerhalb des Quadrats, dem Symbol des Eingeweihten. Am Himmel steigt eine kronenähnliche Sonne auf. Und Iris, die Blume, die nach der griechischen Göttin des Regenbogens benannt ist, wiederholt das Versprechen »wie im Himmel, so auf der Erde«. Ganz allgemein steht die Karte für eine gute Gesundheit.

Bildwelt

MÄSSIGKEIT wird durch die folgenden Bilder illustriert:
- den Erzengel Michael, der als unmittelbarer Helfer Christi die Menschen prüft und Belohnungen austeilt
- die griechische Götterbotin Iris, die den Regenbogen verkörpert

- Diana, die Göttin der Jagd, die ihre Pfeile auf spirituelle Ziele gerichtet hat
- der engelhafte Teil in jedem Menschen, der sich wie ein Phönix aus der Asche erhebt und dann Prüfungen unterworfen wird.

Deutung

In richtiger Stellung: Die Karte steht für Stabilisierung und Anpassung. Gleichgewicht, Zusammenarbeit und Anpassung sind die Ausdrucksformen des mäßigenden Charakters dieser Großen Arkana-Karte.

Der Ratsuchende wird aufgefordert, das rechte Maß, das Angemessene zu finden und so Vermischtes wieder in die reinen, edlen Bestandteile zu trennen. Er sollte anderen auf halbem Weg entgegenzukommen, aufgeschlossen und kompromissbereit sein, um gegebenen Umständen gerecht zu werden. Eine Annäherung sollte gemäßigt stattfinden.

Ein wichtiger Faktor dieser Karte ist der richtige Zeitpunkt. In der richtigen Stellung weist die Karte auf ein positives Zusammentreffen passender Umstände hin, (zum Beispiel die richtige Person für die Arbeitsstelle, richtiger Lehrer für den Schüler, Verliebte, die gut zusammenpassen, usw).

Die Karte kann sich aber auch auf eine Prüfung des Ratsuchenden beziehen, eine Probezeit oder eine schwierige Situation etwa, in der seine Lebensphilosophie und Weltsicht auf die Probe gestellt werden. Ein schwieriges Dilemma könnte von dem Ratsuchenden verlangen, seine Überzeugung in die Tat umzusetzen – eine Situation also, die einem Scheideweg gleichkommt. Ein anderer Hinweis auf eine Prüfung aus den Bereichen »Schule« und »Medizin« stammen. Der Ratsuchende wird sie bestehen, wenn die Karte richtig liegt. Mäßigkeit ist die Kunstkarte und kann auch die Eignung des Schützen als Lehrer ausdrücken.

Umgekehrt: In dieser Stellung weist die Karte auf drastische, unangebrachte Handlungen hin. Durch sein extremes Verhalten findet sich der Ratsuchende im Niemandsland wieder. Seine Unfähigkeit, mit Situationen fertig zu werden, seine mangelnde Kompromissbereitschaft und sein Hang zur Übertreibung haben ihn in eine sehr unsichere Lage gebracht. Überreaktion, Ungeduld und reizbarer Charakter führen dazu, dass der Ratsuchende die Situation verpfuscht. Raten Sie ihm, ein übermäßiges, drastisches und unvernünftiges Benehmen zu vermeiden. Empfehlen Sie Verhandlungen und Kompromisse, damit Harmonie entstehen kann. Prüfungen werden nicht bestanden. Ein Fehlschlag kann nicht zuletzt darauf zurückgeführt werden, dass der Ratsuchende nicht nach seinen spirituellen und weltanschaulichen Überzeugungen handelt und diese folglich nicht Bestand haben.

Übungen zu den Großen Arkana VIII – XIV

Zuordnung

Legen Sie die Trumpfkarten mit den Nummern VIII bis XIV vor sich auf den Tisch, und ordnen Sie die einzelnen Karten jeweils der richtigen Bedeutung zu.

Bedeutung in richtiger Stellung

- ☐ 1. KRAFT
- ☐ 2. DER EREMIT
- ☐ 3. RAD des SCHICKSALS
- ☐ 4. GERECHTIGKEIT
- ☐ 5. DER GEHÄNGTE
- ☐ 6. TOD
- ☐ 7. MÄSSIGKEIT

a) Innere Weisheit
b) Umkehrung, Opfer
c) Günstige Gelegenheit
d) Freiheit, Veränderungen
e) Richtiger Zeitpunkt; Organisieren
f) Liebe, Verständnis für das Ich
g) Gleichgewicht, Bildung

Bedeutung in umgekehrter Stellung

- ☐ 1. KRAFT
- ☐ 2. DER EREMIT
- ☐ 3. RAD des SCHICKSALS
- ☐ 4. GERECHTIGKEIT
- ☐ 5. DER GEHÄNGTE
- ☐ 6. TOD
- ☐ 7. MÄSSIGKEIT

a) Rückschläge, Rückfall
b) Schlechtes Management
c) Stillstand
d) Selbstsucht
e) Ungerechtigkeit, kein Gleichgewicht
f) Selbsthass; Sichaufdrängen
g) Unreife; Missachtung weiser Ratschläge

Ordnen Sie den einzelnen Karten jeweils die richtige Charakterisierung zu.

- ☐ 1. Der göttliche, kosmische Richter; das Gesetz
- ☐ 2. Der gottähnliche Erzengel
- ☐ 3. Das Große Rad der Möglichkeiten
- ☐ 4. Der gelehrte Weise, Ratgeber oder Lehrer
- ☐ 5. Der Verzicht übende Mystiker
- ☐ 6. Das wiedergeborene, befreite Ich
- ☐ 7. Das geliebte, respektierte Ich

a) Kraft
b) Der Eremit
c) Rad des Schicksals
d) Gerechtigkeit
e) Der Gehängte
f) Tod
g) Mässigkeit

Richtig oder falsch (r/f)?

☐ 1. Der umgekehrte Eremit repräsentiert mangelnde Weisheit, Unreife, Verantwortungslosigkeit.
☐ 2. Das Rad des Schicksals kennzeichnet das Eintauchen in die eigene psychische Programmierung.
☐ 3. Wenn die Karte Tod erscheint, muss der Ratsuchende sich darauf vorbereiten, seinem Schöpfer gegenüberzutreten.
☐ 4. Bei der Mässigkeit-Karte werden Gesundheitstests und allgemeine Prüfungen bestanden.
☐ 5. Ungerechtigkeit und vorurteilsbeladene, zu strenge Handlungen sind die Bedeutungen der Gerechtigkeit in der richtigen Stellung.
☐ 6. Der Gehängte weist auf ein Opfer oder einen Verzicht hin, das/den man um jeden Preis vermeiden sollte.
☐ 7. In der richtigen Stellung repräsentiert das Rad des Schicksals eine günstige Gelegenheit; wenn es umgekehrt fällt, geht die Chance am Ratsuchenden vorbei.
☐ 8. Der umgekehrte Gehängte wird mit Selbstsucht, Unbeweglichkeit und Engstirnigkeit in Verbindung gebracht.
☐ 9. Die Karte Kraft steht für Liebe, Geduld und Selbstlosigkeit.
☐ 10. Die umgekehrte Mässigkeit bedeutet Stillstand.
☐ 11. Der umgekehrte Tod weist auf schlechtes Management und drastisches, extremes Verhalten hin.
☐ 12. Der Eremit richtig herum kann weise Ratschläge aus dem eigenen Inneren oder von anderen repräsentieren.
☐ 13. Gerechtigkeit ist eine Bildungskarte.
☐ 14. Die umgekehrte Kraft zeigt emotionale Verwirrung, die im Inneren des Ratsuchenden tobt.

Lösungen

Zuordnung
Bedeutung in richtiger Stellung
1. f   2. a   3. c   4. g   5. b   6. d   7. e

Bedeutung in umgekehrter Stellung
1. f   2. g   3. a   4. e   5. d   6. c   7. b

Charakterisierung
1. d   2. g   3. c   4. b   5. e   6. f   7. a

Richtig oder falsch?
1. Richtig
2. Falsch – die Trumpfkarte KRAFT steht für die Psychoanalyse.
3. Falsch – die Karte TOD weist nicht auf ein körperliches Dahinscheiden hin. Sie symbolisiert vielmehr Wiedergeburt und Befreiung.
4. Richtig
5. Falsch – diese Bedeutungen werden der umgekehrten GERECHTIGKEIT zugeschrieben.
6. Falsch – Opfer oder Tausch werden für den Ratsuchenden von Vorteil sein.
7. Richtig
8. Richtig
9. Richtig
10. Falsch – der umgekehrte TOD bedeutet Stillstand.
11. Falsch – darauf verweist die umgekehrte Mäßigkeit.
12. Richtig
13. Richtig
14. Richtig

Aufgabe zu den Großen Arkana VIII – XIV

Legen Sie mit den Großen Arkana VIII bis XIV die im Folgenden dargestellte Kartenkombination aus.

SIGNIFIKATOR
Signifikatorkarte ist der König der Münzen.

DAS ABHEBEN
Vergangenheit — umgekehrte Zehn der Münzen
Gegenwart — umgekehrte GERECHTIGKEIT
Zukunft — umgekehrte KRAFT

Anmerkung:
Natürlich können beim Abheben alle drei Karten umgekehrt fallen. Gehen Sie damit genauso vor wie in der Auslegung.

1. Für welchen Charaktertyp steht der König der Münzen (Signifikatorkarte), und was könnte seine größte Sorge sein?
2. Der König der Münzen hat in bestimmten Lebensbereichen Probleme gehabt. Nennen Sie diese Bereiche, und beschreiben Sie die möglichen Probleme.
3. Was würden Sie als Leser den Ratsuchenden angesichts der umgekehrten Karte GERECHTIGKEIT auf dem Abhebestapel für die Gegenwart fragen?
4. Die umgekehrte KRAFT-Karte weist auf bestimmte Ratschläge und Warnungen hin. Wie würden Sie das handhaben?

AUSLEGUNG

Position 1	**Gegenwärtiger Einfluss**	DER GEHÄNGTE, umgekehrt
Position 2	**Hilfe oder Hindernisse**	DER EREMIT
Position 3	**Vergangenheit, Motivation**	Drei der Stäbe
Position 4	**Jüngere Vergangenheit**	Fünf der Münzen
Position 5	**Mögliche Zukunft**	TOD
Position 6	**Nahe Zukunft**	RAD des SCHICKSALS, umgekehrt
Position 7	**Einstellung des Ratsuchenden**	Zehn der Schwerter
Position 8	**Umfeld des Ratsuchenden**	Vier der Münzen, umgekehrt
Position 9	**Hoffnungen und Ängste**	König der Schwerter, umgekehrt
Position 10	**Ergebnis**	MÄSSIGKEIT

Die Bedeutung der Karten

1. Die Berechnung des Zahlentrends ergibt die Zahl 8. Was schließen Sie daraus – worum geht es bei der Lesung?
2. Was bedeutet der umgekehrte GEHÄNGTE in der Gegenwartsposition?
3. DER EREMIT kreuzt ihn. Wie deuten Sie das?
4. Wie haben die Dinge in der Vergangenheit ausgesehen?
5. Wie ist es dem Ratsuchenden in der jüngeren Vergangenheit ergangen?
6. Was könnte die Zukunft für ihn bereithalten?
7. Welche Erfahrung wird der Ratsuchende in Kürze machen?
8. Seine Gedanken werden durch die Zehn der Schwerter symbolisiert. Erläutern Sie das.
9. Wie sehen andere seine Lage?
10. Was befürchtet er?
11. Was wird ihm die Zukunft bringen?

Lösungen

Eine Lesung mit den Großen Arkana-Karten VIII — XIV

DAS ABHEBEN

1. Der König der Münzen ist ein hart arbeitender, verantwortungsbewusster, reifer Mann. Er ist materialistisch eingestellt, praktisch veranlagt und konservativ. Er könnte sich Gedanken darüber machen, ob sein Geld oder seine Finanzen gesichert bleiben.
2. Der König der Münzen hat entweder im Beruf, in finanziellen Dingen oder innerhalb seiner Familie Unbeständigkeit erfahren. Die Probleme könnten ihm sehr unangenehm gewesen sein und zum Beispiel mit Risiken zusammenhängen, die er nicht hätte eingehen dürfen.
3. Fragen Sie den Ratsuchenden, ob er zur Zeit mit Vorurteilen und Ungerechtigkeit zu tun hat, möglicherweise mit einem rechtlichen Problem. Steckt er vielleicht mitten in einem Prozess?
4. Die umgekehrte KRAFT warnt die Kartenleserin vor dem Versuch des Fragestellers, eine Angelegenheit zu erzwingen, die nicht forciert werden sollte. Warnen Sie ihn, auf Angriffe gegnerischer Parteien gefasst zu sein, die ihn dazu bringen könnten, seine Beherrschung zu verlieren und irrational zu handeln.

DIE AUSLEGUNG

1. Das Thema der Lesung ist Geld und Macht.
2. Der Ratsuchende ist in einer bestimmten Angelegenheit selbstsüchtig und unnachgiebig. Von ihm wird ein Opfer gefordert, zu dem er aber aus finanziellen oder egoistischen

Lösungen

Gründen nicht bereit ist. Er verlässt sich auf seinen Verstand und seine Gewitztheit und ist überzeugt, dass er alles besser weiß.

3. Ein weiser Ratgeber versucht, dem König der Münzen zu helfen. Guter Rat wäre sehr hilfreich, doch die Frage ist, ob er ihn auch annehmen wird. Wenn der Fragende den Rat annimmt, könnte das die Lösung des gegenwärtigen, durch den umgekehrten GEHÄNGTEN repräsentierten Problems bedeuten.
4. In der Vergangenheit gab es Wachstum, Kooperation, Teamarbeit und gute Ergebnisse im Hinblick auf die Ziele der Ratsuchenden.
5. In der jüngeren Vergangenheit wurden seine Überzeugungen zerstört, und er erlitt finanzielle Verluste.
6. Er könnte seine finanziellen Schwierigkeiten, die rechtlichen Probleme und den auf ihm lastenden Druck loswerden: Darauf weisen die Fünf der Münzen und die umgekehrte GERECHTIGKEIT auf dem Abhebestapel für die Gegenwart hin. Vielleicht wird er neu anfangen.
7. Er wird bald einen weiteren Rückschlag erleiden. Das umgekehrte RAD des SCHICKSALS zeigt an, dass Probleme, die er schon als erledigt betrachtet hatte, erneut auftreten werden. Vielleicht wird er in seinen rechtlichen Auseinandersetzungen eine Niederlage einstecken müssen. Er könnte Gelegenheiten, die Situation zu verbessern, ungenutzt vorübergehen lassen. Möglicherweise hört er nicht auf den Rat des EREMITEN.
8. Die Zehn der Schwerter weist auf eine resignierende Einstellung hin. Er ist überzeugt, dass er ruiniert ist und alles verloren hat.
9. Andere haben den Eindruck, dass er die Kontrolle über die Situation verliert. Ihrer Ansicht nach steht er kurz vor einem Zusammenbruch und erleidet schwere finanzielle Rückschläge.
10. Seine Ängste beziehen sich auf ein Gerichtsverfahren. Der umgekehrte König der Schwerter personifiziert diese Ängste. Besonders stark ist die Angst vor einem rücksichtslosen Anwalt, der mit seinem Fall zu tun haben könnte. Er befürchtet ungerechte Beschuldigungen und ein auf Voreingenommenheit beruhendes Urteil.
11. Es wird ihm gelingen, sich anzupassen, er wird seinem Gegner auf halbem Weg entgegenkommen. Das Ergebnis eines Rechtsstreits könnte günstiger als erwartet ausfallen. Seine Geduld und Toleranz, aber auch seine persönlichen Überzeugungen könnten auf den Prüfstand gestellt werden. Raten Sie ihm, sich darauf vorzubereiten und sich dann rechtschaffen zu verhalten. Es wird ihm helfen, Verhandlungsbereitschaft zu zeigen. Er wird den Ausgang der Sache besser steuern können, wenn er moralisch einwandfrei auftritt und sich kooperativ zeigt. Der Kompromiss ist machbar. Die Karte TOD in der Position für die mögliche Zukunft bestätigt, dass er damit rechnen kann, sich von seinen Problemen zu befreien. Die Karte auf dem Abhebestapel für die Zukunft, die umgekehrte KRAFT, warnt ihn allerdings davor, die Angelegenheit zu forcieren oder sich selbstsüchtig und irrational zu verhalten.

Die Bedeutung der Karten

Lektion 15: **Die Großen Arkana XV – XXI**

Der Teufel

Symbolik

Der Teufel ist eine abscheuliche Kreatur mit Fledermausflügeln, Adlerklauen und Ziegenkopf. Die Botschaft, die die Tarotschüler deutlich machen wollten, ist offensichtlich: Diese Kreatur gibt es nicht. Die Gestalt, die auf einem halb gezeichneten Block sitzt, symbolisiert die Verzerrung der Realität. Sie zeigt, was ein Urteil, das nur auf dem Äußeren beruht, mit sich bringen kann. Die Beschränktheit, nur an das zu glauben, was uns unsere fünf Sinne erzählen, wird ausgedrückt durch die glanzlosen Augen des Mannes und der Frau. Offensichtlich ahnen Sie nicht einmal, dass sie sich in Gefangenschaft befinden. Die Begrenztheit ihres Blickfelds wird von den Ketten symbolisiert. Ein schwarzer Hintergrund symbolisiert die Angst vor dem Unbekannten, Fremden, die wir alle gelegentlich erfahren.

Der Schlüssel zum Umgang mit diesen teuflischen Ängsten liegt in der Weigerung, uns von ihnen gefangen nehmen lassen. Wir sollten lernen, ihnen mit Humor und gesundem Menschenverstand entgegenzutreten.

Das dieser Karte zugeordnete Tierkreiszeichen, der Steinbock, ist unter anderem für materialistische Neigungen und den Hang zu unsauberen Machtspielen bekannt. Wir finden hier den teuflischen Zwang, den Anschein aufrechtzuerhalten. Das zeigt sich vor allem in der Zurschaustellung materieller Dinge. Dabei reichen die Eigenschaften des Steinbocks von Sparsamkeit und Wirtschaftlichkeit bis zu Geiz und/oder Knauserei. Durch den umgekehrten Stern auf der Stirn des Teufels wird angezeigt, dass das Bewusstsein der Menschheit missbraucht worden ist. Der Stern besagt dabei, dass unsere Gedanken auf irdische statt auf himmlische Dinge gerichtet sind.

Der Steinbock ist ein Sternzeichen, das für geheime Ängste stehen kann und darauf hinweist, dass wir unsere Gedanken und Handlungen von Sorgen und Bedenken bestimmen lassen. Die dem Tierkreiszeichen innewohnenden Ängste können dazu führen, dass die ihm zugeordnete natürliche Autorität in einen despotischen Umgang mit den Mitmenschen umschlägt.

Wenn wir uns der römischen Zahl auf der Karte zuwenden, entdecken wir die Eins (I) des bewussten Verstandes und die Fünf (V) der unerwünschten Veränderungen und Störungen. Daraus resultiert die XV (15). Die Richtungsänderung in der Karte des Teufels verläuft also von der Spiritualität und den göttlichen Mächten des vorhergehenden Trumpfs, der Karte Mäßigkeit, zur Anbetung materieller Dinge und zur Teilnahme an selbstsüchtigen Machtspielen.

Bildwelt

DER TEUFEL wird durch die folgenden Bilder illustriert:

- Pan, der Naturgott, der der Welt ursprünglich mit den Beinen, Hörnern und dem Bart eines Ziegenbocks erschien. Er wurde mit Fruchtbarkeit und dem Schutz der Schafe in Verbindung gebracht
- Luzifer, der Engel, der auf die Erde stürzte, weil er nach der biblischen Geschichte zu viel Macht von Gott verlangte
- Saturn, der römische Gott des Ackerbaus und des Überflusses. Saturn stand für wachsenden Wein und harte Arbeit auf den Feldern; diese Arbeit belohnte er dann mit einer reichen Ernte
- die negative, dämonische Seite in uns allen. DER TEUFEL will uns dazu verführen, die moralischen Gesetze des Lebens außer Acht zu lassen. Er drängt uns dazu, uns gegenseitig zu missbrauchen.

Deutung

In richtiger Stellung: Die Karte weist darauf hin, dass man auf persönliche Ängste trifft. Der Fragesteller begeht Fehler, weil seine eigenen Urteile und Entscheidungen auf Ängsten basieren.
Es werden Rollenspiele, eine materialistische Einstellung, Eitelkeit, Oberflächlichkeit und die Betonung von Äußerlichkeiten symbolisiert. Der Ratsuchende hat vielleicht eine Vorliebe für Geld und ist damit beschäftigt, andere durch das Aufrechterhalten seines äußeren Anscheins zu beeindrucken.
DER TEUFEL ist eine Angstkarte. Ängste sind unser Feinde. Sie führen dazu, dass wir in einer sehr beengenden Situation gefangen sind. Der Ratsuchende ist in einer Rolle verhaftet, die er spielen muss. Er hat Angst, aus diesem Zustand auszubrechen. Die TEUFEL-Karte kann eine Ehe repräsentieren, in der man aus Gewohnheit, finanziellen Gründen oder um des Scheins willen gefangen bleibt.
Die TEUFEL-Karte ist oft ein Trumpf, der Fehler anzeigt, wann immer eine Entscheidung ansteht. Oft denkt der Ratsuchende über eine Entscheidung nach, die aber falsch sein wird, weil sein Urteil von Ängsten beeinflusst wird und nicht auf Tatsachen beruht. Eine Versuchung kann nur aus Geldgier und der Faszination entstehen, Menschen oder Situationen zu manipulieren. Dieser Versuchung sollte der Fragesteller widerstehen.
Umgekehrt: In dieser Stellung steht die Karte für Freiheit von Ängsten, Widersachern und Materialismus.
Ängste werden abgestreift. Eitelkeit, Feinde und selbstsüchtige Bedürfnisse sind überwunden. Der Ratsuchende lässt es nicht mehr zu, dass andere ihn in eine Rolle drängen, in der er sich nicht wohl fühlt.
Das Wesen von Besitz- und Machtgier ist dem Fragenden jetzt bekannt. Der Ratsuchende weigert sich dagegen, seine Persönliche Macht zu missbrauchen und andere zu beeinflussen.

Die Bedeutung der Karten

DER TURM

Symbolik

Ein Blitz schlägt in einen hohen, von Menschen erbauten Turm ein. Zwei Personen fallen von ihm herab. DER TURM ist ein Gebäude aus Illusionen. Der Mann und die Frau stecken in einem Korsett aus egoistischer Überzeugung von der eigenen Überlegenheit. Der Zorn Gottes, astrologisch dem Mars zugeordnet, ist auf dieses Symbol materialistischer Verblendung niedergefahren und hat Wahrheit, Realität und Erleuchtung durchgesetzt.

Die kreative Lebenskraft, die Yods, regnet herab und bringt eine neue Lebensenergie. Sie spült Althergebrachtes hinweg.

Dies ist die Wahrheits- und Erleuchtungskarte, die ein Erwachen und eine neue Perspektive bringt. Die Selbsttäuschung des Ratsuchenden wird dadurch aufgelöst, wenn es darum geht, etwas Verborgenem entgegenzutreten. Auf spiritueller Ebene ist dieser Trumpf sehr willkommen, denn er gibt dem Ratsuchenden neue Einsichten und Verständnis für einen Aspekt seiner Persönlichkeit. Seine festgefügte Weltanschauung, die ihn bis dahin isoliert und daran gehindert hat, Gott zu erkennen, erfährt eine Erneuerung.

Der Zahl Eins (I) des bewussten Verstandes wird durch ein Erwachen auf spiritueller Ebene bereichert. Sie bezieht sich auf die Wirkung der Formel des LIEBENDEN-Trumpfes VI (6) und bildet mit ihm zusammen die Zahl XVI (16).

Der schwarze Hintergrund der TURM-Karte ähnelt dem der vorhergehenden Großen Arkana-Karte (DER TEUFEL). Im Gegensatz zum TEUFEL-Trumpf wird die Dunkelheit jedoch jetzt von einem zusätzlichen Licht erhellt – ein Symbol göttlicher Macht, erleuchteten Bewusstseins und spiritueller Wahrheit.

Bildwelt

DER TURM wird durch folgende Bilder illustriert:

- der Turm zu Babel, eine physikalische, äußere Struktur, die so hoch erbaut worden war, um den Himmel zu erreichen. Das erzürnte Gott so sehr, dass er den Menschen befahl, in unterschiedlichen Sprachen zu sprechen. Diese Sprache bedeutete, dass sie nicht mehr auf Verstandesebene miteinander kommunizieren konnten. Sie hatten ihr spirituelles Wachstum zu Gunsten äußerlicher, rationaler und materialistischer Wege vernachlässigt.
- die Mutter-Blitz-Göttin Tien-mu der chinesischen Mythologie und der Blitzgott der Pawnee, der diesem Stamm Wissen über die Erde verlieh
- die Macht des römischen Gottes Mars, der – ebenso wie der Blitz – Fruchtbarkeit symbolisiert. Mars ist auch der Gott der Schlachten und des Krieges
- das Erwachen und die Erleuchtung, die jedem widerfährt, der die Wahrheit Gottes entdeckt. Es entsteht eine fruchtbare Grundlage für persönliches, spirituelles Wachstum.

Deutung

In richtiger Stellung: Die Karte bedeutet, dass die Wahrheit ans Licht kommt; es gibt ein Erwachen.

Diese Trumpfkarte ist besonders bedeutsam, wenn der Ratsuchende vor irgend etwas die Augen verschließt. Es ist die Wahrheits- und Ehrlichkeitskarte, die den Ratsuchenden in diesem Fall wie ein Schock oder Blitz aus heiterem Himmel trifft. Selbstsucht und manipulative Tendenzen werden aufgedeckt. Eine Situation wird endlich so gesehen, wie sie wirklich ist.

DER TURM kann eine positive Karte sein, wenn der Ratsuchende nach größerer Selbsterkenntnis strebt. Denn Umstände, die sehr bedeutungsvoll sein können, bringen Aufschluss über Motivation und Charakter.

Falls es bei der Lesung um eine gesundheitliche Frage geht, kann die Karte auf einen Nervenzusammenbruch oder eine Krankheit hinweisen. In den meisten Fällen jedoch bezieht sich die massive Änderung auf eine Routine oder Struktur, die die Arbeit oder das Arbeitsumfeld des Ratsuchenden, das Zuhause, die Familie, Ehe oder die psychische Programmierung betrifft.

Umgekehrt: In dieser Stellung steht die Karte für eine Krise, die bewältigt werden kann, für eine erwartete Veränderung.

Die Grundbedeutung des Turms von zusammenbrechenden und sich verändernden Verhältnissen bleibt in der umgekehrten Position gleich. Der umgekehrte Turm kann anzeigen, dass der Ratsuchende über den Zusammenbruch Bescheid weiß, also nicht völlig geschockt oder unvorbereitet getroffen wird. Manchmal ist die Krise auch weniger schwerwiegend.

Die Wahrheit bringt eine positive Veränderung, da der Ratsuchende nicht mehr in seiner eigenen Selbstsucht oder Unwissenheit oder der eines anderen gefangen ist.

DER STERN

Symbolik

Eine Frauengestalt, die in ihrer Nacktheit Aufrichtigkeit und Reinheit verkörpert, taucht ruhig einen Tonkrug in das Wasser eines Teiches und gießt gleichzeitig mit der anderen Hand Wasser aus einem zweiten Tonkrug auf den Erdboden. Sie nimmt aus einem Reich und gibt es einem anderen, so wie ihre astrologische Entsprechung, der Wassermann. Die Szene steht eigentlich für den Meditationsprozess, der dieser Karte zugeschrieben wird. Dabei schöpft das durch die Frau personifizierte, individuelle Unterbewusstsein aus dem Reservoir des universalen Unterbewusstseins. Die so gewonnenen Einsichten werden im bewussten irdischen Reich angewendet.

DER STERN im Zentrum symbolisiert die Seele des spirituellen Selbsts und ihre Erleuchtung oder Entfaltung während des Meditationsprozesses. Die den Stern umgebenden weißen

Sterne repräsentieren die persönliche astrale Energie, die Chakras, die durch die Meditation beeinflusst werden. Der Vogel, Symbol des Bewusstseins, sitzt auf dem Baum und sieht ruhig zu, wie der Kosmos sich entfaltet.

Die Zahl der Karte ist XVII (17). Sie wird aus der Eins (I) des bewussten Verstandes und der Sieben (VII) des WAGENS – der für perfekte geistige Kontrolle steht – kombiniert. Damit wird die Entfaltung der Seele erreicht sowie die Freiheit, mit ihr zu fließen.

Bildwelt

DER STERN wird durch folgende Bilder illustriert:
- die griechische Göttin Urania, die Muse der Astronomie, die den Kompass und eine Weltkugel trug
- Isis in ihrer kosmischen Manifestation als das Unterbewusstsein, die in den Teich des universalen Geistes und der Seele eintaucht
- Aphrodite, Urania, die Sterngöttin der ästhetischen, idealen und reinen Liebe
- die griechische Göttin Astarte und die ägyptische Ashtart, die als Venus betrachtet wurde, den schönsten Planet des Sonnensystems
- Nut, die ägyptische Himmelsgöttin, die oft mit einer Vase abgebildet wurde, die DIE SONNE gebiert und deren Bauch den Himmel und seine Sterne darstellt
- der schöne göttliche Teil in uns allen, der sich als Blume entfaltet, wenn unsere Seele durch Meditation wächst.

Deutung

In richtiger Stellung: Die Karte steht für Begabungen, Wünsche und Träume.

DER STERN-Trumpf repräsentiert die Träume und Bestrebungen des Ratsuchenden. Oft weist die Karte darauf hin, dass der Ratsuchende seine natürlichen Begabungen mit Selbstvertrauen, Begeisterung und Hingabe verfolgt.

DER STERN kann aber auch ein schöpferisches Ziel symbolisieren, das gewählt und bis zum Ende durchgeführt wurde.

Außerdem deutet die Karte positives Denken und körperliche Gesundheit an.

Dieser Trumpf steht für eine Meditation, bei der der Ratsuchende Einsichten und Erkenntnisse gewinnt. Ermutigen Sie den Ratsuchenden, diese geistigen Übungen als Mittel für neue persönliche Begabungen und Möglichkeiten zu finden und anregende kreative Ziele anzustreben.

Umgekehrt: In dieser Stellung bedeutet die Karte, dass Talente und Hoffnungen worden zerstört sind.

Der umgekehrte STERN verliert seinen gesamten Optimismus. Die Karte weist auf schlechte emotionale, geistige oder physische Gesundheit hin. Dieser negative Zustand könnte von dem schlechten Selbstbild herrühren, das der Ratsuchende hat. Er kann eine so geringe Meinung von sich haben, dass kreative Ideen und Potenziale sich von vornherein gar nicht entwickeln können, weil der Ratsuchende sie für undurchführbar und unwichtig hält. Er wird dann durch Depressionen und seine Unsicherheit so gefangen gehalten, dass seine positiven Eigenschaften und Begabungen nicht mehr zum Tragen kommen. Seine Bestrebungen werden durch fehlende Inspiration und ein allgemeines Gefühl der Hoffnungslosigkeit vereitelt. Ermutigen Sie den Fragenden, sich dieser schädlichen Einflüsse bewusst zu werden und professionelle Hilfe zu suchen oder mit einem Programm der Selbsthilfe zu beginnen. Wenn ich diese Karte in der Zukunft eines Ratsuchenden sehe, frage ich ihn oft, wie er gegen seine Depressionen und seine negative Grundeinstellung angeht. Ich weise ihn darauf hin, dass eine schwierige Zeit bevorstehen könnte und dass er all seine persönlichen Mittel gegen die negative Situation aufwenden muss.

Der Mond

Symbolik

DER MOND beherrscht den nächtlichen Himmel; seine Farbe ist Gold, da er DIE SONNE widerspiegelt.

Hier geht es um die unterbewussten Erinnerungen, in der die Entwicklungsgeschichte unserer Art gespeichert ist. Die MOND-Karte ist nämlich ein Bild der Evolution. Im Vordergrund wird in einigen Tarotversionen unser Auftauchen aus dem Meer durch ein uraltes Krustentier dargestellt, bei anderen durch einen ägyptischen Skarabäus, der sein Ei trägt. Die Welt der Mineralien wird symbolisiert durch die Felsen, und die Welt der Pflanzen ist repräsentiert durch Gewächse und Gras. Das Tierreich ist sowohl in seinem wilden, ungezähmten Stadium durch den heulenden Wolf, als auch in seinem gezähmten, modifizierten Zustand durch den Hund vertreten. Beide Tiere stehen gleichzeitig für die Menschheit. Denn je weiter wir uns vom Zustand des Barbaren entfernen und je kultivierter wir werden, desto weiter bewegen wir uns auf dem goldenen Mittelweg, vorbei an den zwei Vorposten des bewussten und des unterbewussten Verstandes, in das unbekannte Reich der psychischen Astralwelt. Der MOND-Karte wird Risiko und Gefahr zugeschrieben. Wenn wir in die psychischen, astralen Reiche kommen, betreten wir in ein unbekanntes, möglicherweise trügerisches Reich der Illusionen, Falschdeutungen und Selbsttäuschung. Hintergrund ist, auf dem goldenen spirituellen Weg standfest zu bleiben und die astrale, psychische Welt als Leiter zum Gipfel der göttlichen Erleuchtung zu benutzen, auf dem uns DER EREMIT erwartet.
Astrologisch wird DER MOND erstaunlicherweise nicht vom Krebs regiert, sondern von den Fischen. Fische ist das natürlich-intuitive Tierkreiszeichen. Menschen, die die negativen Aspekte der Fische ausleben, erliegen oft Selbsttäuschungen und ziehen der Realität und der geistigen Klarheit, die wir brauchen, um unser Alltagsleben effektiv zu gestalten, eine Welt der Träume und Fantasien vor.

Die Nummer Eins (I) als bewusste geistige Kraft verbindet sich mit dem Verständnis und der Kontrolle unserer unterbewussten Programmierung und der Macht, der Nummer Acht (VIII). Beides zusammen wird zur XVIII (18).
Durch Verbindung der beiden Denkweisen und ihrer Ausrichtung auf ein höheres Ziel eröffnet sich ein Weg zur spirituellen Erleuchtung.

Bildwelt

Des Trumpfes geheimer, unsichtbare Gott ist Anubis, eine ägyptische Gottheit, die die Seelen in die andere Welt geleitete. Sie wurde gewöhnlich mit dem Gesicht eines Schakals oder einem Hundekopf dargestellt.
Alle Mondgöttinnen sind in ihren verschiedenen Rollen als Illusion, Verführung und Zauberei mit der Karte verbunden.
DER MOND ist der moderne Mystiker Edgar Cayce, ein Fisch, der sich in einen intensiven Trancezustand versetzen konnte. Er trat mit der Akasha-Chronik in Verbindung und brachte der Menschheit Lösungen für medizinische Probleme und Antworten auf Fragen des Lebens.
DER MOND ist der unterbewusste Traum, der psychische und astrale Zustand in uns allen.

Deutung

In richtiger Stellung: Die Mondkarte repräsentiert Unehrlichkeit vor uns selbst oder vor anderen. Der Ratsuchende kann ein Opfer von jemandem sein, der ihn hinters Licht führt. Er kann sich aber auch selbst belügen oder sich allgemein hinterlistig benehmen.
DER MOND, der den steten Wechsel repräsentiert, kann auf unerwartete Veränderungen und plötzliche neue Informationen hinweisen, die Störungen auslösen, wenn sie offengelegt werden. Die Entdeckung dieser verborgenen Fakten kann unerfreulich sein. Der Ratsuchende fühlt sich verwirrt, desillusioniert und verletzt. Vorsicht und Achtsamkeit sind angeraten, denn was immer auch der Fragende über die Sache zu wissen glaubt, einige wichtige Faktoren bleiben verborgen.
DER MOND kann auch als der mediale Trumpf gedeutet werden, der für intuitives Erfassen und die astrale, hellseherische Welt steht. Auch Schlafen und Träumen werden symbolisiert. Falls die Karten des Ratsuchenden nicht auf die bestürzende Natur der ersten Bedeutung des Mondes hinweisen, könnte die zweite, mediale Deutung zutreffend sein. Der Ratsuchende fühlt eine Vorahnung im Hinblick auf anstehende Fragen; aber auch ein Traum oder eine Vision könnte das Thema sein. In diesem Fall bedeutet DER MOND lediglich eine Erfahrung im psychisch-paranormalen Zustand.
Umgekehrt: In dieser Stellung steht die Karte für das Ende der Unehrlichkeit.
Der MOND-Trumpf ist also umgekehrt günstiger. Der Gedanke der Unehrlichkeit wird beseitigt. Die unerwartete Veränderung (richtige Stellung) wird jetzt nur noch ein erwarteter, positiver Wechsel oder eine Veränderung sein, die wenig Anpassung erfordert. Verwirrung und Selbsttäuschung nehmen ab. Aufrichtige Liebe und Mitgefühl erscheinen. Dies ist eine ausge-

zeichnete Kreativitätskarte für jemanden, der sich sehr wünscht, einen Plan oder einen Traum zu realisieren. Denn die MOND-Karte bedeutet, dass man die Teile eines kreativen Vorhabens zusammenfügt und zum Erfolg führt. Auch umgekehrt kann DER MOND mediale Aktivität symbolisieren.

DIE SONNE

Symbolik

DIE SONNE strahlt nicht nur ihr gerade gerichtetes Licht aus, sondern auch die gewellten, intuitiven Linien, die auf dem Boden und dem Pfad der MOND-Karte zu sehen sind. Der durch die geraden Linien repräsentierte bewusste Verstand und das durch die Wellenlinien symbolisierte Unterbewusstsein sind vor kurzem vereinigt worden. So wurde eine neue Ebene persönlicher Ganzheit und Einheit erreicht, die sich im Gesicht der Sonne ausdrückt. Es ist also zu einer persönlichen Wiedergeburt oder Transformation gekommen: Der Ratsuchende hat die auseinanderstrebenden Aspekte seines Selbsts erfolgreich miteinander verbunden und ein Gleichgewicht geschaffen. Das spirituelle Selbst wurde geboren, darauf deutet das Kind auf der Karte. Wir sind jetzt Neugeborene im spirituellen Reich. Wir sind geschützt und voller Vertrauen, offen und frei. Das weiße Pferd steht für die die Zähmung und Reinigung des elementaren, sinnlichen Ichs, denn das Kind hat diesen Aspekt jetzt ohne Mühe unter Kontrolle. Siegesflagge und Siegerkranz deuten auf unsere vollbrachte Leistung der Wiedergeburt hin. Die Sonnenblumen wenden sich alle dem Kind, denn es ist ihre Energiequelle. Mit ihrer vollen Blütenpracht deutet sie auf die Beherrschung von Kenntnissen, auf Unabhängigkeit und Selbstvertrauen hin.
Diese Tarotkarte wird von der Sonne selbst regiert. Durch sie werden Geburt und Wiedergeburt repräsentiert, denn wenn die echte Sonne an den Platz am Himmel zurückkehrt, an dem sie bei unserer Geburt stand, feiern wir unseren Geburtstag.
Hier wird die Zahl Eins (I) des bewussten Verstandes mit der Zahl Neun (IX) kombiniert, die ein Erreichen und eine Erfüllung symbolisiert. Die daraus resultierende XIX (19) steht für eine intellektuelle Gesinnung.

Bildwelt

DIE SONNE ist Ra, der ägyptische Sonnengott, der alle anderen ägyptischen Götter und Göttinnen erschuf. Außerdem ist sie Apollo, der griechische Gott des Sonnenlichts, und Helios, die Personifizierung der echten Sonne.
In ihr verbirgt sich auch ein christlicher Aspekt, denn sie steht für die spirituelle Wiedergeburt, die jeder von uns erreichen kann.

Die Bedeutung der Karten

Deutung

In richtiger Stellung: DIE SONNE ist ein Symbol für Wiedergeburt und persönliche Transformation.

Sie bringt Glück, Erfüllung und Selbstverwirklichung. Sie bedeutet Meisterung der Bereiche Erziehung, Bildung und Ausbildung, Technik, berufliche Karriere und Kunst.

Wenn es bei der Lesung um die Familie oder die Liebe geht, kann DIE SONNE eine Heiratskarte sein.

Weitere Deutungsmöglichkeiten sind gute Gesundheit und die erfolgreiche Überwindung einer Krankheit. Für die Rolle des Chefs bedeutet diese Karte Autorität.

Die Hauptbedeutung dieses Trumpfes ist jedoch die Wiedergeburt, bei der der Mensch alle Probleme bewältigt und zu einer neuen Person wird, erfüllt von positiven Gedanken, Gesundheit und dem erfolgreichen Ausdruck der eigenen Persönlichkeit. Diese Wiedergeburt kann sich zum Beispiel durch Veränderungen in der Kleidung, der Frisur, Erscheinung oder Einstellung zeigen. Sie manifestiert sich durch das neugeborene, unabhängige Selbst. Selbstsicherheit, ein Aus-sich-Herausgehen, Vertrauen und Offenheit sind weitere Ausprägungen des Wachstums, das durch DIE SONNE symbolisiert wird. Der Ratsuchende fühlt sich geschützt und sicher.

Umgekehrt: In dieser Stellung steht die SONNEN-Karte für Niederlage und Leere, für Unerfülltheit und die Unfähigkeit, einen Ausweg aus einer deprimierenden Situation zu sehen und zu finden. Durch Fehlschläge kann sich der Fragende von dem Versuch abhalten lassen, sich selbst zu helfen. Auch negative, ängstliche und enge Denkweisen können den Ratsuchenden daran hindern, eine Veränderung herbeizuführen. Eine Ehe oder eine Beziehung könnte scheitern.

DAS GERICHT

Symbolik

Diese Karte bringt uns den dritten Erzengel des Tarots, Gabriel, dessen Name »die Stärke Gottes« bedeutet. Die abgebildete Szene könnten wir als das Jüngste Gericht interpretieren, bei dem die Toten aus ihren Gräbern auferstehen. Doch wie können wir das auf eine persönliche Ebene übertragen? Jedenfalls nicht in Form von Tod und Auferstehung, denn den Tod lesen wir im Tarot nicht! Die Okkultisten, die den Tarot entworfen haben, stellen uns also erneut vor die Aufgabe, die wahre Bedeutung einer Trumpfkarte zu entschlüsseln. Der mit Banner und Trompete dargestellte Gabriel weckt die grauen Seelen aus ihrer irdischen Beschränkung und ihrer Leiblichkeit. Auf diese spirituelle, vibrierende Signal hin erheben sie sich und erfahren eine Transformation zum Bewusstsein, zu spiritueller Einheit und Ganzheit.

Das Gericht

Das universelle Unterbewusstsein wird durch den großen Ozean repräsentiert, der erstmals bei der HOHEPRIESTERIN abgebildet war. Jetzt werden in diesen Ozean das individuelle Unterbewusstsein, repräsentiert durch die Frau, der individuelle, bewusste Verstand, für den der Mann steht, und das neugeborene spirituelle Selbst aufgenommen. Nummerisch wird dem Gericht die XX (20) zugeordnet. Hier stoßen wir also zum ersten Mal auf die Zahl Zwei (II) als führende Ziffer.

Der unterbewusste Verstand und sein großes, mit einem Ozean vergleichbare Potenzial hat jetzt eine höhere Stellung eingenommen. Es vollzieht sich eine Transformation der üblichen Vorherrschaft des bewussten Verstandes. Beide, die persönliche wie die universale, unterbewusste Macht, der wir erstmals bei der HOHEPRIESTERIN begegneten, sind jetzt mit der reinen Energie des Lichtes (der spirituellen Gotteskraft, versinnbildlicht im NARREN; Nummer 0) verschmolzen.

Dem Gericht ist Pluto zugeordnet, der Planet der psychischen Macht und Transformation. Außerdem ist das Element des Feuers mit ihm verbunden, das eine spirituelle Feuerstätte anzeigt – ähnlich der brennenden Asche des Feuers der Reinigung, aus dem der Phönix aufsteigt.

Bildwelt

DAS GERICHT wird durch folgende Bilder illustriert:

- die Auferstehung, in der die Seele physische Vernichtung überlebt und in die spirituelle Heimat zurückgerufen wird
- der Erzengel Gabriel, der wie Petrus die Trompete der Erweckung bläst. Er wird uns auf unserer Reise zum Gericht führen, in dem es um unser Leben, seine Handlungen, Gedanken und Taten geht
- Pluto, Vulkan und Hades, alles Götter der Unterwelt, die unser höllisches, unbewusstes Selbst repräsentieren, das nun auf den Erzengel des Jüngsten Gerichts trifft und die Absolution erhält
- die Seele jedes Menschen, die Unsterblichkeit erlebt hat und an ein Überleben nach dem Übergang, den wir Tod nennen, glaubt. DAS GERICHT ist Leben im Geist; damit verliert es seinen Schrecken.

Deutung

In richtiger Stellung: Diese Karte bedeutet Befreiung und Transformation. Der Gerichts-Trumpf steht für eine zunehmende Kenntnis und den intensiveren Gebrauch unserer persönlichen Kräfte. Der von seinen Ängsten und Zweifeln befreite Ratsuchende kann seinen eigenen Willen, seine Energie und sein Potenzial jetzt mit aller Macht erkennen, und mit moralischer Untadeligkeit zum Ausdruck bringen. Die Belohnung des Gerichts ist die psychische Transformation in eine neue Ganzheit und das Gleichgewicht zwischen Verstand, Herz und Geist.

Die Bedeutung der Karten

Befreiung ist ein Hauptthema dieser Trumpfkarte. Der Ratsuchende kann sich von einer Situation oder einem Menschen befreien oder davon loslassen. Die Befreiung kann ein Umzug, ein Arbeitsplatzwechsel, die Genesung einer Krankheit oder das Loslassen eines ihm nahe stehenden Menschen sein.

Eine andere Interpretationen des GERICHTS: Man folgt seinem eigenen Gewissen in wichtigen Dingen und weigert sich, sich von anderen beherrschen zu lassen.

Umgekehrt: In dieser Stellung steht die Karte für mangelnde Bereitschaft loszulassen und Stillstand.

Das umgekehrte GERICHT weist auf die Unfähigkeit des Ratsuchenden hin, sich von einer Situation oder einem Menschen zu lösen. Da er sich vor Veränderungen fürchtet, will er nicht akzeptieren, dass er eine wichtige Situation durchaus selbst bewältigen könnte. Er ignoriert den Rat seines Gewissens im Hinblick auf notwendige Veränderungen und versinkt in Stagnation.

Bei einer gesundheitlichen Lesung weist die Karte in dieser Stellung darauf hin, dass die Heilung einer möglichen Krankheit in weite Ferne gerückt ist.

DIE WELT

Symbolik

Eine überraschende saturnische Herrschaft, verbunden mit dem Bild einer sanften Tänzerin, sind die Kräfte, die durch die WELT-Karte repräsentiert werden. Bekannt auch als der Kosmos oder das Universum, zeigt die WELT-Karte an, dass wir uns voll bewusst sind, wer wir wirklich sind. Wir haben die Verantwortung, diese Möglichkeiten auszudrücken und auszuführen, übernommen. Ein großer Kranz mit halb verdeckten Unendlichkeitssymbolen oben und unten weist darauf hin, dass ein Sieg bevorsteht, dass ein Kreis vollendet wurde und dass die Zyklen des Lebens unendlich oft beginnen. Höhepunkte werden erreicht und verebben wieder.

Die der Null ähnliche Form des Kranzes, die an die Karte DER NARR erinnert, zeigt, dass ein neues Geschehnis bevorsteht, während die gegenwärtigen Verhältnisse ihr Ende erreicht haben. Als NARR kehren wir zu den Anfangsstadien des Lebens zurück. Der Kreis schließt sich. Der entscheidende Punkt hierbei ist, dass wir durch unsere früheren Erfahrungen gelernt und uns weiterentwickelt haben, und dabei immer größer werdende Vollendung und Erfüllung erlangen.

Die Tänzerin hält zwei Stäbe in den Händen, die die völlige Reinigung und Beherrschung der bewussten und unterbewussten Aspekte des Selbsts symbolisieren. Alles ist neutralisiert, vollendet und ausgeglichen. Das Leben ist jetzt dem Dienst an einem höheren Herrn, einem Ziel oder einer Sache gewidmet.

Die Zahl XXI (21) deutet darauf hin, dass das individuelle Selbst sich mit dem persönlichen und dem göttlichen Unterbewusstsen vereint hat und als selbstbewusste Identität (Nummer Eins (I)) erscheint. Sie vollführt durch die Vereinigung des persönlichen Willens mit der Welt Gottes den wahren spirituellen Tanz des Lebens.

Bildwelt

DIE WELT wird durch folgende Bilder illustriert:
- die griechische Erdgöttin Gäa, deren Boden der Menschheit Nahrung gibt
- der weibliche Aspekt Saturns in einem Siegerkranz, weil die wahre Bedeutung von Verantwortung und Einschränkungen erkannt wurde
- eine karmische Göttin der Belohnung, die Jenen, die es verdienen, Wohltaten gewährt
- die kosmische Tänzerin, die ihr wahres Selbst entdeckt und akzeptiert hat und jetzt den Tanz des Seins vollführt. Sie steht für alle Menschen, die die Verantwortung für ihren persönlichen Mikrokosmos übernommen haben.

Deutung

In richtiger Stellung: Die Karte steht für die Verwirklichung von Plänen und Verantwortung. Sie verspricht Triumph und Wohlstand bei allen Lesungen, in denen sie als letzte Karte erscheint. Sie bedeutet Macht und Erfolg in Verbindung mit der Übernahme von Verantwortung.

Daneben lernt der Ratsuchende, wie er innerhalb der Grenzen seiner persönlichen Welt – mit ihrer eigenen Realität und ihren Verpflichtungen – erfolgreich sein kann. Er akzeptiert seine eigenen charakterlichen Vorzüge und Schwächen und erlangt damit ein gesundes Selbstbewusstsein. Ehrfurcht vor allen Lebewesen und den festen Willen, aus den Erfahrungen in seinem Leben stets das Beste zu machen.

DIE WELT-Trumpfkarte weist auf Selbsterkenntnis hin und drückt aus, dass man materielles und familiäres Glück durch diesen Ausdruck seiner Persönlichkeit erreicht hat.

Wenn es bei der Lesung um den Beruf geht, steht die WELT-Karte oft für Verwaltungsarbeit. Schließlich weist die Karte auf eine Weltreise hin.

Umgekehrt: In dieser Stellung erhalten wir den Hinweis auf einen Teilsieg.

Der Erfolg des Ratsuchenden ist noch nicht erreicht, er wird aber kommen. Ein Sieg ist deshalb unvollständig.

Die umgekehrte WELT kann sich außerdem auf die Unfähigkeit beziehen, die Verantwortung, die das Leben mit sich bringt, anzunehmen.

Übungen zu den Großen Arkana XV – XXI

Ordnen Sie dem Kasten die jeweils richtigen Interpretationen zu.

Bedeutung in richtiger Stellung

- ☐ 1. Der Teufel
- ☐ 2. Der Turm
- ☐ 3. Der Stern
- ☐ 4. Der Mond
- ☐ 5. Die Sonne
- ☐ 6. Das Gericht
- ☐ 7. Die Welt

a) Transformation durch einen Zusammenbruch
b) Unehrlichkeit oder mediale Fähigkeit
c) Ein neues, wiedergeborenes Selbst
d) Verantwortung von Erfolg
e) Hoffnungen und Ziele
f) Grenzen von Rollenspielen
g) Befreiung und Gewissen

Bedeutung in umgekehrter Stellung

- ☐ 1. Der Teufel
- ☐ 2. Der Turm
- ☐ 3. Der Stern
- ☐ 4. Der Mond
- ☐ 5. Die Sonne
- ☐ 6. Das Gericht
- ☐ 7. Die Welt

a) Ein kreatives Vorhaben gelingt
b) Ein unvollständiger Sieg
c) Die Wahrheit enthüllt Selbstsucht
d) Niederlage und Leere
e) Gelernte Lektionen bringen Freiheit
f) Talente und Bestrebungen werden vereitelt
g) Unfähigkeit, sich von einer Situation zu lösen

Charakterisierung
Ordnen Sie den einzelnen Karten jeweils die richtige Charakterisierung zu.

- ☐ 1. Der Teufel
- ☐ 2. Der Turm
- ☐ 3. Der Stern
- ☐ 4. Der Mond
- ☐ 5. Die Sonne
- ☐ 6. Das Gericht
- ☐ 7. Die Welt

a) Die spirituelle Quelle, die die Seele heimruft
b) Das unrealistische oder täuschende Selbst
c) Der ängstliche, selbstsüchtige, materialistisch eingestellte Mensch
d) Die talentierte, einfallsreiche Person
e) Die neugeborene, spirituelle Person
f) Ein Mensch, der zur Realität erwacht
g) Eine gut kontrollierte, erfolgreiche Person

Lösungen

Zuordnung
Bedeutung in richtiger Stellung

1. f   2. a   3. e   4. b   5. c   6. g   7. d

Bedeutung in umgekehrter Stellung

1. e   2. c   3. f   4. a   5. d   6. g   7. b

Charakterisierung

1. c   2. f   3. d   4. b   5. e   6. a   7. g

Die Bedeutung der Karten

Aufgabe zu den Großen Arkana XV – XXI

Legen Sie mit den Großen Arkana XV bis XXI die folgende Kartenkombination aus.

SIGNIFIKATOR
Signifikatorkarte ist der Herrscher.

DAS ABHEBEN

Vergangenheit – DAS GERICHT, umgekehrt
Gegenwart – Königin der Stäbe, umgekehrt
Zukunft – DER TURM

1. Mit wem beschäftigt sich Der Herrscher im Augenblick, und wie verhält sich diese Person?
2. Die Vergangenheit zeigt das umgekehrte Gericht. Wie deuten Sie das? Richten Sie dabei Ihr Augenmerk besonders auf das Thema »Partnerschaft«.
3. Worauf weist DER TURM in der Zukunft hin? Was sagt DER TURM in dieser Position über das Thema »Wahrheit« aus?

DIE AUSLEGUNG
Position 1 **Gegenwärtiger Einfluss** – DER MOND
Position 2 **Hilfen oder Hindernisse** – DER TEUFEL
Position 3 **Vergangenheit, Motivation** – DER STERN, umgekehrt
Position 4 **Jüngere Vergangenheit** – Bube der Schwerter, umgekehrt
Position 5 **Mögliche Zukunft** – Vier der Münzen, umgekehrt
Position 6 **Nahe Zukunft** – Zehn der Stäbe, umgekehrt
Position 7 **Einstellung des Ratsuchenden** – Zehn der Münzen
Position 8 **Umfeld des Ratsuchenden** – Drei der Münzen, umgekehrt
Position 9 **Hoffnungen und Ängste** – DIE WELT
Position 10 **Ergebnis** – Bube der Münzen

Legen Sie nun noch eine elfte Karte – und zwar DIE SONNE – aus, weil in Position 10 eine Hofkarte liegt.

1. Welcher Kartensatz ist am stärksten vertreten?
2. Was bedeutet das?
3. a) Welches ist der zweitstärkste Satz?
   b) Was bedeutet das?
4. a) Wie viele Karten der Auslegung liegen umgekehrt?
   b) Wie deuten Sie das?
5. a) Wie sieht der Zahlentrend der Lesung (ohne die Abhebestapel) aus?
   b) Was schließen Sie daraus?
   c) Wird die Lesung von niedrigen, mittleren oder hohen Karten der Kleinen Arkana beherrscht? Von welchen?
   d) Wie deuten Sie das?
6. Als Signifikatorkarte hat der Ratsuchende den HERRSCHER gewählt. Beschreiben Sie den Ratsuchenden und sein Anliegen.
7. Welche Kräfte haben jetzt mit der Frage des Ratsuchenden zu tun?
8. Was stellt sich ihm entgegen oder welche Hindernisse gibt es?
9. Was ist in seiner Situation bereits geschehen?
10. In der Position für die jüngere Vergangenheit liegt der umgekehrte Bube der Schwerter. Wie deuten Sie das?
11. Deuten Sie die umgekehrte Vier der Münzen in der Position »mögliche Zukunft«.
12. Die umgekehrte Zehn der Stäbe verrät uns, was dem Ratsuchenden als Nächstes passieren wird. Geben Sie eine kurze Beschreibung.
13. Der umgekehrte STERN und DER TURM haben eine ähnliche Bedeutung, die bei dieser Auslegung sehr wichtig und aufschlussreich ist. Welche? Greifen Sie bei Ihrer Antwort auf den Abschnitt über die Kartenkombinationen (Seite 35 ff.) zurück.
14. Was denkt sich der Vater?
15. Wie sehen andere sein Dilemma?
16. Beschreiben Sie seine Hoffnungen und Ängste.
17. In der Position für das Ergebnis liegt der Bube der Münzen, eine Hofkarte. Die nächste Karte zeigt, was passieren wird (DIE SONNE). Worauf deuten die beiden Karten Ihrer Meinung nach hin?

Lösungen

Es handelt sich um eine Lesung, die die Großen Arkana XV — XXI nutzt.

DAS ABHEBEN

1. In der Gegenwart hat eine selbstsüchtige, fordernde, manipulative Frau (umgekehrte Königin der Stäbe) etwas mit der Frage des Ratsuchenden zu tun. Er bestätigt, dass er etwas über die Beziehung zu seiner Tochter wissen möchte.

2. Die vergangenen Umstände zeigen, dass der Ratsuchende seine Macht an diese Frau verloren hat. Es hat kein Wachstum stattgefunden, vielleicht aufgrund der Unfähigkeit, eine unglückliche, ungesunde psychische Beziehung in der Familie aufzulösen.
3. Die Zukunft wird eine Krise bringen. Die Wahrheit wird siegen. Selbstsüchtige Motive werden ans Licht kommen. Der Fragende wird die wahren Umstände erkennen und sich darauf einstellen.

DIE AUSLEGUNG

1. Der am stärksten vertretene Satz sind die Großen Arkana – sechs Karten.
2. Die Auslegung wird von starken spirituellen und psychischen Kräften beherrscht. Möglicherweise haben weder der Ratsuchende noch seine Tochter die Situation ganz unter Kontrolle.
3. a) Der zweitstärkste Satz sind die Münzen.
   b) Es geht also um Geld oder praktische Angelegenheiten.
4. a) Fünf Karten der Auslegung liegen umgekehrt.
   b) Die Frage ist mit Aufregung verbunden.
5. a) Die Addition ergibt 117, die Quersumme 9.
   b) Erfüllung persönlicher Ziele, Ideale, emotionaler Angelegenheiten; Abschluss, Beendigung
   c) Die Auslegung enthält zwei Zehnen.
   d) Die Beendigung ist angedeutet. Das stimmt mit dem allgemeinen Zahlentrend überein.
6. Der Ratsuchende ist ein reifer Mann, der seine Frage vom Verstand her angeht. Er möchte die Situation kontrollieren. Da DER HERRSCHER die Vaterkarte ist, geht es bei der Frage des Ratsuchenden um dessen Beziehung zu einer Tochter.
7. Zur Zeit wird DER HERRSCHER hinters Licht geführt. Die Kräfte der Falschheit und Täuschung dominieren. Es könnte zu einer unerwarteten Wendung kommen.
8. DER TEUFEL zeigt uns, dass der Ratsuchende zur Zeit Opfer von Manipulationen ist, gefangen in einer beengenden Situation. Die Tochter könnte seine Ängste ausnutzen, um ihn zu übervorteilen.
9. Der umgekehrte Stern deutet darauf hin, dass ihre Beziehung seit längerem unglücklich und enttäuschend verläuft. Die ebenfalls umgekehrte Königin der Stäbe hat möglicherweise unter schlechter geistiger oder körperlicher Gesundheit gelitten und es aufgrund von Unsicherheit nicht geschafft, ihre Ziele oder Hoffnungen zu verwirklichen.
10. Der Ratsuchende ist in der letzten Zeit Opfer grausamen, manipulativen Verhaltens geworden. Er könnte eine unerwartete, beunruhigende Botschaft von oder über seine Tochter erhalten haben.
11. Er könnte die Kontrolle und Autorität über die Situation verlieren. Er könnte schwach werden und seiner Tochter nachgeben. Vielleicht wird er ihr erlauben, ihn finanziell auszunutzen.

12. Die Tochter wird noch mehr Druck auf ihn ausüben. Aufgrund ihrer Selbstsucht wird sie so massiv auf ihn einwirken, dass die Beziehung einen kritischen Punkt erreicht. Für ihn könnte das eine Katastrophe sein, der Tropfen, der das Fass zum Überlaufen bringt. Warnen Sie ihn vor dieser Entwicklung, auf die ja auch die Karte auf dem Abhebestapel für die Zukunft, DER TURM, hinweist.
13. Beide deuten auf Probleme im Bereich der geistigen Gesundheit hin. Der umgekehrte Stern zeigt Depressionen und Ängste an, DER TURM einen Zusammenbruch. Die umgekehrte Königin der Stäbe hat ganz offensichtlich ernsthafte Schwierigkeiten.
14. Er denkt an den guten Namen der Familie, seine berufliche Position und die Sicherung finanzieller Stabilität.
15. Freunde und Familie könnten der Ansicht sein, dass die Bemühungen des Ratsuchenden seiner Tochter gegenüber nur zu halbherzigen Reaktionen geführt haben.
16. Er hofft, dass sich alle Probleme klären werden und dass sich die Beziehung zu seiner Tochter positiv entwickeln wird.
17. Manchmal kann sich das Leben ganz normal entwickeln, bis plötzlich etwas Wunderbares geschieht.

Bei dieser Auslegung fällt auf, dass die beiden letzten Karten sich sehr stark von den anderen unterscheiden.

Der SONNEN-Trumpf kann alles Negative in seiner Umgebung auslöschen. Außerdem symbolisiert diese Karte eine Wiedergeburt. Der Bube der Münzen weist auf guten Rat und Informationen hin, und dadurch wird die durch DIE SONNE angekündigte Transformation bewirkt werden. Dies könnte neuen Respekt zwischen einem Vater (dem Herrscher) und seinem Kind (Bube) bedeuten. Eine Lektion wird erfolgreich gelernt.

Der Wendepunkt könnte kommen, wenn sich das ereignet, wofür DER TURM steht – was immer das auch sein mag. Dann wird die Wahrheit offensichtlich werden. Schließlich können auch Umwälzungen Veränderungen den Weg bereiten.

Lektion 16: Die Tarot-Praxis

Das Hauptziel dieser Lektion ist es, Ihnen die vielen kreativen Aspekte des Tarots näher zu bringen. Da die Karten unser Leben repräsentieren, kann man sie überall entdecken – das ist so etwas wie eine Tarot-Schatzsuche!

Das Album

Eine kreative Art und Weise, Ihr Wissen zu vertiefen, wäre es, ein Tarotalbum anzulegen. Ein großes Fotoalbum würde passen. Jede Doppelseite steht für eine Karte. Füllen Sie die Seiten mit Bildern, die Sie aus Zeitschriften, Zeitungen etc. ausschneiden, und die das ausdrücken, was die verschiedenen Karten für Sie bedeuten. Auch Fotos von Gemälden, Gedichte, Sprichwörter und Zitate können Sie mitaufnehmen. Im Laufe der Jahre können Sie zu den ersten Bildern, die Sie in Ihr Album geklebt haben, andere hinzufügen, und so ein wundervolles, dauerhaftes, persönliches Tarotalbum zusammenstellen.

Tarot im Alltag

Wenn Sie ein Buch lesen, können Sie sich die einzelnen Charaktere, ihre jeweilige Situation und ihre Erlebnisse in Form der Hofkarten, der Kleinen oder Großen Arkana vorstellen. Das gilt natürlich auch für Kinofilme, Fernsehsendungen und Zeitungsartikel. Sie alle setzen sich nämlich aus drei Hauptkategorien zusammen: Personen, Ereignisse und moralische Grundsätze. Versuchen Sie diese Übungen, um Ihre Empfindsamkeit zu steigern.

Ein Tarot-Kostümfest macht immer viel Spaß, da Sie die Karten in einer Gruppenatmosphäre kennenlernen können. Die Gäste verkleiden sich dann als Charaktere der Karten, vor allem aber der Großen Arkana.

Scharaden, in denen Jemand eine Karte vorspielt und bei der eine Gruppe von Leuten versuchen muss, deren Identität herauszufinden, ist eine andere gute Art zu lernen.

Lassen Sie uns an unseren Ausgangspunkt zurückkehren, an dem wir unsere Tarotstudie begonnen haben. Schlagen Sie noch einmal Seite 9 auf, wo Sie sich zum ersten Mal notiert haben, welche Karten Sie besonders anziehend fanden und welche Sie nicht mochten. Können Sie jetzt erkennen, was Ihre instinktive Wahl Ihnen sagen wollte? Erkennen Sie, wie weit Sie gekommen sind? Erinnern Sie sich an die seltsam aussehenden Symbole und Nummern? Sie sehen inzwischen nicht mehr so fremd aus, und Sie haben eine neue, wertvolle Sprache gelernt, die die Tarotkarten in ihrer Tragweite übertrifft. Kunstwerke können durch die neu erlernte Tarotsprache in einer tieferen, bedeutungsvolleren Art und Weise interpretiert werden. Der Tarot ist ein Abbild des Lebens. Die Hofkarten stehen für Menschen, die Kleinen Arkana für Ereignisse und Lektionen des Alltags. Die Philosophien werden durch die Großen Arkana repräsentiert.

Es ist wichtig, dass der Tarot uns in Fleisch und Blut übergeht und wir seine faszinierende, umfassende Philosophie in allem entdecken, was wir sagen und tun. Zum Beispiel fühle ich mich beim Schreiben dieses Manuskripts als Acht der Münzen, ein Lehrling auf dem Gebiet des Bücherschreibens. Wenn das Manuskript dann fertig und meine Arbeit erfolgreich veröffentlicht ist, werde ich die Drei der Münzen und der Trumpf der Sonne sein. Die Drei der Münzen schildert den Meister, der eine Belohnung und Anerkennung für das vollendete Werk erhält. Der SONNEN-Trumpf zeigt eine vollbrachte Leistung und den erfolgreichen Abschluss eines Projektes. Auf einer anderen Ebene könnte ich mich aber schon jetzt als Drei der Münzen im Bereich der Tarotkarten betrachten: Ich begann als Lehrling, der Sie im Moment sind, habe hart gearbeitet, mich ernsthaft bemüht und einige Erfolge erzielt. Fast alles in unserem Leben kann durch ein oder zwei Tarotkarten ausgedrückt werden. Der Gedanke ist, die Karten persönlich zum Leben zu erwecken, indem man sie zu einem Teil des eigenen Lebens macht.

Aufgabe

Beschreiben Sie Ihren Tagesablauf, indem Sie die entsprechenden Tarotkarten in der richtigen Reihenfolge vor sich hinlegen. In dieser Übung können Sie auch Ihren Lebenspartner oder jemand anderen, der sich für Tarot interessiert, mit einbeziehen. Dies ist ein einzigartiger Weg, sich gemeinsam mit etwas zu befassen und sich kennenzulernen.

Diese Aufgabe ist äußerst wichtig, damit Sie lernen, in Tarotkarten zu denken. Sie vertiefen dadurch Ihre Kenntnisse und üben sich im Umgang mit den Karten. Führen Sie diese Aufgabe eine Woche lang durch. Denken Sie daran, nicht nur Ihre Gefühle und Gedanken mit einzubeziehen, sondern auch die Menschen und Ihre Handlungen im Alltag.

Beispiel

Samstag 10. April 1998, Vormittag
Ich wurde früh wach und schrieb einen Bewerbungsbrief und entwarf einen Brief an eine Verlegerin, die vor einiger Zeit Interesse an einem meiner Projekt gezeigt hatte, es aber zu dem Zeitpunkt nicht nutzen konnte. An diesem Morgen fühlte ich mich kreativ und ehrgeizig.

Übersetzung in den Tarot

● DIE HERRSCHERIN und Königin der Stäbe – ich fühlte mich kreativ und ehrgeizig und wollte meine Fähigkeiten optimal einsetzen.

● DER MAGIER und Zwei der Stäbe – ich hatte eine kreative Idee, die ich in einen geschäftlichen Vorschlag umsetzte. Ich organisierte meine Gedanken und schrieb sie dann in Briefform nieder. Sie können jetzt erkennen, wie DER MAGIER eine kreative Idee repräsentieren kann, sie dann organisiert und in die Tat umzusetzt. Die Zwei der Stäbe verrät uns, dass meine Idee sich auf etwas Ernsthaftes bezieht, aber erst im Anfangsstadium steckt. Ich sandte die Idee in Form eines Anfragebriefes aus und warte jetzt auf die Ergebnisse.

● Die umgekehrte Vier der Schwerter bedeutet, dass man etwas Zurückgestelltes wieder aufgreift. Deshalb steht die Karte für den zweiten Brief an die Verlegerin, mit der ich schon vorher zu tun hatte.

- Sie wird von der Königin der Schwerter verkörpert, da sie eine Karrierefrau ist und in dieser Angelegenheit die Entscheidungsgewalt hat.

Der Nachmittag

In den Nachmittagsstunden wechselte die Szene zu Familie und Häuslichkeit: Die Wäsche war zu erledigen, und ich kaufte ein Geburtstagsgeschenk für meinen Freund. Der Osterhase kam einen Tag zu früh, ich verteilte bereits Osterschokolade an die Familie meines Freundes. Am späten Nachmittag rief mich eine gute Freundin an. Wir sprachen über geschäftliche Pläne und die Feier zu ihrem Studienabschluss.

Übersetzung in den Tarot:

- Im Laufe des Nachmittages wurde ich immer wieder an die Sechs der Kelche erinnert. Den größten Teil des Nachmittages verbrachte ich damit, Geschenke zu verteilen, Familienangehörige zu besuchen und mit Freunden zu sprechen.
- Die Acht der Stäbe steht dafür, dass ich ein Ziel erfolgreich und schnell erreichte: die Wäsche, die mich nur eine kurze Zeit kostete.
- Die Sechs der Münzen und die Sechs der Kelche beschreiben das Austeilen von Geschenken, das heißt das Teilen mit einem nahe stehenden Menschen. Die Sechs der Kelche steht für die Osterschokolade, die ich an die Familie verteilt habe. Die Sechs der Münzen weist auf die Art des Einkaufs hin, und wie ich mich dabei fühlte.
- Denn mein Geschenk war eine Investition in die Zukunft meines Freundes, in die Karrierepläne des Ritters der Stäbe. Das Geschenk ist von Nutzen für Empfänger und Geber. Meine Freundin rief mich mit guten Neuigkeiten an: Sie erhielt Antwort auf eine ihrer originellen Ideen, andere verhielten sich kooperationsbereit, lieferten ihr Informationen und wurden Teil ihres Teams. Außerdem hat sich eine einflussreiche Frau ihrer Sache angenommen.
- Die Gesamtsituation wird klar durch die Drei der Stäbe beschrieben.
- Wir sprachen über ihren Universitätsabschluss, die Drei der Münzen und DIE SONNE, und das Datum der Party, die Vier der Stäbe. Diese Karte symbolisiert den Anlass, denn die vollbrachte Arbeit wird gefeiert.
- Schließlich tauchte die Sechs der Kelche erneut auf, als meine Freundin mir sagte, was sie sich als Geschenk wünschte.

Der Abend

Der Abend verlief ruhig. Ich bereitete ein Geburtstagsessen für meinen Freund vor, das zu meinem Geschenk gehörte: Wieder die Sechs der Kelche! Wir saßen mit seinem Vater vor dem Fernseher. Die Karte beschreibt sowohl die häusliche Szene, als auch das Wiedersehen mit einem Familienmitglied, in diesem Fall dem Vater, der HERRSCHER-Trumpf.

Natürlich können Sie in Ihrem Tagebuch auch noch festhalten, wie Sie geschlafen und was Sie geträumt haben.

Wenn Sie eine Woche lang jeden Tag die entsprechenden Karten legen, werden Sie bemerken, dass sich ein interessantes Muster herausbildet. Zeichnen Sie die Woche auf, und analysieren Sie sie dann. Achten Sie dabei vor allem darauf, ob ein bestimmter Satz oder eine Form der Aktivität gebündelt auftritt. Achten Sie auch auf die Abwesenheit anderer Aktivitäten.

Analyse
Stellen Sie sich zur Analyse Ihrer Woche folgende Fragen:
1. Wieviel Zeit wurde anderen gewidmet im Vergleich zu der Zeit für Sie selbst? An meinem Beispieltag hatte ich zum Beispiel ein Drittel meiner Zeit für meine persönlichen Angelegenheiten verwendet, zwei Drittel auf häusliche und auf das Teilen mit anderen.
2. Wieviel haben Sie gegeben im Vergleich zu dem, was Sie bekommen haben?
3. Welcher Satz herrschte vor? Zahlreiche Stäbe und Schwerter, aber kaum Kelche würden beispielsweise anzeigen, dass mehr Familie, Gefühle, Liebe und mit Gefühlen zusammenhängende Aktivitäten notwendig wären. Was Sie tun können, um ein Gleichgewicht herzustellen? Das ist einfach: Breiten Sie den Satz der Kelche vor sich aus, und wählen Sie eine der Karten als das Ziel, das Sie erreichen möchten.
4. Wenn es nur wenige Große Arkana-Karten gegeben hat, bedeutet dies, dass Sie sich zu sehr von der täglichen Routine vereinnahmen lassen und sich nicht genug auf Ihr eigenes Inneres konzentrieren. Einige Große Arkana-Karten mehr weisen auf Selbsterkenntnis auf spiritueller, psychischer und philosophischer Lebensebene hin. Viele oder gar übermäßig viele dieser Karten können anzeigen, dass Sie zu viel Zeit in den höheren, geistigen Welten verbringen und sich nicht genug auf die physische Ebene, die praktischen Dinge und die Verantwortung konzentrieren.
5. Wie viele Hofkarten haben Sie vorgefunden? Wurde Ihre Woche von vielen Menschen beeinflusst, und zwar in einer gesunden Vielfalt? Zu viele andere Menschen können auf nicht genug Zeit für Ruhe und persönliche Dinge hindeuten; zu wenige hingegen zeigen, dass es notwendig ist, mehr unter Menschen zu gehen.
6. Vergleichen Sie Ihren Zeitaufwand für geistige gegenüber körperlichen Aktivitäten, für emotionale gegenüber intellektuellen Bereichen, für finanzielle Angelegenheiten gegenüber Entspannung usw.
7. Vergleichen Sie den Zeitaufwand für Aktivität gegenüber Passivität.

Schlussbemerkung
Wenn Sie herausfinden, was in Ihrem Leben fehlt, können Sie dieses Element einem der vier Sätze, den Hofkarten oder den Großen Arkana zuordnen. Wenn Sie die fehlenden Elemente ihrem richtigen Satz zugeordnet haben, erkennen Sie, wie Sie ihr Leben ändern und wieder in ein Gleichgewicht bringen können. Legen Sie den entsprechenden fehlenden Satz, Große Arkana oder Hofkarten, vor sich aus, und überlegen Sie, wie Sie die auf den Karten dargestellten Umstände in Ihr Leben integrieren könnten.

Anhang

Die Zahlenkarten der Kleinen Arkana in Stichworten

DIE ASSE

As der Stäbe
Astrologischer Schlüssel: Feuer
Symbolisiert Begehren, Willenskraft und Energie von Widder, Löwe und Schütze.
Richtig: Beginn eines Begehrens, einer Ambition, Idee oder einer Unternehmung
Umgekehrt: Ein Neuanfang stößt auf Schwierigkeiten, gerät unter Druck.

As der Kelche
Astrologischer Schlüssel: Wasser
Symbolisiert die starke Betonung von Gefühlen bei Fischen, Krebs und Skorpion.
Richtig: Beginn einer Situation voller Liebe, Verständnis, Selbstverständnis, Inspiration oder spiritueller Gefühle
Umgekehrt: Blockierte Kommunikation im Gefühlsbereich, mit anderen oder sogar mit sich selbst.

As der Schwerter
Astrologischer Schlüssel: Luft
Symbolisiert den kraftvollen Verstand und die Taten von Zwillingen, Waage und Wassermann.

Richtig: Sieg durch gerechte Handlungen und geistige Willenskraft
Umgekehrt: Unüberwindliche Schwierigkeiten (im Moment: nichts forcieren!).

As der Münzen
Astrologischer Schlüssel: Erde
Erde und Münzen drücken den Realismus und die Bodenständigkeit von Stier, Jungfrau und Steinbock aus.
Richtig: Ein Plan wird Wirklichkeit; neues Geld, neue Sicherheit
Umgekehrt: Pläne schlagen fehl. Geld ist knapp oder man geizt mit Geld.

DIE ZWEIEN

Zwei der Stäbe
Astrologische Schlüssel: Feuer, Widder, Löwe und Schütze
Dieser Satz verbindet sich mit der Bedeutung der Zahl Zwei, dem Gleichgewicht.
Richtig: Warten auf Resultate in Verbindung mit einem wichtigen Wunsch oder Ziel
Umgekehrt: Es ereignet sich wenig oder nichts im Hinblick auf das Ziel; Frustration.

Zwei der Kelche
Astrologische Schlüssel: Wasser, Krebs, Skorpion und Fische
Richtig: Ausgewogenes Geben und Nehmen in einer Beziehung; Gleichgewicht
Umgekehrt: Unausgewogene Beziehung; kein inneres Gleichgewicht, Disharmonie.

Zwei der Schwerter
Astrologische Schlüssel: Luft, Zwillinge, Waage und Wassermann
Richtig: Hinausschieben von Entscheidungen, ungelöste Fragen, Untätigkeit
Umgekehrt: Handeln, Entscheidungen treffen.

Zwei der Münzen
Astrologische Schlüssel: Erde, Stier, Jungfrau und Steinbock
Richtig: Anpassung an Veränderungen; Veränderungen allgemein; Ausgleich von finanziellen Angelegenheiten; Veränderungen im Berufsleben
Umgekehrt: Unfähigkeit, mit Verantwortung fertig zu werden; Verlust des finanziellen Gleichgewichts; Veränderungen bringen Schwierigkeiten.

Anhang

DIE DREIEN

Drei der Stäbe
Astrologische Schlüssel: Feuer, Widder, Löwe und Schütze
Richtig: Wachstum; Zusammenarbeit bringt positive Ergebnisse.
Umgekehrt: Kein Wachstum, schlechte Ergebnisse.

Drei der Kelche
Astrologische Schlüssel: Wasser, Krebs, Skorpion und Fische
Richtig: Erfreuliche Abschlüsse; Wachstum und Versprechen in der Liebe
Umgekehrt: Vereitelte Liebe, unglückliches Ende.

Drei der Schwerter
Astrologische Schlüssel: Luft, Zwillinge, Waage und Wassermann
Richtig: Etwas geht zu Ende; Auflösungen, Trennungen (manchmal durchaus positiv)
Umgekehrt: Nicht ganz so schmerzhaft im Zusammenhang mit Auflösungen und Trennungen.

Drei der Münzen
Astrologische Schlüssel: Erde, Stier, Jungfrau und Steinbock
Richtig: Hervorragende Leistungen bringen Erfolge und greifbare Belohnungen.
Umgekehrt: Halbherzige Versuche führen zu durchschnittlichen Ergebnissen.

DIE VIEREN

Vier der Stäbe
Astrologische Schlüssel: Feuer, Widder, Löwe und Schütze
Richtig: Glück, Harmonie und gefestigter, gesicherter Erfolg
Umgekehrt: Glück, Schutz und Sieg.

Vier der Kelche
Astrologische Schlüssel: Wasser, Krebs, Skorpion und Fische

Richtig: Zweifel am Alten, Nachdenken über Neues; emotionaler Rückzug, Besinnung
Umgekehrt: Nachgeben und Handeln nach Gefühlen; Beziehungen beginnen, ändern oder entwickeln sich.

Vier der Schwerter
Astrologische Schlüssel: Luft, Zwillinge, Waage und Wassermann
Richtig: Rückzug; Ermüdung vom Kampf, Waffenstillstand, Ausruhen, Meditation, Urlaub
Umgekehrt: Sich wieder dem Leben stellen; Erneuerung früherer Interessen oder Vorhaben.

Vier der Münzen
Astrologische Schlüssel: Erde, Stier, Jungfrau und Steinbock
Richtig: Erfolgreiche, sichere Arbeitsstelle und wirtschaftliche Position; kann aber auch die Unfähigkeit sein, zu vertrauen, zu geben und zu teilen, wenn Karten, die auf Selbstsucht hindeuten, vorhanden sind.
Umgekehrt: Verlust von Macht, Stellung, Kontrolle oder Geld.

DIE FÜNFEN

Fünf der Stäbe
Astrologische Schlüssel: Feuer, Widder, Löwe und Schütze
Richtig: Innere oder äußere Kämpfe; Selbstverteidigung; Stärke gegenüber ungünstigen und prüfenden Bedingungen
Umgekehrt: Neue Harmonie und Ruhe durch das Entfernen und Verlassen der ausgetretenen Pfade beim Umgang mit Situationen.

Fünf der Kelche
Astrologische Schlüssel: Wasser, Krebs, Skorpion und Fische
Richtig: Emotionale Verluste; Positiv denken; anstatt etwas nachzuhängen, das bereits verschüttet ist.
Umgekehrt: Neue Hoffnungen auf Wiedersehen, Versöhnungen und die Wiederkehr von Menschen in das emotionale Leben des Ratsuchenden.

Fünf der Schwerter
Astrologische Schlüssel: Luft, Zwillinge, Waage und Wassermann

Richtig: Grausame Worte, verletzende Handlungen, die benutzt werden, um andere oder sich selbst zu besiegen; rachsüchtige Ziele sind bedeutungslos und erniedrigend.
Umgekehrt: Gleiche Bedeutung.

Fünf der Münzen
Astrologische Schlüssel: Erde, Stier, Jungfrau und Steinbock
Richtig: Depressionen, Armut, Entbehrung, Verlust
Umgekehrt: Bessere Zeiten, Optimismus, neues Einkommen.

DIE SECHSEN

Sechs der Stäbe
Astrologische Schlüssel: Feuer, Widder, Löwe und Schütze
Richtig: Erfolg durch Aufrichtigkeit, Ehrgeiz und Beharrlichkeit
Umgekehrt: »Die zweite Geige spielen«, von jemand anderem ausgestochen werden; verzögerter Erfolg.

Sechs der Kelche
Astrologische Schlüssel: Wasser, Krebs, Skorpion und Fische
Richtig: Geschätzte Harmonie bei Beziehungen und im Familienleben
Umgekehrt: Unproduktives Festhalten an unglücklichen Erinnerungen; lassen Sie sie zurück!

Sechs der Schwerter
Astrologische Schlüssel: Luft, Zwillinge, Waage und Wassermann
Richtig: Umstände und Einstellungen ändern sich zum Besseren. Bedingungen werden besser.
Umgekehrt: Probleme bleiben bestehen. Eine Änderung der Einstellung könnte helfen.

Sechs der Münzen
Astrologische Schlüssel: Erde, Stier, Jungfrau und Steinbock
Richtig: Teilen; Investitionen werfen verdiente Profite ab; positives Gleichgewicht in Geldangelegenheiten
Umgekehrt: Unrechtmäßig verschafftes Geld; Verlust oder skrupellose Geschäfte.

DIE SIEBENEN

Sieben der Stäbe
Astrologische Schlüssel: Feuer, Widder, Löwe und Schütze
Richtig: Stellt sich mit Mut und Ernsthaftigkeit einer Sache; Konfrontation
Umgekehrt: Keine Konfrontation.

Sieben der Kelche
Astrologische Schlüssel: Wasser, Krebs, Skorpion und Fische
Richtig: Unentschlossenheit, Verträumtheit, Selbsttäuschung
Umgekehrt: Ein neues Ziel wurde gewählt; Entschlossenheit.

Sieben der Schwerter
Astrologische Schlüssel: Luft, Zwillinge, Waage und Wassermann
Richtig: Bestehlen von anderen oder Selbstbetrug
Umgekehrt: Man bittet um Entschuldigung oder erhält sie. Man ist sich selbst der beste Freund.

Sieben der Münzen
Astrologische Schlüssel: Erde, Stier, Jungfrau und Steinbock
Richtig: Umorientierung nach vielen Bemühungen; Unvollständigkeit
Umgekehrt: Sorgen, die praktische Dinge betreffen.

DIE ACHTEN

Acht der Stäbe
Astrologische Schlüssel: Feuer, Widder, Löwe und Schütze
Richtig: Die Karte, die »grünes Licht« gibt
Umgekehrt: Halt, die Situation nicht forcieren!

Acht der Kelche
Astrologische Schlüssel: Wasser, Krebs, Skorpion und Fische
Richtig: Rückzug, Enttäuschung. Suche
Umgekehrt: Freude an den emotionalen, familiären und gesellschaftlichen Aspekten des Lebens.

Acht der Schwerter
Astrologische Schlüssel: Luft, Zwillinge, Waage und Wassermann
Richtig: Einschränkungen; Einmischung von Seiten anderer oder eigene Einmischung
Umgekehrt: Handlung, Freiheit.

Acht der Münzen
Astrologische Schlüssel: Erde, Stier, Jungfrau und Steinbock
Richtig: »An etwas arbeiten«, Lernen, Ausbildung
Umgekehrt: Missbrauch von Fähigkeiten und Verstand.

DIE NEUNEN

Neun der Stäbe
Astrologische Schlüssel: Feuer, Widder, Löwe und Schütze
Richtig: Bereit sein, in der Defensive zu bleiben, denn Probleme kommen zurück
Umgekehrt: Überrumpelung, auf der Hut sein.

Neun der Kelche
Astrologische Schlüssel: Wasser, Krebs, Skorpion und Fische
Richtig: Glück, Hoffnungen und Wünsche werden wahr.
Umgekehrt: große Geldverschwendung, Maßlosigkeitin vielen Bereichen, Enttäuschungen.

Neun der Schwerter
Astrologische Schlüssel: Luft, Zwillinge, Waage und Wassermann
Richtig: Qualen im Leben und im Geist
Umgekehrt: Günstigere, ausgeglichenere Umstände.

Neun der Münzen
Astrologische Schlüssel: Erde, Stier, Jungfrau und Steinbock
Richtig: Unabhängigkeit, Klugheit, Selbstvertrauen, finanzielle Gewinne, materielle Sicherheit
Umgekehrt: Finanzielle und persönliche Verluste; Verunsicherung.

DIE ZEHNEN

Zehn der Stäbe
Astrologische Schlüssel: Feuer, Widder, Löwe und Schütze
Richtig: Niederdrückende Überbelastung; einige Fehlschläge, weil man sich übernommen hat
Umgekehrt: Absichtlich herbeigeführte Fehlschläge.

Zehn der Kelche
Astrologische Schlüssel: Wasser, Krebs, Skorpion und Fische
Richtig: Zufriedenheit, Schutz, Erfüllung
Umgekehrt: Unzufriedenheit, Streit, keine Erfüllung.

Zehn der Schwerter
Astrologische Schlüssel: Luft, Zwillinge, Waage und Wassermann
Richtig: Pläne scheitern.
Umgekehrt: Wiederaufleben der Hoffnung; spirituelle Hilfe.

Zehn der Münzen
Astrologische Schlüssel: Erde, Stier, Jungfrau und Steinbock
Richtig: Hervorragende Vermögenslage; Übergang zu einem neuen Lebensstadium
Umgekehrt: Finanzielle und/oder familiäre Komplikationen und Instabilität.

Die Hofkarten der Kleinen Arkana in Stichworten

DIE BUBEN

Bube der Stäbe
Astrologische Schlüssel: Feuer, Widder, Löwe und Schütze
Richtig: Charakter: Liebt es, zu führen und im Mittelpunkt der Aufmerksamkeit zu stehen.
Botschaft: Unerwartete, gute Neuigkeiten

Anhang

Umgekehrt: Charakter: Theatralisches Verhalten und schwieriges Benehmen
Botschaft: Unerfreuliche Nachrichten können überdramatisiert werden.

Bube der Kelche
Astrologische Schlüssel: Wasser, Krebs, Skorpion und Fische
Richtig: Charakter: Empfindsam, fantasievoll
Botschaft: Inspirierend, vielversprechend; kann aus dem eigenen Unterbewusstsein kommen (z. B. ein Traum).
Umgekehrt: Charakter: emotional; unreifes Sozialverhalten; Tagträumer
Botschaft: Die innere Stimme wird ignoriert.

Bube der Schwerter
Astrologische Schlüssel: Luft, Zwillinge, Waage und Wassermann
Richtig: Charakter: Kommunikativ, intelligent und gewitzt
Botschaft: Unerwarteter Streit
Umgekehrt: Grausamer, manipulierender und berechnender Charakter
Botschaft: Zerstörerische, bestürzende Neuigkeiten.

Bube der Münzen
Astrologische Schlüssel: Erde, Stier, Jungfrau und Steinbock
Richtig: Fleißiger, verantwortungsbewusster und vorsichtiger Charakter
Botschaft: Lehrreich; Rat
Umgekehrt: Abneigung gegen Autorität; ist leichtsinnig und nicht kompromissbereit
Botschaft: Ignorieren von Informationen und Respektlosigkeit gegenüber Ratschlägen.

DIE RITTER

Ritter der Stäbe
Astrologische Schlüssel: Feuer, Widder, Löwe und Schütze
Richtig: Charakter: Warmherzig, freundlich und ehrgeizig
Ereignis: Wichtige Veranlagung, die sich auf die eigenen Wünsche oder Ziele bezieht
Umgekehrt: Egozentrischer Charakter, anspruchsvoll und arrogant
Ereignis: Berufliche Unterbrechungen.

Ritter der Kelche
Astrologische Schlüssel: Wasser, Krebs, Skorpion und Fische
Richtig: Fantasievoll, ernsthaft und romantisch
Ereignis: Ein wichtiges emotionales oder romantisches Thema
Umgekehrt: Täuscht sich selbst und andere; stellt sich den Tatsachen und der Realität nicht
Ereignis: Weist auf unrealistische Täuschungen hin.

Ritter der Schwerter
Astrologische Schlüssel: Luft, Zwillinge, Waage und Wassermann
Richtig: Intelligent, überzeugend und intellektuell
Ereignis: Plötzliche Ankunft oder Vorfall
Umgekehrt: Diktatorisch, macht unberechtigte Vorwürfe, spielt verbale und geistige Spielchen; mischt sich überall ein
Ereignis: Eine Situation oder ein Mensch verschwindet plötzlich. Eine geheimnissvolle Konstellation.

Ritter der Münzen
Astrologische Schlüssel: Erde, Stier, Jungfrau und Steinbock
Richtig: Gefestigter Charakter, hart arbeitend, geldbewusst
Ereignis: Im finanziellen oder beruflichen Bereich oder im Zusammenhang mit Eigentum und Besitz
Umgekehrt: Leichtsinnig im Umgang mit Geld, Besitz oder Beruf, Vorsicht ist in jedem Fall geboten
Ereignis: Unbeständige Stellung, Geld oder Beruf.

DIE KÖNIGINNEN

Königin der Stäbe
Astrologische Schlüssel: Feuer, Widder, Löwe und Schütze
Richtig: Anziehende Persönlichkeit, warmherzig und stark
Umgekehrt: Selbstsüchtig, fordernd, neidisch auf die Gaben und Eigenschaften anderer Menschen.

Königin der Kelche
Astrologische Schlüssel: Wasser, Krebs, Skorpion und Fische
Richtig: Liebe- und teilnahmsvoll, intuitiv
Umgekehrt: Zu sensibel, unrealistisch; Ängste, Sorgen, unerfülltes Träumen.

Königin der Schwerter
Astrologische Schlüssel: Luft, Zwillinge, Waage und Wassermann
Richtig: Intelligent, unabhängig, scharfsinnig und analytisch
Umgekehrt: Bitter, sarkastisch und voller Vorurteile.

Königin der Münzen
Astrologische Schlüssel: Erde, Stier, Jungfrau und Steinbock
Richtig: Vernünftig, liebevoll und kreativ
Umgekehrt: Unrealistisch, unsicher und sehr abhängig.

DIE KÖNIGE

König der Stäbe
Astrologische Schlüssel: Feuer, Widder, Löwe und Schütze
Richtig: Sympathisch, ehrgeizig, Führungspersönlichkeit
Umgekehrt: Selbstsüchtig, herrisch und streitlustig.

König der Kelche
Astrologische Schlüssel: Wasser, Krebs, Skorpion und Fische
Richtig: Empfindsam, intelligent, tief fühlende Natur
Umgekehrt: Trügerisch, unbeständig, emotional schwach oder gestört.

König der Schwerter
Astrologische Schlüssel: Luft, Zwillinge, Waage und Wassermann
Richtig: Intellektuell, entschlossen, gerecht; kann auch für eine gerechte Entscheidung stehen
Umgekehrt: Ungerecht, grausam und voller Vorurteile; kann eine ungerechte Entscheidung anzeigen.

König der Münzen
Astrologische Schlüssel: Erde, Stier, Jungfrau und Steinbock
Richtig: Realistisch, materialistisch, auf Sicherheit bedacht
Umgekehrt: Eigensinnig, extrem geldgierig, besitzergreifend.

Die Grossen Arkana in Stichworten

DER NARR
Astrologisches Symbol: Uranus – Farbe: Helles Gelb
Richtig: Bedeutsame Entscheidungen, günstige Möglichkeiten und Umstände. Eine wichtige Lebenswahl wird dem Ratsuchende präsentiert oder von ihm selbst eingeleitet.
Umgekehrt: Dummheit, falsche Wahl; Handeln ohne nachzudenken.

DER MAGIER
Astrologisches Symbol: Merkur – Farbe: Gelb
Richtig: Planen, Entwickeln und Durchführen einer Idee; Konzentration auf ein Ziel oder einen Plan
Umgekehrt: Manipulation, nicht verwirklichte Projekte und Ziele.

DIE HOHEPRIESTERIN
Astrologisches Symbol: Mond – Farbe: Blau
Richtig: Veränderungen, oft positiv, unbekannte Umstände; eine geheimnisumwobene, mediale, mystische, spirituelle Frau; behandeln Sie die Frage mit hohem Idealismus und moralischen Grundsätzen
Umgekehrt: Unerwartete Probleme können negative Veränderungen mit sich bringen; eine bittere, unglückliche Frau.

DIE HERRSCHERIN
Astrologisches Symbol: Venus – Farbe: Grün
Richtig: Die Fähigkeit, Liebe zu geben und anzunehmen; Kreativität, Wachstum, Glück, und Überfluss; Unabhängigkeit, familiärer und finanzieller Wohlstand; erfolgreiche Managerin, Herrscherin
Umgekehrt: Unfähigkeit, Liebe zu geben oder anzunehmen, emotionale Probleme; kein Wachstum.

DER HERRSCHER
Astrologisches Symbol: Widder – Farbe: Rot
Richtig: Verwirklichte Ergebnisse; reif, unabhängig, vernünftig und intelligent
Umgekehrt: Pläne verlaufen im Sande; ein wankelmütiger, unvernünftiger, abhängiger Mann.

DER HIEROPHANT
Astrologisches Symbol: Stier – Farbe: Rotorange
Richtig: Man geht auf die übliche, traditionelle Weise vor; ein Lehrer; Intuition
Umgekehrt: Könnte eine ungewöhnliche Person repräsentieren, einen »Charakter«; Intuition wird ignoriert; einzigartige, ungewöhnliche Einstellung zu einem Ereignis.

DIE LIEBENDEN
Astrologisches Symbol: Zwillinge – Farbe: Orange
Richtig: Richtige Wahl, erfolgreiche Kommunikation; Heilung; Gleichgewicht
Umgekehrt: Falsche Wahl; schlechte Heilung; Schwierigkeiten bei der Kommunikation, Einmischung anderer.

DER WAGEN
Astrologisches Symbol: Krebs – Farbe: Bernstein
Richtig: Gleichgewicht durch Selbstbeherrschung; erfolgreich Reden halten
Umgekehrt: Verlust der Selbstbeherrschung, Niederlage.

KRAFT
Astrologisches Symbol: Löwe – Farbe: Goldgelb
Richtig: Spirituelle Liebe; Verständnis und Akzeptanz für das eigene Ich; benutzen Sie Ihr psychisches Bewusstsein zur Kontrolle.
Umgekehrt: Inakzeptanz und Unverständnis seiner selbst führt zu Selbstsucht; man wird von negativen Gefühlen, Selbsthass, Gier und Gewalt beherrscht; psychische Krankheit.

DER EREMIT
Astrologisches Symbol: Jungfrau – Farbe: Gelbgrün
Richtig: Rat, Vorschläge, innere Führung; Erlangen von Kenntnissen; Lehrer
Umgekehrt: Unfähigkeit, aus früher begangenen Fehlern zu lernen; nimmt keine Ratschläge an; unkluges Handeln.

Rad des Schicksals
Astrologisches Symbol: Jupiter – Farbe: Königsblau
Richtig: Seien Sie bereit für eine Möglichkeit; Belohnung; ein gut gewählter Zeitpunkt
Umgekehrt: Schlechter Zeitpunkt, erneut auftretende Probleme, Hindernisse.

Gerechtigkeit
Astrologisches Symbol: Waage – Farbe: Grün
Richtig: Eine wichtige Entscheidung wird mit Überzeugung, Stärke und Korrektheit getroffen; Gleichgewicht; Aktivität; Ausbildung; faire oder gerechte Belohnung
Umgekehrt: Ungerechtigkeit; zu starres oder kompromissloses Handeln.

Der Gehängte
Astrologisches Symbol: Neptun – Farbe: Grünblau
Richtig: Wechsel von Prioritäten; Verzicht zugunsten von etwas Besserem
Umgekehrt: Selbstsucht, Stolz und Geltungsbedürfnis; Unfähigkeit, sich zu ändern oder auf den Standpunkt eines anderern zu hören.

Tod
Astrologisches Symbol: Skorpion – Farbe: Blaugrün
Richtig: Ein neuer Anfang, eine befreiende Veränderung; Wachstum in eine neue oder andere Richtung, und zwar zum Besseren
Umgekehrt: Keine Aktivität, keine Bewegung, vorübergehender Stillstand.

Mässigkeit
Astrologisches Symbol: Schütze – Farbe: Tiefblau
Richtig: Erfolgreiches Handhaben einer Situation; Anpassung; Herstellung eines Gleichgewichts; richtiger Zeitpunkt; Bestehen von Prüfungen jeder Art
Umgekehrt: Zu überschwänglich; übertriebenes Verhalten; unangebrachtes oder schlechtes Management einer Situation; falscher Zeitpunkt; Nichtbestehen von Prüfungen.

Der Teufel
Astrologisches Symbol: Steinbock – Farbe: Indigo
Richtig: Knechtschaft; beengende, einschränkende Umstände; überwältigende Angst vor einem echten oder eingebildeten Feind oder Widerstand; Mauscheleien mit Macht
Umgekehrt: Freiheit von Ängsten, Knechtschaft und inneren wie äußeren Feinden.

Anhang

Der Turm
Astrologisches Symbol: Mars – Farbe: Rot
Richtig: Wahrheit und Realität, manchmal unerwartet; eine Situation wächst sich zu einer Krise oder gar einem Streit aus. Änderung und Wechsel einer vorherrschenden Struktur
Umgekehrt: Eine Situation wird im Licht der Realität gesehen; eine Krise, die gemeistert werden kann; erwartete Veränderungen.

Der Stern
Astrologisches Symbol: Wassermann – Farbe: Violett
Richtig: Konzentration der Energie auf die Verwirklichung von Wünschen, Begabungen, Träumen und Zielen; Meditation; gute Gesundheit
Umgekehrt: Enttäuschungen; Unfähigkeit, Träume, Begabungen oder Ziele zu verwirklichen; Depressionen; Unsicherheit; schlechte Einstellung.

Der Mond
Astrologisches Symbol: Fische – Farbe: Rotviolett
Richtig: Falschheit, Verborgenes, eine unerwartete Wendung der Ereignisse
Umgekehrt: Aufrichtigkeit, positives Wachstum und Veränderungen; neue Harmonie.

Die Sonne
Astrologisches Symbol: Sonne – Farbe: Gold
Richtig: Sieg, Wiedergeburt, Sicherheit
Umgekehrt: Niederlage und Leere; Erfolglosigkeit.

Das Gericht
Astrologisches Symbol: Pluto – Farbe: Rotorange
Richtig: Befreiung, Transformation, Erkenntnis eigener Macht; positive Veränderung
Umgekehrt: Verlust der Macht an andere; Unfähigkeit, loszulassen; keine Veränderung.

Die Welt
Astrologisches Symbol: Saturn – Farbe: Indigo
Richtig: Erreichen eines Zieles; Annahme von Verantwortung
Umgekehrt: Ein Projekt, das noch nicht zum Abschluss gelangt ist; kleine Fortschritte, aber noch kein Sieg.

Register

A

Abhebevorgang 25
    Interpretation 25ff.
Acht der Kelche 75
Acht der Münzen 76f.
Acht der Schwerter 76
Acht der Stäbe 74
Achten 74ff., 209f.
    Aufgaben 91ff.
    Übungen 77ff.
As der Kelche 43
As der Münzen 44
As der Schwerter 44
As der Stäbe 43
Asse 12, 35, 42ff., 204f.
    Aufgaben 54ff.
    Übungen 49ff.

B

Bedeutung vorherrschender Zahlen 35
Beobachtungen, allgemeine 33
Bilder 8
Bube der Kelche 99f.
Bube der Münzen 101f.
Bube der Schwerter 100f.
Bube der Stäbe 98f.
Buben 9, 12, 23, 98ff., 211f.
    Aufgaben 133ff.
    Übungen 107ff.

D

Drei der Kelche 47f.
Drei der Münzen 49
Drei der Schwerter 48
Drei der Stäbe 47
Dreien 47ff., 206
    Aufgaben 54ff.
    Übungen 49ff.

E

Erde (Element) 42
Eremit 9, 18, 20, 165f., 216
    Bildwelt 166
    Deutung 166

F

Farben 8
Feuer (Element) 13, 42
Fische 14, 20
Fragende(r) 22
Fragenformulierung 23
Fragenstellung 22
Fünf der Kelche 59
Fünf der Münzen 61
Fünf der Schwerter 60
Fünf der Stäbe 59
Fünfen 59ff., 207f.
    Aufgaben 68f.
    Übungen 64ff.

G

Gegenwartsstapel 26f.
Gehängter 18, 20, 170ff., 217
    Bildwelt 173
    Deutung 173f.
Gerechtigkeit 18, 20, 168ff., 217
    Bildwelt 171
    Deutung 171f.
Gericht 18, 20, 190ff., 218
    Bildwelt 193
    Deutung 193
Gestaltung 8
Gleichgewicht 44, 61, 74
Große Arkana (0 – VII) 138ff.
Große Arkana
    (VIII – XIV) 164ff.
Große Arkana
    (XV – XXI) 182ff.
Große Arkana 9, 18ff., 33, 215ff.
    Aufgaben (0 – VII) 160f.
    Aufgaben (VIII – XIV) 179f.
    Aufgaben (XV – XXI) 196ff.
    Übungen (0 – VII) 156ff.
    Übungen (VIII – XIV) 176f.
    Übungen (XV – XXI) 194
    Übungen 21

H

Herrscher 18, 20, 148ff., 216
    Bildwelt 151
    Deutung 151f.
Herrscherin 18, 20, 146ff., 215
    Bildwelt 148f.
    Deutung 149f.

Hierophant 18, 20, 150ff., 216
    Bildwelt 15
    Deutung 151f.
Hofkarten 9, 12ff., 18, 22f., 28, 33, 94ff., 98ff.
Hohepriesterin 18, 20, 144ff., 215
    Bildwelt 145
    Deutung 145f.

J

Jungfrau 15, 20
Jupiter 20

K

Karten
    Bedeutung der 9f., 42ff.
    Mischen der 23f.
    Umkehrung der 33
Kartenauslegung 22ff.
    Deutung 32f.
Kartenkombinationen 35ff.
Kartenleser(in) 22ff.
Kartenpositionen 29f.
Kartenstapel, Position der 26f.
Kelche 9, 12ff., 18, 28, 34, 41ff., 45, 47f., 56, 59, 62, 71f., 75, 81, 83f., 99f., 103f., 119ff., 125f.
    Eigenschaften 14
Keltisches Kreuz 29, 31, 107
    Übungen 37ff.
Kleine Arkana 9, 12, 42, 204ff.
    Übungen 16f.
König der Kelche 125°f.

König der Münzen 127f.
König der Schwerter 126f.
König der Stäbe 124f.
Könige 9, 12, 22, 123ff., 215
    Aufgaben 133ff.
    Übungen 127ff.
Königin der Kelche 119ff.
Königin der Münzen 122f.
Königin der Schwerter 121f.
Königin der Stäbe 118f.
Königinnen 9, 12, 23, 118ff., 213
    Aufgaben 133ff.
    Übungen 127ff.
Körpersprache 24, 27
Kraft 18, 20, 164f., 216
    Bildwelt 164
    Deutung 165
Krebs 14, 20

L

Lebensumstände, Beschreibung 9
Legesysteme 29ff.
Liebende 18, 20, 152f., 217
    Bildwelt 153
    Deutung 153
Lösungen 17, 21, 39, 52f., 55f., 67, 69., 79, 88ff., 92f., 114ff., 131f., 135ff., 158f., 161f., 178, 180f., 195, 197f.
Löwe 13, 20
Luft (Element) 14, 42

M

Magier 18, 20, 141f., 215
    Bildwelt 142f.

Deutung 143
Mars 20
Mäßigkeit 18, 20, 174f., 217
    Bildwelt 175f.
    Deutung 175
Meditation 20
Merkur 20
Mischvorgang, Deutung 24f.
Mond (Planet) 20
Mond 18, 20, 187ff., 218
    Bildwelt 188
    Deutung 189f.
Münzen (Pentakel) 9, 12, 14ff., 29, 34, 41f., 44, 46, 49, 58f., 61, 63, 76f., 82, 84f.,101f., 105, 122f., 127f.

N

Narr 18, 20, 139ff., 215
    Bildwelt 140
    Deutung 140f.
Neptun 20
Neun der Kelche 81
Neun der Münzen 82
Neun der Schwerter 81f.
Neun der Stäbe 80f.
Neunen 80ff., 210
    Aufgaben 91
    Übungen 85ff.

P

Pluto 20
Psyche 18

R

Rad des Schicksals 18, 20, 167ff., 217
    Bildwelt 167
    Deutung 168
Ratsuchende(r) 22ff., 95ff.
Rider-Waite-Tarotdeck 8
Ritter 9, 12, 22f., 98, 102ff., 212f., 213f.
    Aufgaben 133ff.
    Übungen 109ff.
Ritter der Kelche 103f.
Ritter der Münzen 105
Ritter der Schwerter 104f.
Ritter der Stäbe 103

S

Saturn 20
Satzbewertung 33
Schütze 13, 20
Schwerter 9, 12, 14ff., 28, 34, 41f., 44, 46, 48, 57f., 60, 62f., 72f., 76, 81, 84, 100f., 104f., 121f., 126f.
    Eigenschaften 14
Sechs der Kelche 62
Sechs der Münzen 63
Sechs der Schwerter 62f.
Sechs der Stäbe 61f.
Sechsen 61ff., 208
    Aufgaben 68f.
    Übungen 64ff.
Sieben der Kelche 71f.
Sieben der Münzen 73f.
Sieben der Schwerter 72f.
Sieben der Stäbe 70f.
Siebenen 70ff., 209
    Aufgaben 91ff.
    Übungen 77ff.
Signifikatorkarte 22f., 54, 92, 134, 162, 180, 197
    Auslegung 54, 92f., 135f., 162, 181, 198f.
    Deutung 28ff.
Skorpion 14, 20
Sonne (Planet) 20
Sonne 18, 20, 189f., 218
    Bildwelt 191
    Deutung 190
Stäbe 9, 12f., 15ff., 28, 34, 41ff., 45, 47, 56, 59, 61f., 70f., 74, 80f., 83, 98f., 103, 118f., 124
    Eigenschaften 13
Stabilität 56
Steinbock 15, 20
Stern 9, 18, 20, 185ff., 218
    Bildwelt 186
    Deutung 186f.
Stier 15, 20
Symbolsprache 10ff.

T

Tagebuch 39ff.
    ausfüllen 41
Tagebuchaufbau 40
Tarot
    Analyse 203f.

Geschichte 8
Praxis 200ff.
Tarotalbum 200
Tarotdeck 12ff.
Tarotkarten,
    Symbole 10ff., 18ff.
Tarotleser 19
Teufel 18ff., 182f., 218
    Bildwelt 183
    Deutung 183
Tod 18ff., 172ff., 217
    Bildwelt 173
    Deutung 173f.
Träume 10
Turm 18, 20, 184f., 218
    Bildwelt 184
    Deutung 185

U

Unterbewusstsein 10f., 25
Uranus 20

V

Venus 20
Vergangenheitsstapel
    26f.
Vier der Kelche 56
Vier der Münzen 58
Vier der Schwerter
    57f.
Vier der Stäbe 56
Vieren 56ff., 206f.
    Aufgaben 68f.
    Übungen 64ff.

W

Waage 14, 20
Wachstum 47
Wagen 18, 20, 154ff., 216
    Bildwelt 155
    Deutung 155f.
Wasser
    (Element) 14, 42
Wassermann 14, 20
Welt 18, 20, 192f., 218
    Bildwelt 193
    Deutung 193
Widder 13, 20

Z

Zahlenbedeutung 34ff.
Zahlentrend 34
Zehn der Kelche 83f.
Zehn der Münzen 84f.
Zehn der Schwerter 84
Zehn der Stäbe 83
Zehnen 83ff., 212
    Aufgaben 91ff.
    Übungen 85ff.
Ziffer, römische 9
Zukunftsstapel 26f.
Zwei der Kelche 45
Zwei der Münzen 46f.
Zwei der Schwerter 46
Zwei der Stäbe 45
Zweien 44ff., 205f.
    Aufgaben 54ff.
    Übungen 49ff.
Zwillinge 14, 20

Impressum

Über die Autorin
Marcia Masino ist eine erfahrene Tarotleserin, die sich seit vielen Jahren mit diesen geheimnisvollen Karten beschäftigt. In ihrem Heimatland USA wurde sie durch ihre Fernsehsendung und eine tägliche Talkschow im Rundfunk bekannt.

Hinweis
Das vorliegende Buch ist sorgfältig erarbeitet worden. Dennoch erfolgen alle Angaben ohne Gewähr. Weder Autorin noch Verlag können für eventuelle Schäden, die aus den im Buch gemachten Hinweisen resultieren, eine Haftung übernehmen.

Impressum
2. Auflage 1998
© 1998 der deutschsprachigen Ausgabe W. Ludwig Buchverlag GmbH in der
Verlagshaus Goethestraße GmbH & Co.KG, München
Alle deutschsprachigen Rechte vorbehalten. Nachdruck – auch auszugsweise –
nur mit Genehmigung des Verlags.

Die Originalausgabe erschien unter dem Titel *Easy Tarot Guide*.
Copyright © 1987 by Marcia Masino
Veröffentlicht mit Genehmigung von
ACS Publications, 5521 Ruffin Road, San Diego, CA 92123, USA.

Redaktion: Peter Linden, Ulrich Ehrlenspiel
Projektleitung: Berit Hoffmann
Redaktionelle Mitarbeit: Eleonore Jacobi
Redaktionsleitung: Dr. Reinhard Pietsch
Bildredaktion: Bettina Huber
DTP: MAC 2 Anger/Luttmann, München
Umschlag: Hempel/Langkau, München unter Verwendung
zweier Bilder von HAMA, München
Produktion: Manfred Metzger
Druck und Bindung: Uhl, Radolfzell

Gedruckt auf chlor- und säurearmem Papier
Printed in Germany

ISBN 3-7787-3638-8